现代公民法律实用丛书

百姓身边的法律服务 MODERN CIVIL LAW 常用法律常识速查速用

（应用版）

债务纠纷与诉讼实例

徐运全／主编

增强法律观念·提高维权意识

内蒙古人民出版社

图书在版编目(CIP)数据

债务纠纷与诉讼实例/赵松梅编著. －呼和浩特:内蒙古人民出版社,2016.7

(现代公民法律实用丛书/徐运全主编)

ISBN 978－7－204－14214－9

Ⅰ.①债… Ⅱ.①赵… Ⅲ.①债务－经济纠纷－民事诉讼－基本知识－中国 Ⅳ.①D925.1

中国版本图书馆 CIP 数据核字(2016)第184352号

现代公民法律实用丛书·债务纠纷与诉讼实例

主　　编 徐运全
编　　著 赵松梅
责任编辑 王　静
责任校对 李月琪
责任监印 王丽燕
封面设计 宋双成
出版发行 内蒙古人民出版社
地　　址 呼和浩特市新城区中山东路8号波士名人国际B座
网　　址 http://www.nmgrmcbs.com
印　　刷 北京龙跃印务有限公司
开　　本 710mm×1000mm　1/16
印　　张 16.75
字　　数 270千
版　　次 2016年9月第1版
印　　次 2016年9月第1次印刷
印　　数 1—7000册
书　　号 ISBN 978－7－204－14214－9/D·299
定　　价 35.00元

目　录
CONTENTS

债权与债务纠纷

什么是债务

随着现代市场经济的发展，企业与个人之间，企业与企业之间，个人与个人之间的交往日益密切，经济关系越来越多样化。利益的多元化使人们之间的关系更为复杂，人们的思想也越来越进步。过去一提到“吃官司”，人们常常会联想到犯罪或逃债，自然而然地会产生一种抵触心理，谁也不愿意“吃官司”，“吃官司”好像与干坏事沾上了边。其实不然，诉讼，它与我们的生活紧密相关，每一个人都有可能和债务官司扯上关系，不能把诉讼简单地理解为“吃官司”，相反地，诉讼现象增多反而是法治社会的一种进步。现在，越来越多的人开始学习诉讼知识，拿起法律武器，维护自己的合法权益。

常见的债权债务纠纷主要包括以下各类纠纷：借贷纠纷、买卖纠纷、抵押纠纷、承揽加工纠纷、代购代销纠纷、拖欠贷款纠纷、追索劳动报酬纠纷、追还不当得利纠纷、追还定金纠纷、无因管理索赔纠纷等。实践中，因借贷合同、买卖合同引发债权债务纠纷的居多。

什么是“债权人”“债务人”

到法院打债务官司，要了解债权人与债务人的基本概念。在债的法律关系中，权利主体是债权人，义务主体为债务人。通俗地讲，享有权利的人就是债权人，负有义务的人就是债务人。举个例子，甲借钱给乙，甲乙之间就形成了债权债务关系，在这个债权债务关系里，甲是债权人，乙就是债务人。

什么是债务官司

人们常说的“诉讼”，即指诉讼。“诉讼”是“诉讼”一词的俗称，而“诉讼”则是法律上的专门术语。诉讼是指当国家、公民、法人或者其他组织的合法权益受到侵害时，由依法享有起诉权的国家机关或者其他当事人向国家司法机关提出控告，由国家司法机关在当事人和其他诉讼参与人的参加下，依照法定程序对争议的案件进行审理和裁判的专门活动。在社会生活中，人与人之间会产生一定的纠纷，这种纠纷一旦达到一定的程度，就会出现“诉讼”，即出现“诉讼”的现象。“官司”从性质上分，主要分为刑事、民事和行政三种。

民事官司即民事诉讼，是指当事人之间因民事权益矛盾或者经济利益冲突，向人民法院提起诉讼，人民法院在双方当事人和其他诉讼参与人的参与下审理和解决民事案件的活动。与公民的这种诉讼活动必须依照《民事诉讼法》进行。常见的民事官司主要有：公民之间、公民与法人之间因财产权而发生的纠纷；公民之间因买卖、租赁、借贷、赠与、典当等合同行为而发生的纠纷以及继承遗产所引起的纠纷；因不当得利、无因管理等所产生的债务纠纷以及损坏财产引起的赔偿纠纷；因人身权利引起的纠纷，主要指侵害公民健康权、姓名权、名誉权、荣誉权和肖像权所引起的纠纷；因侵害公民的发明权（专利权）、著作权（版权）而引起的纠纷；婚姻家庭引起的纠纷，主要有离婚以及因离婚引起的财产分割、子女抚养方面的纠纷，家庭成员间的赡养、抚养、扶养等纠纷；因经济合同、企业劳动用工、企业承包、土地承包、相邻权等引起的纠纷；法律规定的或最高人民法院司法解释文件规定的应由人民法院受理的其他民事诉讼案件。

本书所称的债务官司，是指因买卖、借款、加工承揽等合同行为发生债务纠纷而起诉到法院的情况。通过上述内容可以看出，打债务官司属于民事诉讼范畴，也可以说，打债务官司也就是打民事官司。

债务纠纷如何避免

谁都希望债务能如期履行，不愿发生债务纠纷。避免发生债务纠纷，就要通过一些方法来确保债务的履行，实际上，债务的实现主要依靠债务人的行为，如果债务人没有信用或者没有履行能力，那么债务的实现就存在着巨大的风险。现在是市场经济，存在着大量的赊销现象，只要有赊销现象存在，就不可避免地存在债务纠纷。从卖方角度来看，全部货款支付后再发货那是最好的，但是这种做法不具有现实性，更何况企业之间存在竞争，如果不赊销，就无法在竞争中立足。如果卖方进行赊销，必须要了解对方的资信情况，包括对方的资金实力情况等等，防止拖欠贷款。除此之外，债权人还应当通过适当的方式来确保债权的实现。那么，公民可以通过怎样的方法来确保债务履行呢？依照《民法通则》第八十九条的规定，可以采用下列方式担保债务的履行：1. 可以由保证人来担保债务的履行。法律规定，保证人向债权人保证债务人履行债务，债务人不履行债务的，按照约定由保证人履行或者承担连带责任；保证人履行债务后，有权向债务人追偿。2. 可以由债务人或第三人提供抵押物来进行抵押，确保债务的履行。债务人不履行债务时，债权人有权依照法律的规定以抵押物折价或者以变卖抵押物的价款优先得到偿还。3. 可以要求对方给付定金。法律规定，当事人一方在法律规定的范围内可以向对方给付定金。债务人履行债务后，定金应当抵作价款或者收回。给付定金的一方不履行债务的，无权要求返还定金；接受定金的一方不履行债务的，应当双倍返还定金。4. 可以按照合同的约定占有对方的财产，对方不按照合同给付应付款项超过约定期限的，占有人有权留置该财产，依照法律的规定以留置财产折价或者以变卖该财产的价款优先得到偿还。

总结上述几条，可以看出，公民在日常生活中保证债务履行的方式有抵押、质押、保证、定金等几种方式。抵押和质押是比较复杂的法律问题，需要办理一系列的手续，如抵押登记等，因此，如果要办理抵押或质押，最好找律师或者法律工作者予以咨询和帮助。实践中，采用保证人保证的方式最好。

债务关系可以转让吗

可以。当合同主体发生变化时，合同即发生转让，但是，债权、债务的转让须符合一定的条件。根据《合同法》第八十条的规定："债权人转让权利的，应当通知债务人。未经通知，该转让对债务人不发生效力。债权人转让权利的通知不得撤销，但经受让人同意的除外。"《合同法》第八十四条规定："债务人将合同的义务全部或者部分转移给第三人的，应当经债权人同意。"

根据《合同法》第七十九条的规定："债权人可以将合同的权利全部或者部分转让给第三人，但是下列情形之一的除外：1. 根据合同性质不得转让；2. 按照当事人约定不得转让；3. 依照法律规定不得转让。"

根据《合同法》第八十一条的规定："债权人转让权利的，受让人取得与债权有关的从权利，但该从权利专属于债权人自身的除外。"这里所说的专属于债权人自身的权利一般指基于身份而产生的权利。

借款逾期不还时，可以向担保人要钱吗

这要看借款时的约定。如果约定担保人承担一般保证责任，那么只能先向借款人要钱，经法院判决执行后借款人仍不能偿还的，才能找保证人要钱；如果约定担保人承担连带保证责任，那么出借人既可以向借款人要钱，也可以向担保人要钱。实践中大多数的情况为未约定是哪种方式的保证，这种情况按连带保证责任处理。

此外，根据《最高人民法院关于贯彻执行〈中华人民共和国民法通则〉若干问题的意见》第一一〇条的规定："保证人为 2 人以上的，相互之间负连带保证责任。但是保证人与债权人约定按份承担保证责任的除外。"关于连带保证责任的承担，根据《最高人民法院关于适用〈中华人民共和国担保法〉若干问题的解释》第二十条的规定："连带共同保证的债务人在主合同规定的债务履行期届满没有履行债务的，债权人可以要求债务人履行债务，也可以要求任何一个保证人承担全部保证责任。连带共同保证的保证人承担保证责

任后，向债务人不能追偿的部分，由各连带保证人按其内部约定的比例分担。没有约定的，平均分担。”关于按份共同担保，根据《最高人民法院关于适用〈中华人民共和国担保法〉若干问题的解释》第二十一条的规定：“按份共同保证的保证人按照保证合同约定的保证份额承担保证责任后，在其履行保证责任的范围内对债务人行使追偿权。”

关于是连带还是按份共同保证的认定，根据《最高人民法院关于适用〈中华人民共和国担保法〉若干问题的解释》第十九条的规定：“两个以上保证人对同一债务同时或者分别提供保证时，各保证人与债权人没有约定保证份额的，应当认定为连带共同保证。连带共同保证的保证人以其相互之间约定各自承担的份额对抗债权人的，人民法院不予支持。”

因承揽合同产生的债务纠纷如何处理

承揽合同是承揽人按照定作人的要求完成工作，交付工作成果，定作人给付报酬的合同。它以完成一定工作为目的，承揽人完成工作具有一定的独立性，其定作物也有一定的特定性。承揽合同具体可以分为如下具体合同：加工合同、定作合同、修理合同、复制合同、测试合同、检验合同等。

因承揽合同发生债务纠纷，要了解承揽合同中双方的权利义务以及法律对承揽合同的具体规定。首先，承揽人应当以自己的设备、技术和劳力完成主要工作，但当事人另有约定的除外。承揽人将其承揽的主要工作交由第三人完成的，应当就该第三人完成的工作成果向定作人负责；未经定作人同意的，定作人也可以解除合同。承揽人提供材料的，承揽人应当按照约定选用材料，并接受定作人检验。定作人提供材料的，定作人应当按照约定提供材料。承揽人对定作人提供的材料，应当及时检验，发现不符合约定时，应当及时通知定作人更换、补齐或者采取其他补救措施。承揽人不得擅自更换定作人提供的材料，不得更换不需要修理的零部件。定作人如果中途变更承揽工作的要求，造成承揽人损失的，应当赔偿损失。承揽人交付的工作成果不符合质量要求的，定作人可以要求承揽人承担修理、重作、减少报酬、赔偿损失等违约责任。定作人未向承揽人支付报酬或者材料费等价款的，承揽人对完成的工作成果享有留置权，但当事人另有约定的除外。

解决债务纠纷的途径

解决债务纠纷的途径有很多种，当事人可以通过和解、仲裁等方式解决，也可以直接到法院提起诉讼。到法院起诉，即到法院打债务官司，有许多其他方式所不具备的优点。优点主要在于：法院解决纠纷是最终的解决方式、法院判决具备强制执行力、法院判决更具公正性和权威性。而其他解决纠纷的方式比如协商和解，当事人履行与否，全凭当事人的自觉，其他任何组织和个人都不能强制进行，如果当事人不能自觉履行，那么，先前的和解工作就等于白做了。再如仲裁裁决，如果当事人不履行，也要向法院申请执行。所以说，到法院打债务官司有一定的优越性。

并不是所有的纠纷都适宜到法院诉讼来解决。一般来讲，对于争议的标的较大，既有证据又有充分的法律依据的案件，可以考虑到法院诉讼。此外，如果有诉讼时间，通过诉讼不但有把握能打赢官司而且能够执行，并且取得的收益大于诉讼成本的情况下，可以考虑通过诉讼最终解决纠纷。

债务诉讼有哪些风险

诉讼，不是人人都能胜诉。在打债务官司的过程中，如果存在不当的诉讼行为或者不懂法，可能会给当事人自身带来不应有的利益损失。最高人民法院下发的人民法院民事诉讼风险提示书把可能发生的诉讼风险向当事人一一做了说明。内容如下：

为方便人民群众诉讼，帮助当事人避免常见的诉讼风险，减少不必要的损失，根据《民法通则》《民事诉讼法》以及《最高人民法院关于民事诉讼证据的若干规定》等法律和司法解释的规定，现将常见的民事诉讼风险提示如下：

1. 起诉不符合条件。当事人起诉不符合法律规定条件的，人民法院不会受理，即使受理也会驳回起诉。当事人起诉不符合管辖规定的，案件将会被移送到有权管辖的人民法院审理。

2. 诉讼请求不适当。当事人提出的诉讼请求应明确、具体、完整，对未提出的诉讼请求人民法院不会审理。当事人提出的诉讼请求要适当，不要随意扩大诉讼请求范围；无根据的诉讼请求，除得不到人民法院支持外，当事人还要负担相应的诉讼费用。

3. 逾期改变诉讼请求。当事人增加、变更诉讼请求或者提出反诉，超过人民法院许可或者指定期限的，可能不被审理。

4. 超过诉讼时效。当事人请求人民法院保护民事权利的期间一般为 2 年（特殊的为 1 年）。原告向人民法院起诉后，被告提出原告的起诉已超过法律保护期间的，如果原告没有对超过法律保护期间的事实提供证据证明。其诉讼请求不会得到人民法院的支持。

5. 授权不明。当事人委托诉讼代理人代为承认、放弃、变更诉讼请求、进行和解，提起反诉或者上诉等事项的，应在授权委托书中特别注明。没有在授权委托书中明确、具体记明特别授权事项的，诉讼代理人就上述特别授权事项发表的意见不具有法律效力。

6. 不按时缴纳诉讼费用。当事人起诉或者上诉，不按时预交诉讼费用，或者提出缓交、减交、免交诉讼费用申请未获批准仍不缴纳诉讼费用的，人民法院将会裁定按自动撤回起诉、上诉处理。当事人提出反诉，不按规定预交相应的案件受理费的，人民法院将不会审理。

7. 申请财产保全不符合规定。当事人申请财产保全，应当按规定缴纳保全费用而没有缴纳的，人民法院不会对申请保全的财产采取保全措施。当事人提出财产保全申请，未按人民法院要求提供相应财产担保的，人民法院将依法驳回其申请。申请人申请财产保全有错误的，将要赔偿被申请人因财产保全所受到的损失。

8. 不提供或者不充分提供证据。除法律和司法解释规定不需要提供证据证明外，当事人提出诉讼请求或者反驳对方的诉讼请求，应提供证据证明。不能提供相应的证据或者提供的证据证明不了有关事实的，可能面临不利的裁判后果。

9. 超过举证时限提供证据。当事人向人民法院提交的证据，应当在当事人协商一致并经人民法院认可或者人民法院指定的期限内完成。超过上述期限提交的，人民法院可能视其放弃了举证的权利，但属于法律和司法解释规定的新的证据除外。

10. 不提供原始证据。当事人向人民法院提供证据，应当提供原件或者原物，特殊情况下也可以提供经人民法院核对无异的复制件或者复制品。提供的证据不符合上述条件的，可能影响证据的证明力，甚至可能不被采信。

11. 证人不出庭作证。除属于法律和司法解释规定的证人确有困难不能出庭的特殊情况外，当事人提供证人证言的，证人应当出庭作证并接受质询。如果证人不出庭作证，可能影响该证人证言的证据效力，甚至不被采信。

12. 不按规定申请审计、评估、鉴定。当事人申请审计、评估、鉴定，未在人民法院指定期限内提出申请或者不预交审计、评估、鉴定费用，或者不提供相关材料，致使争议的事实无法通过审计、评估、鉴定结论予以认定的，可能对申请人产生不利的裁判后果。

13. 不按时出庭或者中途退出法庭。原告经传票传唤，无正当理由拒不到庭，或者未经法庭许可中途退出法庭的，人民法院将按自动撤回起诉处理；被告反诉的，人民法院将对反诉的内容缺席审判。被告经传票传唤，无正当理由拒不到庭，或者未经法庭许可中途退出法庭的，人民法院将缺席判决。

14. 不准确提供送达地址。适用简易程序审理的案件，人民法院按照当事人自己提供的送达地址送达诉讼文书时，因当事人提供的己方送达地址不准确，或者送达地址变更未及时告知人民法院，致使人民法院无法送达，造成诉讼文书被退回的，诉讼文书也视为送达。

15. 超过期限申请强制执行。向人民法院申请强制执行的期限，双方或者一方当事人是公民的为 1 年，双方是法人或者其他组织的为 6 个月。期限自生效法律文书确定的履行义务期限届满之日起算。超过上述期限申请的，人民法院不予受理。

16. 无财产或者无足够财产可供执行。被执行人没有财产或者没有足够财产履行生效法律文书确定义务的，人民法院可能对未履行的部分裁定中止执行，申请执行人的财产权益将可能暂时无法实现或者不能完全实现。

17. 不履行生效法律文书确定义务。被执行人未按生效法律文书指定期间履行给付金钱义务的，将要支付迟延履行期间的双倍债务利息。被执行人未按生效法律文书指定期间履行其他义务的，将要支付迟延履行金。

怎样降低败诉的风险

降低败诉风险，除了要注意上面提到的几个问题外，还要讲求诉讼的经济效益。所谓诉讼的经济效益，就是指不但要胜诉，而且要充分考虑到可能得到的实际利益。例如，一个人到法院起诉，要求欠款人偿还拖欠的借款1000元，但是，由于种种原因，最后得到的实际利益却达不到1000元，这样的官司，即使胜诉，从经济利益上讲，还是"赔了本"。所以说，对当事人而言，应当尽可能花费较少的人力、物力、财力、时间等诉讼成本而打赢官司。更重要的是，要使判决书或调解书得以执行，使判决书、调解书的内容化为具体的钱或物，并且成本大于支出，这样才是真正的胜诉。

债务诉讼应当具备哪些方面的知识

具备相关的法律知识，是打好债务官司的基础，这是因为诉讼是一项专业性较强的活动，如果没有法律的支持，容易遭遇败诉的风险。具体来讲，需要掌握的法律知识主要有：

1. 应掌握《民事诉讼法》方面的知识，《民事诉讼法》是规范诉讼程序的法律规范，学好《民事诉讼法》，才能掌握诉讼的程序，了解诉讼过程中的各项规定和制度。

2. 要掌握最高人民法院的相关司法解释。比如《最高人民法院关于民事诉讼证据若干问题的规定》《人民法院司法鉴定工作暂行规定》《最高人民法院关于适用〈中华人民共和国民事诉讼法〉若干问题的意见》等。这些司法解释，在法院审理案件过程中，起到非常关键的作用。

3. 另外，还要掌握一些实体法。如《民法通则》《合同法》等。因为实体法直接关系到最终判决的依据。

债务诉讼活动有哪几个方面

到法院打债务官司，当事人主要进行以下诉讼活动：

1. 起诉与应诉。起诉的一方为原告，被起诉的一方为被告。原告到法院起诉，要向法院提供起诉状与证据，法院收到起诉状决定受理后，会将起诉状副本送达给被告。被告在收到法院送达的起诉状后，应该在15日内写出答辩状，也可以向原告提起反诉。

2. 参加庭审。原告与被告还要参加法院组织的庭审活动，也就是法院开庭审理，当事人到庭参加诉讼。开庭以前，原、被告双方要做好法庭举证和法庭辩论的准备工作，写好辩论提纲，了解诉讼程序和法庭纪律。在辩论时，要实事求是，以理服人，要遵守法庭纪律，服从法庭的指挥，不能在法庭审理进行过程中进行人身攻击，不能使用挖苦的语言。在法庭调解时，双方当事人要本着互谅互让的原则，尽量进行调解。如果调解不成功，则等候法庭判决。

3. 上诉。法院作出判决后，如果不服，在法定的期限内，不服判决的一方可以上诉。决定上诉后，要针对原审判决写好上诉状。上诉状中要写明上诉请求以及不服一审判决的理由。另一方当事人在接到法院送达的上诉状后，应当按时写出答辩状。一审法院会在法定期限内把案件卷宗和当事人的上诉状等材料交给二审法院。在二审期间，双方当事人同样要参加二审的诉讼活动。根据法律规定，二审可以开庭，也可以不开庭。

4. 执行。无论是一审还是二审，最终都形成生效判决。生效的判决具有执行效力，执行实际上就是使判决的内容落实的过程。如果败诉方不履行义务，胜诉方当事人可以向作出生效判决的法院申请执行。

借款约定与利息核算

根据《最高人民法院关于贯彻执行〈中华人民共和国民法通则〉若干问题的意见》第一二五条的规定："公民之间的借贷，出借人将利息计入本金计算复利的，不予保护；在借款时将利息扣除的，应当按实际出借款数计息。”此外，《中华人民共和国合同法》第二〇〇条规定：“借款的利息不得预先在本金中扣除。利息预先在本金中扣除的，应当按照实际借款数额返还借款并计算利息。”

根据《中华人民共和国合同法》第二〇七条的规定：“借款人未按照约定的期限返还借款的，应当按照约定或者国家有关规定支付逾期利息。”

根据《中华人民共和国合同法》第二〇八条的规定：“借款人提前偿还借款的，除当事人另有约定的以外。应当按照实际借款的期间计算利息。”

如何延长借款期限

延长借款期限在法律术语中被称为“展期”。根据《中华人民共和国合同法》第二〇九条的规定：“借款人可以在还款期限届满之前向贷款人申请展期。贷款人同意的，可以展期。”

根据《中国人民银行贷款通则》第十二条的规定：“贷款展期：不能按期归还贷款的，借款人应当在贷款到期日之前，向贷款人申请贷款展期。是否展期由贷款人决定。申请保证贷款、抵押贷款、质押贷款展期的，还应当由保证人、抵押人、出质人出具同意的书面证明。已有约定的，按照约定执行。短期贷款展期期限累计不得超过原贷款期限；中期贷款展期期限累计不得超过原贷款期限的一半；长期贷款展期期限累计不得超过 3 年。国家另有规定者除外。借款人未申请展期或申请展期未得到批准，其贷款从到期日次日起，转入逾期贷款账户。”

什么是买卖合同

买卖合同是转移标的物的所有权的一类基本合同，根据《合同法》第一三〇条的规定：“买卖合同是出卖人转移标的物的所有权于买受人，买受人支付价款的合同。”在买卖合同中，买受人的合同目的是支付价款以取得标的物的所有权，出卖人的合同目的是让与标的物的所有权以取得价款。

根据《合同法》第十二条的规定："合同的内容由当事人约定，一般包括以下条款：（一）当事人的名称或者姓名和住所；（二）标的；（三）数量；（四）质量；（五）价款或者报酬；（六）履行期限、地点和方式；（七）违约责任；（八）解决争议的方法。当事人可以参照各类合同的示范文本订立合同。"

具体到买卖合同，根据《合同法》第一三一条的规定："买卖合同的内容除依照本法第十二条的规定之外，还可以包括包装方式、检验标准和方法、结算方式、合同使用的文字及其效力等条款。"

买卖合同风险由谁承担

根据《合同法》第一四二条的规定："标的物毁损、灭失的风险，在标的物交付之前由出卖人承担，交付之后由买受人承担，但法律另有规定或者当事人另有约定的除外。"

举个例子说明，甲将木材卖给乙，当日将木材送到乙指定的某仓库，双方约定，货到后10日内付款。但在3日后即乙付款之前，由于仓库失火导致木材被烧毁，此时，由于标的物已交付，木材的损失应由乙承担。

共同借款的分担义务

债权人或者债务人为2人以上的债权债务关系可以分为两类，一类是按份之债，一类是连带之债。

关于按份之债，根据《民法通则》第八十六条的规定："债权人为2人以上的，按照确定的份额分享权利。债务人为2人以上的，按照确定的份额分担义务。"关于连带之债，根据《民法通则》第八十七条的规定："债权人或者债务人一方人数为2人以上的，依照法律的规定或者当事人的约定，享有连带权利的每个债权人，都有权要求债务人履行义务；负有连带义务的每个债务人，都负有清偿全部债务的义务，履行了义务的人，有权要求其他负有连带义务的人偿付他应当承担的份额。"

所以说，2 人以上共同借款，要看借款时 2 个借款人与出借人是怎样约定的，如果约定了明确的比例，则 2 人按约定比例偿还；如果未约定，则 2 人承担连带还款责任。另外说明一点，两个借款人的内部约定，对外不能对抗债权人。

什么是债权留置

留置这一概念对许多老百姓来说还是个陌生词，在履行合同的过程中，留置是债权人保护自己债权的一种方式，但是留置权的行使是需要符合一定的条件的。留置是指债权人按照合同的约定占有债务人的动产，债务人不按照合同约定的期限履行债务的，债权人有权依照《担保法》的规定留置该财产，以该财产折价或者以拍卖、变卖该财产的价款优先受偿。留置权的行使是有一定限制的，根据法律规定，只有在保管合同、运输合同、加工承揽合同中发生的债权，债权人才享有留置权。另外，留置权人负有妥善保管留置物的义务，如果因保管不善导致留置物灭失或者毁损的，留置权人应当承担相应的民事责任。此外，债权人与债务人应当在合同中约定，债权人留置财产后，债务人应当在不少于 2 个月的期限内履行义务。债务人逾期仍不履行的，债权人可以与债务人协议以留置物折价，也可以依法折价、变卖留置物。留置物折价或者拍卖、变卖后，其价款超过债权数额的部分归债务人所有，不足部分由债务人清偿。

违约金和赔偿金有何不同

关于违约责任的承担，我国法律规定了多种方式，最常见的就是违约金和赔偿金。违约金和赔偿金有什么不同呢？

违约金是指一方当事人由于不履行或不完全履行合同，而依照合同的约定或法律的规定，支付给另一方一定数量的货币。赔偿金则是指合同当事人一方违反合同约定，给对方造成经济损失的，应给予一定数量的货币进行赔偿。可见无论当事人一方违反合同约定时是否给另一方造成损失，只要双方在合同中约定了违约金条款，违约方就必须付给另一方违约金。而给付赔偿金的前提必须是一方违反合同约定，且给另一方造成了实际损失。另外，如果约定了违约金方式承担责任的，而违约方给另一方造成实际损失超过违约金的，则还应给付赔偿金，以补偿违约金之不足。一般来说，违约金的数额应当在合同中约定。

定金和预付款有何不同

定金和预付款的性质是不同的。定金具有担保性质，依照定金法律关系的要求，如果合同如期履行，定金可充抵应给付货款的一部分；如果给付定金的一方不履行合同，则无权请求返还定金；接受定金的一方不履行合同，应当双倍返还定金。预付款则不具有这种性质。如果预付款的一方不履行合同，可将预付款一部分或者全部抵作违约金或者赔偿金，余款应退还给预付方；如果接受预付款一方不履行合同，应将预付款返还给预付方，并按照规定支付违约金或赔偿金。根据我国货币管理的规定，使用预付款有一定的范围，不得随意使用。

此外，根据《最高人民法院关于适用〈中华人民共和国担保法〉若干问题的解释》的规定，因不可抗力、意外事件致使主合同不能履行的，不适用定金罚则。因合同关系以外第三人的过错，致使主合同不能履行的，适用定金罚则。受定金处罚的一方当事人，可以依法向第三人追偿。

债务与债务合同

合同的概念及特征

1. 合同的概念

合同是指平等主体的自然人、法人、其他组织之间设立、变更、终止民事权利义务关系的协议。

2. 合同的特征

合同具有以下特征：

（1）合同是一种民事法律行为。民事法律行为不同于事实行为，它以发生一定的民事法律后果为目的，以当事人的意思表示为基本特征。故不具备民事法律特征的行为，不是合同，如侵权行为等。

（2）合同是双方法律行为。民事法律行为，根据其意思表示的多寡可分为单方行为、双方行为与多方行为，合同属于双方法律行为，即由两个方向相反的意思表示所构成的民事法律行为，双方当事人处于利害关系相对立的地位。

（3）合同是一种旨在发生债权债务关系的合意。合同的目的在于产生、变更或者消灭某种财产权利义务关系，不具备此目的者，不是合同。例如，结婚或离婚的协议，不是合同。另外，合同的这一特征也意味着合同一经成立：即具有约束力，当事人应当按约履行，否则，应当承担违约责任。

合同的分类

依据不同的标准，合同可以分为若干不同的类型。合同主要有以下几种分类：

1. 双务合同和单务合同。以合同双方当事人是否互负给付义务为标准，将合同分为双务合同和单务合同。双务合同是指合同当事人任何一方均向对方承担给付义务的合同。单务合同是指合同双方只有一方负有给付义务而另一方只享有权利的合同。

2. 有偿合同和无偿合同。以合同当事人之间取得合同利益是否支付对价为标准，将合同分为有偿合同和无偿合同。有偿合同是指当事人双方要取得合同利益需支付对方对价的合同。无偿合同则是指当事人一方取得利益无须支付对价的合同。

3. 诺成合同和要物合同。以合同成立是否一定要交付标的物为标准，将合同分为诺成合同和要物合同。诺成合同只需合同当事人意思表示一致，合同即告成立。要物合同又称实践合同，除合同当事人意思表示一致外，必须交付标的物，合同才告成立。

4. 要式合同和不要式合同。以合同成立是否采取一定形式为标准，将合同分为要式合同和不要式合同。要式合同是法律规定必须采用某种形式，合同才告成立的合同；不要式合同的成立，法律没有对形式做严格的要求。

5. 主合同和从合同。以合同相互间的主从关系为标准，将合同分为主合同与从合同。在两个相关联的合同中，可以独立存在的合同为主合同，而须依赖其他合同的存在而存在的合同为从合同。

《合同法》的概念和基本原则

《合同法》是调整合同关系的法律规范的总称。现今我们国家通过《合同法》对合同关系进行规范调整。1999 年 3 月 15 日第九届全国人民代表大会第二次会议通过，同年 10 月 1 日开始施行的《合同法》相对过去的三大合同法有了明显的改进，从而更有利地保护民事主体的合法权益，维护社会经济秩序。

我国《合同法》的基本原则是：

1. 平等原则。合同当事人的法律地位平等，任何一方不得将自己的意愿强加给另一方。

2. 自愿原则。当事人订立合同，完全出于其本人的意志，任何单位和个人不得非法干预，不得强买强卖。

3. 公平原则。当事人应当遵循公平原则确定各方的权利和义务。

4. 诚信原则。合同当事人应当诚实信用，不得以隐瞒、编造等欺诈方式订立合同。

5. 公序良俗原则。当事人订立履行合同要遵守法律法规，尊重社会公德，不得扰乱社会经济秩序，不得损害社会公共利益。

合同的订立

合同是合同当事人之间关于权利和义务的合意。合同成立的一般过程要经过两个阶段，即要约和承诺。《合同法》第十三条规定：当事人订立合同，采取要约、承诺方式。

1. 要约

要约是希望和他人订立合同的意思表示。该意思表示应当符合下列条件：

第一，要约是由具有订约能力的特定人做出的意思表示；

第二，要约的内容要具体确定，所谓具体确定，是指要约的内容必须是合同的主要条款且语言明确，不能使人难以理解；

第三，要约必须具有订立合同的意图，表明经受要约人承诺，要约人即受该意思表示约束。

要约自到达受要约人时即告生效。要约也可以撤回，但撤回要约的通知须在要约到达受要约人之前或者与要约同时到达受要约入时要约方可撤回；要约也可以撤销，但撤销要约的通知应当在受要约人发出承诺通知之前到达受要约人。但对于要约人确定了承诺期限或其他形式明示要约不可撤销，或受要约人有理由认为要约是不可撤销的，且已经为履行作了准备工作的，要约人不得撤销要约。在下列情况下，要约失效：

第一，拒绝要约的通知到达要约人；

第二，要约人依法撤销要约；

第三，承诺期限届满，受要约人未做出承诺；

第四，受要约人对要约的内容做出实质性变更。

2. 承诺

承诺是受要约人同意要约的意思表示。承诺应当以通知的方式做出，但根据交易习惯或者要约表明可以通过行为做出承诺的除外。承诺应当在要约确定的期限内到达要约人。通知到达要约人时生效，承诺不需要通知的，根据交易习惯或者要约的要求做出承诺的行为时生效。承诺生效时合同成立，承诺可以撤回，但撤回承诺的通知应当在承诺通知到人之前，或者与承诺通知同时到达要约人。

合同当事人订立合同可以采用书面形式也可以采用口头形式，但法律规定或当事人约定采用书面形式的应采用书面形式。

以上是合同订立的一般方式，属于典型的交易方式。实践中还有一些特殊的合同订立的方式，如招标投标、拍卖、交叉要约、带有标价的商品陈列、悬赏广告等。

合同的内容

合同的内容一般由当事人约定，主要包括以下条款：

1. 当事人的名称或者姓名和住所；
2. 标的；
3. 数量；
4. 质量；
5. 价款或者报酬；
6. 履行期限、地点和方式；
7. 违约责任；
8. 解决争议的方法。

合同的效力

1. 合同的生效

依法成立的合同，自成立时生效。法律、行政法规规定应当办理批准、登记等手续生效的，依照其规定。当事人对合同的效力可以约定附条件或附期限，合同在所附条件成就或所附期限届至时生效。

合同的生效要件：第一，主体合格，即当事人应具有相应的缔约行为能力；第二，内容合法，即合同不能违反法律、法规强制性规定和社会公共利益；第三，内容确定可能，即约定各方的权利义务的内容必须确定和可能履行。第四，形式合法、合约，即合同的形式要符合法律规定，符合当事人的约定。

2. 无效合同

《合同法》第五十二条规定，有下列情形之一的，合同无效：（1）一方以欺诈、胁迫的手段订立合同，损害国家利益；（2）恶意串通，损害国家、集体或者第三人利益；（3）以合法形式掩盖非法目的；（4）损害社会公共利益；（5）违反法律、行政法规的强制性规定。

无效合同从合同订立之时至始无效。

3. 可撤销合同

《合同法》第五十四条规定，当事人一方有权请求人民法院或者仲裁机构变更或者撤销的合同：（1）因重大误解订立的；（2）在订立合同时显失公平的；（3）一方以欺诈、胁迫的手段或者乘人之危，使对方在违背真实意思的情况下订立的合同。

对于可撤销的合同，受损害方有权请求人民法院或者仲裁机构变更或者撤销。当事人请求变更的，人民法院或者仲裁机构不得撤销。

可撤销合同的特征是：合同的效力取决于撤销权人，在未被撤销前有效，一旦撤销自始无效。

4. 效力待定合同

限制民事行为能力人订立的合同，在未经法定代理人追认时，该合同效力为待定状态。

行为人没有代理权、超越代理权或者代理权终止后以被代理人名义订立的合同，在未经被代理人追认时其效力待定。

相对人对效力待定的合同可以催告法定代理人或被代理人在一个月内予以追认。法定代理人或被代理人未做表示的，视为拒绝追认。合同被追认之前，善意相对人有撤销的权利。撤销应当以通知的方式做出。

5. 合同无效、被撤销的法律后果

无效的合同或者被撤销的合同自始没有法律约束力。合同部分无效，不影响其他部分效力的，其他部分仍然有效。合同无效、被撤销或者终止的，不影响合同中独立存在的有关解决争议方法的条款的效力。

合同无效或者被撤销后，因该合同取得的财产，应当予以返还；不能返还或者没有必要返还的，应当折价补偿。有过错的一方应当赔偿对方因此所受到的损失；双方都没有过错的应当各自承担相应的责任。当事人恶意串通，损害国家、集体或者第三人利益的，因此取得的财产收归国家所有或者返还集体、第三人。

合同的履行

1. 履行的原则

全面适当履行原则：合同当事人应当按照约定全面履行自己的义务。

诚实信用原则：当事人应当遵循诚实信用原则，根据合同的性质、目的和交易习惯履行通知、协助、保密等义务。

2. 履行的一般规则

合同生效后，当事人就质量、价款或者报酬、履行地点等内容没有约定或者约定不明确的，可以协议补充；不能达成补充协议的，按照合同有关条款或者交易习惯确定。仍不能确定的按照以下原则确定：

（1）质量要求不明确的，按照国家标准、行业标准履行；没有国家标准、行业标准的，按照通常标准或者符合合同目的的特定标准履行。

（2）价款或者报酬不明确的，按照订立合同时履行地的市场价格履行；

依法应执行政府定价或者政府指导价的，按照规定履行。

（3）履行地不明确的，给付货币的，在接受货币一方所在地履行；交付不动产的，在不动产所在地履行；其他标的，在履行义务一方所在地履行。

（4）履行期限不明确的，债务人可以随时履行，债权人也可以随时要求履行。但应给对方留出必要的准备时间。

（5）履行方式不明确的，按照有利于实现合同目的的方式履行。

（6）履行的费用负担不明确的，由有履行义务的一方负担。

（7）价格调整，按照《合同法》规定，执行政府定价或政府指导价的，在合同约定的交付期限内政府价格调整时，按照交付时的价格计价。逾期交付标的物的，遇价格上涨时，按照原价格执行；价格下降时，按照新价格执行。逾期提取标的物或者逾期付款的，遇价格上涨时，按照新价格执行；价格下降时，按照原价格执行。总之，是按照“不利于违约方”的原则确定。

3．履行中的抗辩权

所谓抗辩权即指在双方合同中，如符合法定条件，当事人一方亦可对抗对方当事人的履行请求或否认对方权利主张的权利。行使抗辩权，应符合法定条件。

（1）同时履行抗辩权。我国《合同法》第六十六条规定：当事人互负债务，没有先后履行顺序的，应同时履行。一方在对方履行之前有权拒绝其履行要求，一方在对方履行债务不符合约定时，有权拒绝其相应的履行要求。

（2）后履行抗辩权。《合同法》第六十七条规定：当事人互负债务，有先后履行顺序，先履行一方未履行的，后履行一方有权拒绝其履行要求；先履行一方履行债务不符合约定的，后履行一方有权拒绝其相应的履行要求。

（3）不安抗辩权。按照《合同法》第六十八条规定：应当先履行债务的当事人，有确切证据证明对方有经营状况严重恶化，转移财产、抽逃资金以逃避债务，丧失商业信誉等丧失或者可能丧失履行债务能力的情形，可以中止履行。中止履行的应当及时通知对方。若当事人没有确切证据中止履行的，应当承担违约责任。

4．债权人的代位权

因债务人怠于行使其到期债权，对债权人造成损害的，债权人可以行使其代位求偿权。债权人可以向人民法院请求以自己的名义代位行使债务人的债权，但该债权专属于债务人自身的除外，代位求偿权的范围仅以债权人的债权为限。债权人行使代位求偿权的必要费由债务人负担。

5. 债权人的撤销权

因债务人放弃其到期债权或者无偿转让财产，给债权人利益造成损害的；或以明显低价转让财产且受让人知道该转让损害债权人利益的，债权人均可以请求人民法院撤销债务人的行为。该撤销权的范围以债权人的债权为限，债权人行使撤销权的必要费用，由债务人负担。撤销权自债权人知道或者应当知道撤销事由之日起 1 年内行使。自债务人的行为发生之日起 5 年内没有行使撤销权的，该撤销权消灭。

合同的变更和转让

合同变更。合同变更是指对已经依法成立的合同，在承认其法律效力的前提下，对其进行修改或补充。

合同转让。合同转让是当事人一方取得另一方同意后将合同的权利义务转让给第三方的法律行为。合同转让是合同变更的一种特殊形式，它不是变更合同中规定的权利义务内容，而是变更合同主体。合同的转让有三种：

1. 债权转让

《合同法》规定，债权人可以将合同的权利全部或者部分转让给第三人。并明确不得转让的债权，一是根据合同性质不得转让；二是按照当事人约定不得转让；三是依照法律规定不得转让。债权人转让权利，应该通知债务人，否则转让对债务人不发生效力。

2. 债务转让

《合同法》规定，债务人将合同的义务全部或部分转移给第三人，应当经债权人同意，否则转让无效。

3. 债权债务一并转让

当事人订立合同后合并的，由合并后的法人或其他组织行使合同权利，履行合同义务。当事人订立合同后分立的，除另有约定外，由分立的法人或其他组织对合同的权利和义务享有连带债权、承担连带债务。

合同的终止

合同终止是指合同当事人双方依法使相互间的权利义务关系终止，即合同关系消灭。

《合同法》规定了合同终止的几种情形：债务已经按照约定履行；合同解除；债务相互抵消；债务人依法将标的物提存；债权人免除债务；债权债务同归一人；法律规定或者当事人约定终止的其他情形。

合同权利义务的终止，不影响合同中结算和清理条款的效力以及通知、协助、保密等义务的履行。

什么是借款合同

借款合同，是指借款人向贷款人借款，到期返还借款并支付利息的合同。其中，向对方借款的一方称为借款人，出借钱款的一方称为贷款人。借款合同依据贷款人的不同可以区分为金融机构借款合同和自然人间的借款合同。公民之间的借款行为，属于自然人之间的借款合同，可以有书面合同和口头合同两类。

合同的形式可以分为要式和不要式。所谓要式合同，是指根据法律要求必须具备一定形式或经过特定手续的合同。要式合同既包括法律规定应采用的书面合同，也包括需要公证的合同，还包括法律要求必须经过有关国家机关审批的合同。所谓不要式合同，是指法律不要求采取一定形式和手续的合同。根据《中华人民共和国合同法》第十一条规定，合同采取书面形式，是指以合同书、信件以及数据电文（包括电报、电传、传真、电子数据交换和电子邮件）等可以有形地表现所载内容的形式。

口头合同属于不要式合同，是指当事人以语言为意思表示、而不用文字表达合同内容的合同形式。在法律未规定必须采用书面形式的情况下，只要当事人协商一致，都可以采用口头形式。口头合同在即时清结的交易中非常普遍。口头形式虽然快捷，但无据可查，不利于纠纷的解决，它一般只适用于集市贸易、市场零售等小额交易。口头合同的主要不足之处在于发生合同纠纷时难以取证，当时情形无法再现，当事人谁对谁错很难划分。因此，《中华人民共和国合同法》第十条规定：法律、行政法规规定或者当事人约定采用书面形式的，应当采用书面形式。根据相关规定，不动产转让合同、涉外合同、价款或报酬数额巨大、不能即时清结的合同都不宜采用口头形式，否则发生合同纠纷时举证困难，不利于保护当事人的合法权益。

怎样签订债务合同

随着经济的发展，在社会生活中需要订立合同的情况越来越多。实行合同制，可以使公民通过各种合同取得自己需要的商品和服务，也有助于社会经济的发展。依法订立的合同受法律的保护，公民可据此防止不法交易，维护自己的合法权益。那么，公民该怎样签订合同才能避免发生争议或者在发生争议时有据可依呢?

合同是当事人之间明确民事权利义务的协议，因此，当事人在订立合同中应当遵循平等自愿、协商一致的原则，并讲究诚实信用，不得弄虚作假，欺骗对方。通常订立合同的方式，可以采用口头、书面、公证等形式。但为避免发生纠纷，以及发生纠纷以后有据可依，订立合同以书面形式为妥。

订立合同一般要经过要约和承诺两个阶段，要约即发出缔结合同建议的行为，要约一经发出，提议人即受到自己建议的约束，表明提议人在对方的有效答复期内，负有和对方订立合同的义务，如违反该项规定造成对方损失，则承担赔偿损失的责任。承诺是对提议人的建议予以答复的行为，答复应是对提议人的提议内容完全同意的答复，有新提议不算答复，只能构成答复人的新要约。答复一经向提议人表示，表明订立合同的阶段结束，合同成立，这时不按合同的要求履行义务即构成违约责任。

经过要约和承诺后，合同就成立了。公民在签订书面合同之前，最好先咨询专业人士，尽量使合同的条款完善，要准确使用文字，数字最好用大写，不要在合同中使用含糊不清的语言文字，以免日后发生争议。举个例子，一个借条这样写道："借李某 10 万元。"这个借条的内容就存在问题，既可以理解为向李某借 10 万元，也可以理解为借给李某 10 万元。如果将来发生纠纷，就说不清了。此外，公民在签订合同时最好把违约责任也写明，如赔偿金数额等，这样，发生争议时，解决起来比较容易。

怎样签订借款合同

许多公民在借款时并不签订借款合同，因为借款多发生在熟人之间，出借人往往碍于情面不好意思让对方写个借条，更别提签订合同了。这里，笔者提请注意，无论是向别人借款，还是借款给别人，最好写个借条、欠条或者签份合同，以免发生争议时没有依据可查。

根据《中华人民共和国合同法》第一九七条的规定："借款合同采用书面形式，但自然人之间借款另有约定的除外。借款合同的内容包括借款种类、币种、用途、数额、利率、期限和还款方式等条款。"这条规定说明了借款合同应当采用的方式以及主要条款。当事人在签订借款合同时，应当参照这条规定进行。尽量把借款合同订立得完善些。

怎样判断合同是否有效

合同是否有效，具有重要的意义。一旦发生了纠纷，合同是否有效将直接关系到判决结果。根据《合同法》的规定，合同的效力可以分为有效、无效、可撤销、可变更、附期限、效力未定等几种情况。

判断自己签订的合同是否有效，要从以下几个方面来看：

1．首先看合同是否成立。合同成立是合同生效的前提基础，也就是说合同如果没有成立，就谈不到生效的问题。一般情况下，合同成立时同时也具备了生效的要件，合同成立和生效的时间是一致的。但是合同成立并不等同于合同生效，也就是说，并非所有成立的合同都是生效的。这是因为，只有依法成立的合同，才对当事人具有法律约束力，如果不是依法成立的合同，则不能产生法律约束力。

2. 其次要注意合同的各个要件是否具备。合同生效要包括实质要件、形式要件、程序要件以及生效要件。只有这些要件全具备，才能生效，否则，对双方当事人既没有法律效力，也不受法律的保护。

3. 不能违反法律的禁止性规定。有下列情形之一的，合同无效：一方以欺诈、胁迫的手段订立合同，损害国家利益；恶意串通，损害国家、集体或者第三人利益；以合法形式掩盖非法目的；损害社会公共利益；违反法律、行政法规的强制性规定。

只有具备上述三个条件，签订的合同才有可能是有效的。

如何在借款合同中设置违约金

在借款合同中，双方对于违约责任可以自行约定。怎样约定违约责任，法律对此并没有具体的规定。《中华人民共和国合同法》第一一四条规定："当事人可以约定一方违约时应当根据违约情况向对方支付一定数额的违约金，也可以约定因违约产生的损失赔偿额的计算方法。约定的违约金低于造成的损失的，当事人可以请求人民法院或者仲裁机构予以增加；约定的违约金过分高于造成的损失的，当事人可以请求人民法院或者仲裁机构予以适当减少。当事人就迟延履行约定违约金的，违约方支付违约金后，还应当履行债务。"

一般来说，合同双方约定违约金，不超过本金的数额就可以。如果违约责任确定得太高对一方不公平的话，觉得不公平的一方可以申请法院予以减少。比如借款 100 万，违约金定为 100 万，这样就属于约定的违约金过高，法院可以酌情给予降低。

再举一个具体的例子，甲、乙二人签订了一个标的为 10 万元的合同，约定一方违约时应承担 1 万元的违约金。后甲违约，致使乙损失 8000 元，这时，乙最多可以请求法院判决甲承担 1 万元的违约责任；若乙的损失额为 2 万元，则最多能要求乙赔偿 2 万元的损失；若乙损失 1000 元，那么就存在约定的违约金过高的问题，则甲可以请求法院对违约金数额适当减少，法院可以在 1000 元与 1 万元之间寻找一个恰当的数额。

所以说，约定适当的违约金可以在一定程度上防止违约，但是违约金约定过高则未见得起作用。

怎样在借款合同中约定利息和返还期限

实践中常常发生公民之间借款，在没有约定利息和返还期限的情况下该如何处理，法律对此有明确规定。

根据《中华人民共和国合同法》第二一一条的规定，自然人之间的借款合同对支付利息没有约定或者约定不明的，视为不支付利息。自然人之间的借款合同约定支付利息的，借款的利率不得违反国家有关限制借款利率的规定。根据《最高人民法院关于人民法院审理借贷案件的若干意见》第六条规定："民间借贷的利率可以适当高于银行的利率，各地人民法院可以根据本地区的实际情况具体掌握，但最高不得超过银行同类贷款利率的4倍（包含利率本数）。超出此限度的，超出部分的利息不予保护。"

根据《中华人民共和国合同法》第二〇五条的规定："借款人应当按照约定的期限支付利息。对支付利息的期限没有约定或者约定不明确，依照本法第六十一条的规定仍不能确定，借款期间不满1年的，应当在返还借款时一并支付；借款期间在1年以上的，应当在每届满1年时支付，剩余期间不满1年的，应当在返还借款时一并支付。"

此外，根据《最高人民法院关于贯彻执行〈中华人民共和国民法通则〉若干问题的意见》第一二一条的规定："公民之间的借贷，双方对返还期限有约定的，一般应按约定处理；没有约定的，出借人随时可以请求返还，借方应当根据出借人的请求及时返还；暂时无力返还的，可以根据实际情况责令其分期返还。"

签订合同的重要性

人们在生活中常常提到"合同"，那么，什么是合同呢？合同，光从字面上讲，是结合而同意的意思。一般人们称它为"契约"或者"协议"。用法律术语来说，合同是指平等主体的公民、法人、其他组织之间设立、变更、终止债权债务关系的协议。

这里边有个法学术语是需要了解的，即“法人”。什么是法人呢？用句通俗话说，就是法律上把它当作人。法人是自然人的对称，是指按照法定程序设立，有一定的组织机构和独立支配的财产或者独立预算，并能以自己的名义进行民事活动，享受民事权利和承担民事义务的社会组织。例如公司、工厂等等。

法人的特征是：它具有一定的组织机构，有常设机关和代表法人的负责人，有自己的名称、住所和组织章程；有自己独立支配的财产或独立预算，这是保证法人能够独立进行民事活动的物质基础和条件；能够以自己的名义，参加民事活动，承担民事责任；能以自己的名义进行民事活动和参加民事诉讼；必须依照法定程序成立，没经过国家有关机关核准或者登记的社会组织，不能以法人身份进行民事活动。

要研究怎样签订合同，必须弄明白合同有什么作用。如果不知道合同有什么作用，或者对合同的作用仅仅是一知半解，对合同的作用了解得不全面，就不能充分重视签订合同的问题。

合同的作用是多方面的，总的来说，是保护合同当事人的合法权益，减少纠纷，维护社会经济秩序，促进社会经济发展。具体说，签合同的作用体现在以下四个方面：

1. 可以减少纠纷

人们从事生产、买卖、仓储运输、租赁、借款或进行其他经营活动，在绝大多数的情况下，都是和相识的人往来。甚至有时和亲友、同学往来。即使一时不相识，经过几次接触、交谈，也就相识了。于是不少人有这样的错误认识，认为和相识的人搞经济活动，要立字据、签合同，不好意思，怕淡化了感情，怕认为是不相信对方而伤了和气。但实际情况却告诉我们，由于客观情况总是不断变化的，事先口头商量好的事情，经过一段时间，或者是由于人们的记忆出现错误，或者是客观实际发生了变化，往往要产生争议，不好处理，这就很容易发生争吵，甚至到行政机关或者是人民法院去诉讼。由于怕伤和气而不签订合同，最后到严重伤了和气的实例是很多的。

另外，随着法制建设的日益健全和完善，签订合同是人们从事任何事情的必要手段。如果不签订合同，倒容易使对方产生怀疑，为什么不敢签个合同呢？所以，在目前的经济活动中，要注意运用合同来预防纠纷。

2. 合同具有法律约束力，会督促双方履行合同

合同依法成立，就具有法律约束力。所谓法律约束力，是指合同的当事人必须遵守合同的规定，如果违反，就要承担相应的法律责任。《合同法》第八条规定："依法成立的合同，对当事人具有法律约束力。当事人应当按照约定履行自己的义务，不得擅自变更或者解除合同。"从这一规定可以看出，依法签订的合同，其法律约束力体现在以下四个方面：

一是合同签订以后，任何一方都必须按照合同的规定，全面履行合同，承担合同规定的义务。同时，也都有权利要求对方全面履行合同所规定的义务。这里为什么强调义务的履行呢？这是因为，一方权利的实现，是以对方义务的履行为前提的。如果一方不履行义务，不按合同规定去做，对方则不能享有权利。

二是在合同履行中，不管客观情况发生了什么变化，都不得擅自变更或者解除合同。如果需要变更或解除，必须经双方协商，达成一致意见以后，方能变更或解除。

三是合同依法签订以后，除了不可抗拒的客观原因和法律有特别规定的情况以外，当事人的任何一方，如果不按合同的规定全面履行自己的义务，则要承担违约责任，要向对方支付违约金或者赔偿金。在支付违约金和赔偿金以后，如果对方要求继续履行合同，还应当继续履行。

四是依法签订的书面合同，是要求对方履行合同的凭证，也是仲裁机关和司法机关调解、处理合同纠纷的依据。在履行合同中，如果发生了争议，或者对方有违约行为时，任何一方当事人都可以向合同管理机关申请调解或者仲裁，也可以直接到人民法院提起诉讼。合同管理机关和人民法院，将根据合同和法律的规定，分别进行调解、仲裁，或者调解、判决。如果有责任的一方不执行裁决或者人民法院的判决，合同管理机关或者人民法院可以采取相应的强制措施，强制其执行，以维护合同的法律效力，保护当事人的合法权益。

3. 合同受到广泛的保护

在我们国家里，一切生产、经营的根本目的，就是为了满足人民日益增长的物质和文化生活的需要。所以，一切民事活动、经济活动，都应该围绕着这个根本目的来进行。如果某个单位或者某个人违反了这个根本目的，那么，任何其他组织或者个人，都有责任依照法律规定进行干预。这种干预一般分为两种：

一种是国家干预。这是指国家通过某些有管理职能的机关，分别采取经济、行政或者法律措施，来制止或者制裁违背社会主义生产、经营根本目的行为。

另一种是社会干预。这是指社会的各种组织和公民个人，将会采取宣传教育、舆论谴责、终止经济往来、检举揭发、控告等办法来进行干预。

4. 合同不受非法干预

《合同法》第四条规定："当事人依法享有自愿订立合同的权利，任何单位和个人不得非法干预。"这就是说，只要合同合法，不损害国家和人民利益，不受他人干预。

由此看来，既然签合同有这么多好处，那么，我们在从事经济活动或者其他民事活动时，都应当及时依法签订合同，充分发挥合同的作用，以便保证自己的合法权益不受侵犯。

任何事情都有两方面。当我们看到了合同的积极作用一面的同时，也应当注意到有人利用签合同的手段，侵害对方的利益，我们应当提高警惕。由于合法的合同受法律保护，于是，不少善良的人缺乏警惕，认为只要自己不侵害别人，只要对自己有利，什么合同都敢签。认为如果对方不履行合同，就去法院诉讼。其实，他们把问题想简单了。诉讼那么容易吗？一定能打赢吗？

在社会实践中，我们必须看到以下一些情况：

（1）有人利用合同恶意侵害对方。例如，他们明知对方履行合同有困难，或者根本无法履行合同，便好言相劝，物质拉拢，让你签订不能按约履行的合同。合同的条款确立得十分苛刻，故意让你履行不了。合同签订以后，当你不能完全履行合同时，他们立即到法院告你，使你败诉，不得不赔偿对方所谓的损失。你吃亏也无话可说。

（2）有人夸大自己的履行能力，明明没有能力和条件去履行合同，但为了谋利，也跟你签订合同。合同签订以后，他们这才筹集资金和材料，但由于种种原因，还是履行不了合同，使你遭受重大损失，逼得你不得不跟对方诉讼。一诉讼，使你耗费人力、财力，影响了自己的经营、工作。

（3）有人利用合同诈骗。他们根本不想履行合同，跟你签订合同的目的，就是想骗你钱财，骗完以后拿着就跑，使你找不到。或者骗完钱，用来偿还债务，当你跟他索要时，他已经没有了。你告到法院，他一贫如洗，还是讨要不回来，即使把他告到了公安机关，法院判处了他刑罚，但还是挽救不了你经济上的损失。

签订合同是个复杂问题，必须慎重对待。一遇上合同纠纷，麻烦就来了。争不完的是非搅得你无法正常工作。即使去法院诉讼，打完一审打二审，然后再申诉，请律师、写材料，有时一场官司就打一二年。既影响了团结，又浪费了钱财，还影响了正常的经营、生活、工作。因此，签订合同时，首先要想到：必须预防合同纠纷，防止对方利用合同制造纠纷。

不签订合同的危害

1. 不签订合同容易带来的麻烦

（1）容易产生纠纷：

人们在做生意，或者从事某种经济活动时，往往要与对方进行商量，并且对某些问题会有约定。但光靠这种口头约定是不行的。由于客观情况在不断变化，再加上人们的记忆也容易出现问题，还有人们处理问题往往从有利于自己利益的角度着想，等等，这些因素就决定了人们之间很容易产生纠纷。如果把事先的约定用文字的形式记下来，也就是说签订了合同，白纸黑字，明确写出双方约定的内容，这样就可以减少纠纷。

（2）不签订合同，对双方没有约束力：

没有合同，不利于双方按照事先的约定来履行约定的内容。也就是说，人们在具体的实践中，遇到了困难，遇到了利益上的冲突，有的人就不想再按照事先双方约定，来履行自己的承诺。即使一方背信弃义，自食其言，想怎么干就怎么干，由于没有合同，对其没有约束力。

（3）容易上当受骗：

人们在签订合同的时候，双方都比较谨慎。各自要详细了解对方的履约能力，调查对方的资金和信誉等情况。在合同中，每写明一项条款，都要经过认真的考虑。如果不签订合同，这种考察、了解就会削弱。正因为如此，也容易给一些不法之徒创造诈骗他人钱财的机会。这就很容易使不法之徒的诈骗企图得逞，而使自己的利益受到侵害。

（4）为正确解决纠纷带来了困难：

由于没有合同，空口无凭，双方一旦出现纠纷，就会出现“公说公有理，婆说婆有理”的现象。到底谁是谁非，没有文字依据。这种纠纷，究竟谁是谁非，很难分清。这也会给有关部门或者是司法机关处理这种纠纷带来困难。这很容易使当事人的合法利益不能够得到保障。

2. 对签订合同的种种错误认识

在实践中，有些人不注意签订合同，主要是由于以下几种错误认识造成的：

（1）怕麻烦：

有人错误地认为，签订合同麻烦，不仅对许多重要问题，要与对方商量一致，而且还得书写文字，书写的内容还要推敲，文字要准确，写完又得经过双方签字盖章，觉得很麻烦。他们不懂得今日的麻烦，是为了减少日后更大的麻烦。在实践中我们已经看到，许多人因为怕麻烦，到后来吃了苦头。其教训人们是应当记取的。

（2）认为无用：

有人错误地认为，签订合同，对于有些时候来说，是没有用处的。他们在以往的经济活动中，也没签合同。我们认为，以前没签合同，不能作为以后永远不用合同的理由。以前没有因为不签合同而出现纠纷，保证不了以后不签合同也永远不出现纠纷。随着经济建设不断深入发展，客观条件不断显现出复杂性，这些都越来越明显地说明，签订合同不仅有用，而且十分必要。

（3）不会签：

本来应该签订合同，但是却没有签，有些人除了因为上述一些原因之外，还有一个原因，这就是不会签合同。确实，合同是一种特殊的法律文书，不管你的文化水平有多高，文字书写能力有多强，如果不懂得签合同的常识，不懂得合同的格式，确实很难签订出合格的合同。但是，不能因为不会而不签订合同。不会的东西可以学习，通过学习，就会由不会转变成会。在这本书里，我们将详细介绍合同的种类、签订合同的注意事项、以及如何签订合同等基本常识。

订立合同时应当具备的内容

合同是平等主体之间设立、变更、终止民事权利义务关系的协议。合同必须具备以下基本条款：

1. 当事人的名称或者姓名和住所。

2. 标的，这是合同有效成立的前提条件，没有标的或标的不明的合同既无法成立，也不能履行。

3. 数量，主要指标的的数量。

4. 质量要求，是指双方在合同中约定的标的的质量及要达到的标准。

5. 对价，是指取得标的一方向给付标的一方所应支付的代价（如：价款、费用、酬金、租金等）。

6. 履行期限，是指合同的履行期限和合同的有效期限。

7. 履行的地点和方式，主要包括：

（1）交货方式，是指双方约定的交接标的形式；

（2）运输形式，是指双方约定的用何种运输工具，采取何种方式运输；

（3）交货地点，是指双方约定的交接标的的具体地点。

8. 违约责任，是指双方在合同中明确约定的违约方应承担的具体责任。

9. 解决争议的方法，指所签订合同发生纠纷，自行协商不成时，在合同中约定的解决纠纷的形式。

当事人在签订合同时，除按法律规定应写明以上条款外，还应当尽量使用规范语言，条款尽量详细。

订立合同当事人应具备的条件

《合同法》第九条第一款规定："当事人订立合同，应当具备相应的民事权利能力和民事行为能力。"这里的当事人包括自然人、法人或其他组织。

1．民事权利能力

民事权利能力是法律赋予民事主体从事民事活动，享受民事权利和承担民事义务的资格。在本质上，它是民事主体参加民事法律关系，取得民事权利和承担民事义务的一种可能性或前提，反映着民事主体在民法上的地位。民事主体取得具体的民事权利和承担具体的民事义务则是实现民事权利能力的体现。

自然人的民事权利能力始于出生。在我国，自然人出生的时间以户籍证明为准；没有户籍证明的，以医院出具的出生证明为准；没有医院证明的，参照其他有关证明认定。自然人的民事权利能力因死亡而终止。自然人的死亡在法律上分两种情况：生理死亡和宣告死亡。生理死亡又称自然死亡，是指自然人生命的绝对消灭。宣告死亡是依据一定的法律事实而推定自然人死亡。在我国，如无相反证明，以自然人死亡证明书上的时间为其民事权利能力终止的时间。自然人民事权利能力终止的法律后果是：丧失民事主体资格，其婚姻关系自然终止，对其财产的所有权消灭而由其继承人继承，债权债务亦开始清偿。

法人的民事权利能力是指法人作为民事主体，参加民事法律关系，享受民事权利和承担民事义务的资格。法人的民事权利能力从法人成立时产生。企业法人从核准登记手续办理完毕，并依法领取营业执照之日起享有民事权利能力。事业单位和社会团体法人不需要办理法人登记的，从成立之日起具有民事权利能力。依法需要办理法人登记的，从核准登记手续办理完毕之日起取得民事权利能力。法人的民事权利能力从法人终止时消灭。法人依法被撤销、解散、宣告破产或因其他原因终止以后，原有的民事主体资格即原则上不复存在。但是，法人终止以后，在依法进行清算的阶段，限于清算的必要范围内，法人仍享有一定的民事权利能力。至法人清算完结之日起，其权利能力最终消灭。

2. 民事行为能力

民事行为能力是民事主体以其自己的行为取得民事权利，承担民事义务的资格。具备民事权利能力，并不意味着自然人都能正确地运用这种能力。我国《民法通则》将自然人的民事行为能力分为三种：（1）完全民事行为能力，是指法律赋予达到一定年龄且智力状态正常的自然人通过自己的独立行为进行民事活动的能力，亦即完全民事行为能力人有能力充分地实现其权利能力。根据我国《民法通则》的规定，18 周岁以上的自然人是成年人，具有完全民事行为能力，可以独立进行民事活动，是完全民事行为能力人。16 周岁以上不满 18 周岁的自然人，以自己的劳动收入为主要生活来源的，视为完全民事行为能力人。（2）限制民事行为能力，是指法律赋予那些已经达到一定年龄但尚未成年和虽已成年但精神不健全，不能完全辨认自己行为后果的自然人所享有的可以从事与自己的年龄、智力和精神健康状况相适应的民事活动的能力。根据我国《民法通则》的规定，10 周岁以上的未成年人及不能完全辨认自己行为的精神病人是限制民事行为能力人。前者可以进行与其年龄、智力相适应的民事活动；后者可以进行与其精神状况相适应的民事活动。其他民事活动由其法定代理人代理，或者征得其法定代理人的同意。（3）无民事行为能力，是指完全不具备以自己的行为从事民事活动以取得民事权利和承担民事义务的资格。根据我国《民法通则》的规定，不满 10 周岁的未成年人及不能辨认自己行为的精神病人是无民事行为能力人，由其法定代理人代理民事活动。

法人的民事行为能力，是指法人以自己的意思独立进行民事活动，取得权利并承担义务的资格。法人的民事行为能力和民事权利能力在时间上是一致的，也始于法人成立，终于法人消灭，在法人存续期间始终存在。两者同时发生，同时消灭。法人的民事行为能力和其民事权利能力在范围上是一致的。法人的民事行为能力以其不同于单个自然人意思的团体意思为前提，是由其机关或代表来实现的。

擅自加盖法人印章签订的合同是否有效

法人的工作人员擅自加盖法人印章，以法人名义签订合同，其效力如何认定，根据《民法通则》第六十六条第一款的规定，法人无须对其工作人员的行为负责。

根据《合同法》第四十九条关于表见代理的规定，法人的工作人员擅自加盖法人印章，以法人名义签订合同的，如相对人知道或者应当知道该工作人员系擅自加盖公章的，应作无效或效力待定处理；相对人不知道也不应知道的并“有理由相信”行为人有代理权的，应当认定有效。但是否构成“有理由相信”，应当采用严格责任，即法人不能证明相对人知道或者应当知道该公章系工作人员擅自加盖的，即认定相对人有理由相信该工作人员使用该公章已获法人同意。

法人公章是法人的象征，是证明法人表意真实性的凭证，如果允许法人以“公章系其工作人员擅自加盖”为由不承担责任，则设定法人公章就失去了意义，社会经济秩序将会陷入混乱。法人应对自己的盖章行为负责，无论是其法定代表人所盖，还是其委托代理人所盖，或者是其他工作人员未经授权所盖，只要相对人自己没有过错。对相对人而言，只有审查公章是否真实的责任，没有审查公章为谁所盖的责任。这是维护交易的动态安全、保护善意第三人合法权益、维护社会经济秩序的必然要求。

当然，行为人盗窃、伪造法人印章后以法人名义实施的行为，不适用表见代理。但是，法人对此有过错的，仍应当承担损害赔偿责任。

当事人对合同的效力应当如何约定

依法成立的合同，自成立时生效。法律、行政法规规定应当办理批准、登记等手续生效的，依照其规定。

1. 当事人对合同的效力可以约定附条件

附生效条件的合同，自条件成就时生效。附解除条件的合同，自条件成就时失效。

当事人为自己的利益不正当地阻止条件成就的，视为条件已成就，不正当地促成条件成就的，视为条件不成就。

作为约定所附的条件可以是事件，也可以是行为，但必须符合下列要求：

（1）条件必须是将来发生的事实，已经发生的事实不能作为条件；

（2）条件必须是不确定的事实，即是否发生是当事人不能预料的；

（3）条件必须合法，不能以违反法律、行政法规和社会公德的事实作为条件；

（4）条件必须可能，不能以不可能发生的事实作为条件。

2. 当事人对合同的效力可以约定附期限

附生效期限的合同，自期限届至时生效。附终止期限的合同，自期限届满时失效。

根据期限对合同效力所起的作用不同，期限可分为延缓期限和解除期限。附生效期限的合同，在期限到来前已经成立，但不生效，自期限届至时生效。附终止期限的合同，在期限到来前已经生效，当事人已经按照合同的约定行使权利、履行义务，自期限届满时失效。

3. 坚持实际履行原则

（1）法律规定应当采用书面形式的合同，当事人未采用书面形式，但已经履行主要义务或者能够证明当事人对合同内容协商一致的，该合同有效。

（2）采用合同书包括确认书形式订立合同，没有签字或者盖章的当事人已经履行主要义务时，该合同有效。

（3）无民事行为能力人、限制民事行为能力人订立的合同，经法定代理人追认后，该合同有效。

但纯获利益的合同或者与其年龄、智力精神健康状况相适应而订立的合同，不必经法定代理人追认。

（4）行为人没有代理权、超越代理权或者代理权终止后，以被代理人的名义订立合同，未经被代理人追认，对被代理人不发生效力，由行为人承担责任。

（5）相对人可以催告被代理人在一个月内予以追认。被代理人未作表示的视为拒绝追认。合同被追认之前善意相对人有撤销的权利。撤销应当以通知的方式作出。

（6）法人或者其他组织的法定代表人、负责人超越权限订立的合同，除相对人知道超越权限的以外，该代表行为视为有效。

（7）行为人没有代理权、超越代理权或者代理权终止后以被代理人的名义订立合同，相对人有理由相信行为人有代理权的，该代理行为有效。

（8）无处分权的人处分他人财产，经权利人追认或者无处分权的人订立合同后取得处分权的，该合同有效。

《合同法》对合同的效力作了哪些具体规定

《合同法》规定了以下四种合同效力类型：

1. 合同的生效

合同的生效是指已经成立的合同在当事人之间产生一定的法律约束力，也就是通常所说的法律效力。法律根据自己的价值取向规定一系列的条件和要求，对符合这些条件和要求的合同赋予完全的法律效力，使当事人能够实现其订立合同所期望的目的。

2. 合同的无效

无效合同是指合同虽然已经成立，但因其缺乏生效要件而当然不发生法律效力的合同。无效的合同主要是违反法律禁止性规定或其他强行性规定以及公序良俗的合同。这样的合同由于不符合或者违反了法律的价值取向，因此受到了法律的否定性评价。

3. 合同的效力待定

合同的效力待定是指已经成立的合同不完全符合法律规定的合同效力要件，因此法律不让其效力马上产生，而是等待采取一定的措施进行补救后再让其发生完全的效力。效力待定的合同主要是主体方面存在一些瑕疵，它主要包括：无行为能力人订立的合同及限制行为能力人依法不能订立的合同、无权代理人订立的合同以及无权处分的合同。

4．合同的可撤销和可变更

合同的可撤销和可变更是指已经成立的合同由于在当事人的意思表示方面存在瑕疵，因此法律赋予因为该瑕疵而可能受有损失的一方当事人对该合同撤销或变更的权利。该当事人可以通过行使撤销权或变更权来保护自己的利益；同时，也可以放弃自己的撤销权或变更权。可撤销或可变更的合同主要是在当事人的意思表示方面存在瑕疵的合同。

合同的生效应当满足哪些条件

根据我国《民法通则》和《合同法》的规定，合同的一般生效要件是：

1．合同当事人在订立合同时有相应的订立合同的权利能力与行为能力

根据《民法通则》的规定，10周岁以上的未成年人和不能完全辨认自己行为的精神病人，属于限制民事行为能力人。前者只能实施某些与其年龄、智力相适应的民事活动，后者只能实施某些与其精神健康状态相适应的民事活动。

法人或者其他组织的法定代表人、负责人超越权限订立的合同，除相对人知道或者应当知道其超越权限的以外，该代表行为视为有效。

无处分权的人处分他人财产，经权利人追认或者无处分权的人订立合同后取得处分权的，该合同有效。

2．合同当事人的意思表示真实

意思表示真实是指表意人即意思表示的行为人的表意行为应当真实反映其内心的效果意思。表示行为是表示人将其效果意思表达于外部的行为，效果意思则是表示人内心所欲发生一定效果的意思。

3．合同标的须确定、可能

当事人订立合同的目的在于追求某种合同利益的实现，因此合同的标的必须确定、可能，合同才能发生效力。合同标的在合同成立时，必须确定或相对确定。合同的标的只有确定，或虽不确定但可能确定的，才能使合同利益的实现有所保障。

4. 合同不得违反法律或者社会公共利益

不违反法律，是指合同不能违反法律、法规的强制性规范。强制性规范不同于任意性规范，它要求当事人必须严格遵守，而排斥当事人的意思自治，不能通过协议而加以改变；任意性规范并不要求人们必须执行，是由当事人选择适用的，如果合同违反强制性法律规范，合同必然因违反法律而无效。

社会公共利益是个抽象的概念，我国社会生活的政治基础、社会秩序、道德准则和善良风俗习惯等，均可列入其中。由于法律不可能毫无遗漏地对社会公共利益保护作出规定，因此，只要损害了社会公共利益的合同，即使法律、法规未作明确的禁止性规定，也应确认该合同无效。

5. 合同必须具备法律所要求的形式

《合同法》第十条规定："当事人订立合同，有书面形式、口头形式和其他形式。法律、行政法规规定采用书面形式的，应当采用书面形式。当事人约定采用书面形式的，应当采用书面形式。"依此规定，法律、法规规定用特定形式的合同，应当依照法律、法规的规定。

代理合同是否有效

以代理人身份订立合同的前提是享有代理权，行为人不享有代理权却以被代理人名义订立的合同，是无权代理合同。无权代理包括以下三种情况：

1. 行为人没有代理权。行为人与他人订立合同根本未经被代理人的授权，完全是行为人自己的意思。

2. 超越代理权。尽管行为人获得了被代理人的授权，但其订立合同的行为超越了被代理人的授权范围，超越代理权而订立的合同或者是合同中超越代理权的部分是无权代理合同。

3. 代理权已经终止。尽管行为人获得过被代理人的授权，但授权委托书的有效期限届满，此时行为人仍然以被代理人名义订立的合同是无权代理合同。

为了保护交易安全，保护第三人的信赖利益，不损害被代理人的利益，无权代理合同并非绝对无效，而是属于效力待定的合同。法律赋予被代理人对无权代理合同效力的决定权，即：（1）被代理人对该合同予以追认的，视为行为人的代理是有效代理，合同有效被代理人是合同的一方当事人，合同对被代理人发生法律效力。追认是被代理人对无权代理行为在事后予以承认的一种单方意思表示，在性质上属于形成权。（2）被代理人对该合同不予追认的，该合同不对被代理人发生效力，由行为人承担责任。

无权代理合同订立后，由于被代理人享有追认或者拒绝的选择权，无权代理合同处于未定状态，相对人处于不确定地位。如果被代理人无限期地不作出选择，合同关系的不确定状态无法消除。为了平衡被代理人与相对人的利益，稳定交易，法律赋予相对人以催告权，即相对人可以催告被代理人在1个月内予以追认。在该期限内，被代理人可以向相对人明确表示予以追认，此时行为人的行为自始具有与有权代理同样的效力，合同对被代理人发生效力；被代理人未作任何表示的，视为拒绝追认，合同不对被代理人发生效力；被代理人也可以作出明确的拒绝，合同不对其发生效力。拒绝合同的意思应当以明示的方式向行为人或者相对人作出。行为人受领了这种表示并且无异议的，有义务通知相对人，否则对相对人不知道被代理人拒绝追认而产生的损害负损害赔偿责任。

合同被追认之前，善意相对人有撤销合同的权利。即善意相对人在被代理人未承认无权代理行为之前，可撤销其对无权代理人作出的意思表示。所谓善意相对人，是指对行为人对无权代理的事实不知道也不应当知道的相对人。相对人撤销合同的意思应当以通知的方式作出，可以向行为人作出，也可以向被代理人作出。但是，相对人明知行为人无代理权而仍与之订立合同的，丧失撤销的权利。

具备哪些情形时合同无效

无效合同，是违反合同法律行为的一种表现形式，也就是指订立合同的行为是违反法定条件的行为，其行为本身就是无效的。因而，所订立的合同从订立的时候起，就是无效合同，不但不受法律保护，而且应该根据其造成的法律后果，给予必要的处理。

《合同法》第五十二条规定，有下列情形之一的，合同无效：

1. 一方以欺诈、胁迫的手段订立合同，损害国家利益

因欺诈而签订的合同，损害国家利益时合同无效。一方当事人故意告知对方虚假情况，或者故意隐瞒真实情况，诱使对方当事人作出错误意思表示的，可以认定为欺诈行为。

因胁迫而签订的合同，损害国家利益时合同无效。以给公民及其亲友的生命健康、名誉、荣誉、财产等造成损害，或者以给法人的名誉、荣誉、财产等造成损害为要挟，迫使对方作出违背真实的意思表示的，可以认定为胁迫行为。

2. 恶意串通，损害国家、集体或者第三人利益的

合同当事人互相串通，明知或者应知合同的履行会损害国家、集体或者第三人利益，却希望或者放任这种结果的发生，因而订立合同。恶意串通订立合同，可以是双方协商一致订立非法合同；也可以是一方当事人作出意思表示，另一方明知或者应知其非法目的，却以默示的方式接受而成立合同。

3. 以合法形式掩盖非法目的的

以合法形式掩盖非法目的而订立的合同，是指合同的内容及形式是合法的，但订立合同的目的却是非法的。例如，为了避免财产被抵偿债务而与他人订立赠予合同将财产赠予他人；濒临破产的企业为了隐匿财产而与他人订立买卖合同将设备卖与他人。这类合同就其成立要件来讲是合法的，但根据合同所实现的目的却是非法的。

4. 损害社会公共利益的

损害社会公共利益也就是违反公序良俗和公共秩序，如果合同订立、履行的结果会损害社会公共利益，则该合同是无效的。例如，规避课税的合同、赌博合同、以债务人的人身为抵押的约定、自选商店张贴的保安人员有权对顾客搜查的店堂告示等。

5. 违反法律、行政法规的强制性规定的

法律、行政法规依其性质可分为强制性规定和任意性规定，强制性规定在法律上表述为“必须”“应当”等命令性的规定，或者是禁止性的规定。对于强制性规定，当事人必须遵守，不得以协议的形式予以排除。违反任意

性规定时并不影响合同的效力。违反法律、行政法规强制性规定而订立的合同不以当事人是否对其行为违法存在过错为条件，即使当事人不知道合同条款是法律所禁止的，合同仍然无效。如果当事人订立合同的当时没有违反法律、行政法规的强制性规定，但是，因立法的变更而导致合同尚未履行完毕的合同违反了现时的法律、行政法规，则应根据新法是否具有溯及力来认定合同的效力。

合同的无效包括部分无效和全部无效，合同的部分条款无效而并不影响其他部分的效力的，合同的其他部分仍然有效。但如果无效部分与有效部分有牵连关系，确认部分内容无效会影响有效部分的效力的，有效部分的继续存在对当事人已经没有意义或者不公平的，则合同应全部被确认为无效。合同订立、履行的结果会损害社会公共利益，则该合同是无效的。

无效合同应当如何处理

合同被确认无效后，尚未履行的，不得履行，正在履行的，应当立即终止履行。

1. 无效合同未造成不良后果的不做处理

在当事人履行合同之前，合同被确认无效的，此时尚未造成不良后果，可以不做处理。

2. 双方当事人相互返还财产

返还财产的方式可分为：

（1）在合同被确认无效前已部分或全部履行，而对国家和社会公共利益又无明显损害的，一般应当返还财产。返还时如果原物已经不存在或没有必要返还原物的，应折价补偿。

（2）有过错的一方已经给对方造成损失的，应当赔偿对方因此所受的损失，双方都有过错的，各自承担相应的责任。

（3）有过错的第三人给当事人造成损失的，第三人应承担相应的责任。

3. 没收非法财产归国家所有

当事人恶意串通，损害国家、集体或者第三人利益的，因此取得的财产收归国家所有，或者返还集体、第三人。如双方都属故意，则双方都无权要求返还财产，应追缴双方已付给对方或约定付给对方而尚未给对方的财产，予以没收上缴国库；或根据有关法规处以罚款；情节严重构成犯罪的，移送司法机关依法追究刑事责任。

无效合同的诉讼时效如何计算

《民法通则》第一三五条规定："向人民法院请求保护民事权利的诉讼时效期间为二年，法律另有规定的除外"。所谓"法律另有规定的"在我国仅指法律对时效期间的长短另有规定，而不是对是否受时效限制另有规定。任何情况下以任何方式向人民法院提出诉讼请求，都应受时效限制，只不过不同情况下时效期间的长短不同、开始计算的时间不同、是否应中止、中断和延长的情况不同。无效合同中一方当事人向人民法院要求返还财产或赔偿损失，属于向人民法院请求保护民事权利，应当在法定的时效期间内起诉，否则人民法院不予保护。

至于诉讼时效的起算问题，应以合同约定的履行期限届满之次日开始计算，履行期限没有约定或约定不明确的，按照《合同法》第六十一条、第六十二条、第六十六条、第一六一条等的规定确定，从确定的履行期限届满之次日开始计算。《民法通则》第一三七条第（一）项规定："诉讼时效期间从知道或者应当知道权利被侵害时起计算。"《合同法》对此无另外规定。

因此，合同纠纷的诉讼时效仍应遵循此规定，从知道或者应当知道权利被侵害时起计算。合同是否有效由人民法院通过判决或仲裁机构通过裁决确认，一方在起诉时合同效力并不确定，一方或双方也无权自行确定。因此当事人只能按照合同约定的期限主张权利，时效期间应从约定的履行期限届满之次日起计算。如企业之间的借款合同虽然无效，但时效的起算只能以约定的还款期限届满之次日为准，不能以银行款项借出之次日开始计算，也不能以出借人主张权利被借款人拒绝之次日开始计算，更不能以法院或仲裁机构确认合同无效之次日开始计算。

乘人之危而订立的合同是否有效

乘人之危是指一方当事人利用对方当事人的危难处境或紧迫需要，为牟取不正当利益，迫使对方接受某种明显不公平的条件并作出违背其真实意思表示的行为。最高人民法院《关于贯彻执行〈中华人民共和国民法通则〉若干问题的意见（试行)》第七十条规定：“一方当事人乘对方处于危难之机，为牟取不正当利益，逼使对方作出不真实的意思表示，严重损害对方利益的，可以认定为乘人之危。”根据《合同法》第五十四条的规定，因乘人之危而迫使对方在违背其真实意思的情况下所订立的合同为可撤销的合同。

乘人之危的构成，应具备以下要件：

1．一方当事人陷于危难处境或急迫需要

危难处境是指急欲避免或解除的重大不利状态，如因自然灾害而遭遇困境。除经济上的窘迫外，还包括生活危险、健康恶化、名誉受损等危险。急迫需要是指为了实现或保障重大利益，而在财物、金钱、服务等方面的急迫需要。一方当事人之陷于危难境地或急迫需要，并非由另一方当事人即乘危人的违法行为造成的，而是本已形成，乘危人只是因势利用而已。

2．一方当事人利用对方的危难处境和急迫需要而提出苛刻的合同条件

提出苛刻合同条件的目的是为了牟取不正当利益。

3．一方当事人主观上有乘人之危的故意

即明知对方当事人陷于危难境地和迫切需要之中，为牟取不正当利益而提出苛刻合同条件，迫使对方接受。如果行为人不知对方处于危难境地时，不能构成乘人之危。

4．对方当事人被迫接受苛刻合同条件，并与之订立合同

该意思表示是在被迫情况下进行的，违背了对方当事人的真实意思。

5．对方当事人蒙受了损失

此种损失与乘危人取得的不正当利益形成对应关系，其不正当利益是在严重损害对方利益的前提下取得的。

恶意串通订立的合同是否有效

《合同法》第五十九条规定："当事人恶意串通，损害国家、集体或者第三人利益的，因此取得的财产应当收归国家所有或者返还集体、第三人。"恶意串通是指合同当事人在订立合同过程中，为牟取不法利益合谋实施的违法行为。恶意串通的合同具有以下两个特征：

1. 当事人双方是出于故意

因恶意串通而成立的合同的当事人都是故意的，这种故意的本质在于通过损害他人的利益来获取自己的非法利益。当然因恶意串通而成立的合同不以行为人已经或必然获得了非法利益为必要条件，只要有恶意串通，危及他人利益的故意就可以认定。这里需要注意的是，因恶意串通成立的合同，未必是全部当事人的故意。例如当事人的代理人与对方当事人或对方当事人的代理人串通危害被代理人的利益而订立合同，就不应认为是当事人的故意。代理人的故意足以构成恶意串通。

2. 恶意串通的合同是为牟取非法利益

当事人订立恶意串通的合同的目的就是为了取得非法利益。这种非法利益可以有不同的表现形式。例如，在招投标过程中，投标人之间串通，压低标价；在买卖过程中，双方抬高货物的价格以获取贿赂等。

恶意串通损害了国家、集体或者第三人的利益，是情节恶劣的违法行为。由于这种行为是由于双方相互勾结在一起，共同损害国家、集体或者第三者的利益，因此这种合同在被确认无效后，在处理上不是一方赔偿另一方的损失或者互相赔偿损失，而是由有关国家机关依法收缴双方所得的财产，收归国家所有或者返还集体、第三人。

如何变更或者撤销合同

《合同法》第五十四条规定：下列合同，当事人一方有权请求人民法院或者仲裁机构变更或者撤销。

1．因重大误解订立的

因重大误解而订立合同，是指当事人在作出意思表示时，对有关合同的重要事项存在认识上的显著缺陷。误解直接影响到当事人应当享有的权利和承担的义务。构成重大误解必须满足以下条件：（1）当事人因为误解作出了意思表示。（2）当事人的误解必须是重大的。（3）误解是由行为人自己的过失造成的，而非受他人的欺骗或不正当影响造成的，亦非自己的故意行为。

2．订立合同时显失公平的

显失公平的合同是指当事人一方在紧迫或者缺乏经验的情况下而订立的明显对自己有重大不利而对对方有利的合同。法律对显失公平合同的界定规定了严格的条件，这些条件是：（1）须为有偿合同。（2）须合同的内容明显背离公平原则。（3）受有不公平利益的一方具有利用对方轻率、无经验等而与对方订立显失公平合同的故意，其行为违反了诚实信用原则的基本要求。

3．一方以欺诈、胁迫手段或者乘人之危，使对方在违背其真实意思的情况下订立的合同

判断订立合同的过程中是否存在欺诈，应当从以下几个方面考虑：（1）欺诈方是否具有欺诈的故意。（2）欺诈方是否实施了欺诈行为。（3）被欺诈的一方是否因欺诈而陷入错误认识。（4）被欺诈的一方是否因错误而在违背其真实意思的情况之下订立合同的。

行为是否构成胁迫需要满足以下条件：（1）胁迫人具有胁迫的故意。（2）胁迫人实施了胁迫行为。（3）受胁迫者因胁迫而在违背其真实意思的情况下与之订立了合同。（4）胁迫行为是非法的。

构成乘人之危的条件是：（1）受害方处于危难境地。（2）一方当事人明知对方处于危难而故意利用这一事实迫使对方接受不利的条件。（3）危难方迫于危难，在违背其真实意思的情况下与之订立合同。（4）合同的内容对危难方明显不利。

对合同内容约定不明时应当如何履行

合同生效后，当事人就质量、价款或者报酬、履行地点等内容没有约定

或者约定不明确的，可以协议补充；不能达成补充协议的，按照合同有关条款或者交易习惯确定。

当事人就有关合同内容没有约定或者约定不明确，适用下列规定：

1. 合同中对质量要求的规定不明确的，按照国家标准、行业标准履行；没有国家、行业标准的，按照通常标准或者符合合同目的的特定标准履行。“国家标准”是指国家主管部门制定的标准；“行业标准”通常由行业协会或者多数厂商共同制定的标准；“通常标准”是指与合同标的规格相同或者种类相同的标的在通常情况下采用的标准。

2. 合同中对价款或者报酬规定不明确的，按照订立合同时履行地的市场价格履行。但依法应当执行政府定价或者政府指导价的，按照有关规定履行，如《合同法》第六十三条的规定，不适用履行地的市场价。

3. 合同中对履行地点规定不明确的，如果是给付货币的，则在接受货币一方所在地履行。所在地一般是债权人的营业地，债权人有两个以上营业地的，以与合同的履行有最密切联系的营业地为履行地。如果是交付不动产的，则在不动产所在地履行。履行标的是其他的，则在履行义务一方所在地履行。

4. 合同中对履行期限规定不明确的，债务人可以随时履行其义务，债权人也可以随时请求对方履行，但应当给对方必要的准备时间。一般先给予对方履行或者请求履行的通知，在通知后的合理期限内履行自己的义务或者作为对方履行义务的始期。

5. 合同中对履行方式规定不明确的，当事人应当按照有利于实现合同目的的方式履行。例如，没有约定包装方式的，负有包装义务的一方应当以最有利于保护标的物的方式包装。

6. 合同中对履行费用的负担规定不明确的，由履行义务的一方负担。

中止履行合同应当具备哪些条件

合同订立后，对方当事人出现了丧失或者可能丧失履约能力的事由的，应当先履行债务的一方当事人即可中止履行合同。为了限制有先履行债务的一方当事人滥用中止履行权，法律规定了可中止履行合同的事由：

1. 经营状况严重恶化的。如当事人濒临破产。

2. 转移财产、抽逃资金，以逃避债务的。已经接受对方部分履行的一方当事人为了逃避债务，通常采取转移财产、抽逃资金的方式，表面上制造不具备履约能力的假象，以试图豁免履行合同义务。

3. 丧失商业信誉的。信用对于现代市场经济主体是至关重要的，如果当事人一方严重丧失商业信誉，则切断了其融资、融物的渠道，当自己的履约能力不足时，必然会产生不能履行债务的后果。

4. 有丧失或者可能丧失履行债务能力的其他情形的。一般来讲，如果当事人的财产状况显著恶化，商业信誉严重丧失时，就会丧失履行合同的能力，从而构成根本违约。丧失或者可能丧失履行债务能力的情形在实践中样态颇多，有时不是直接体现在对方的财产上。

当事人没有确切证据中止履行的，应当承担违约责任。合同当事人一方有另一方不能履行合同的确切证据时，可以暂时中止履行合同，但是应当立即通知另一方，当另一方对履行合同提供了适当担保时，中止履行的一方应当恢复履行合同。中止履行后，对方在合理期限内未恢复履行能力并且未提供适当担保的，中止履行的一方可以解除合同。

这里讲的中止，是指暂时停止，而不是永远终止履行合同，为此，应注意以下两点：

1. 当事人一方必须有对方不能履行合同的确切证据，方可中止履行自己的合同义务。而不能无根据地怀疑对方不能履行合同，无确切证据而擅自中止合同的一方应负违反合同的责任。特定的标的已经灭失或转移、对方丧失清偿能力、对方所属国家因发生战争或政府实行封锁禁运等，都有可能成为对方不能履行合同的确切证据。

2. 一旦对方提供了适当履行担保时，暂时中止履行的一方就应继续履行合同。适当担保，是指银行或其他担保人担保，给付履约保证金（定金），抵押担保等。当对方提供了上述形式的担保时，即可认为是“适当担保”，中止的一方应当继续履行自己的合同义务。

变更合同应当具备哪些条件

变更合同是一种法律行为，是指签约双方当事人在符合法律规定的条件下，就修改原订合同的内容所达成的协议。

《合同法》第七十七条规定：当事人协商一致，可以变更合同。法律、行政法规规定变更合同应当依照其规定办理批准、登记等手续。

变更合同应当具备下列条件：

1. 发生了使合同基础发生变化的客观情况。

2. 合同变更应经当事人各方协商同意，任何一方不得擅自变更合同，擅自变更的合同无法律效力。

3. 变更合同应采取书面形式，口头协议变更应有相应的证据。

4. 按我国法律、法规的规定，须由国家批准成立的合同，其内容的重大变更还应经原批准机关批准。

如果合同变更前或变更时，可能存在或发生的给当事人一方造成损失的事实，合同变更后，受损害的一方仍可要求对方赔偿损失。

当事人如果对合同变更的内容约定不明确的，视为未变更。

法律对变更合同的程序作了如下的规定：

1. 变更合同也应当贯彻协商一致的原则。

（1）当事人一方应当向对方提出变更合同的要约。

（2）对方是否对要约作出承诺。

（3）双方在没有达成新的协议之前，单方面变更合同属违约行为。

2. 变更合同的协议最好采用书面形式。新的协议未达成之前，原合同仍然有效。

合同的变更产生的法律后果

合同的变更，主要是在保持原合同关系的基础上，使合同内容发生变化，合同变更的实质是以变更后的合同代替了原合同。因此，在合同发生变更以后，当事人应当按照变更后的合同内容作出履行，任何一方违反变更后的合同内容都将构成违约。

合同变更的效力，又因合同要素的变更和非要素的变更的不同而不同。前者由于导致合同同一性的丧失，因而原合同所附着的利益和瑕疵因合同的变更而归于消灭。后者由于仅是合同非要素内容的变更，因而仍然保持其同一性，并未影响合同当事人的基本权利义务，所以原合同所附着的利益与瑕疵仍然继续存在，原合同有对价关系的亦仍保有同时履行抗辩权，均不因合同变更而消灭。如果变更后合同权利义务发生了扩张，当事人仅在原来范围内享受利益或者承担瑕疵，而不及于其扩张部分。

合同变更原则上仅对未来发生效力，对已经按原合同所作的履行无溯及力，已经履行的债务不因合同的变更而失去法律根据，任何一方不能因合同的变更而要求对方返还已经作出的履行，当事人另有约定的除外。合同变更仅对已经变更的部分发生效力，对于未变更部分的权利义务继续有效。

根据我国《民法通则》第一一五条的规定，合同变更或者解除，不影响当事人要求赔偿损失的权利。但何种类型的合同变更可与损害赔偿并存，应视具体情况而定。例如，基于情事变更原则而变更合同则不存在损害赔偿；对因重大误解而订立的合同予以变更，在相对人遭受损失的情况下，误解人应赔偿相对人的损失；双方当事人协议变更合同的，双方应就损失的处理作出约定，并载入变更后的合同中。

是否可以将合同权利转让给第三人

债权人可以将合同的权利全部或者部分转让给第三人，但《合同法》第七十九条规定，下列合同权利不允许转让：

1. 根据合同的性质不得转让的权利

所谓根据合同性质不得转让的权利是指根据合同权利的性质，只能在特定当事人之间生效，如果转让给第三人，将会使合同的内容发生变更或者使合同难以履行，从而使转让后的合同内容与转让前的合同内容失去联系性和同一性，且违反了当事人订立合同的目的。一般来说，根据合同性质不得让与的权利主要包括如下四种：第一，根据个人信任关系而发生的债权。第二，以选定的债权人为基础发生的合同权利。第三，合同内容中包括了针对特定当事人的不作为义务。第四，从权利。从权利是指附随于主权利的权利。

2. 根据当事人的特别约定而不得转让的合同权利

根据合同自由原则，当事人可以在订立合同时或订立合同后特别约定，禁止任何一方转让合同权利，只要此约定不违反法律的禁止规定和社会公共道德，就应当产生法律效力。任何一方违反此种约定而转让合同权利，将构成违约。此种特别约定，只要在合同转让之前订立便可生效。当然，此种约定只能在特定当事人之间生效，不得约束第三人。

3. 依照法律规定不得转让

法律规定不得转让的合同权利，当然不能转让。例如《担保法》第六十一条规定："最高额抵押的主合同债权不得转让。"《合同法》之所以规定禁止合同权利转让的情形，是因为债权人转让合同权利是其享有的权利，即依据债权人的单方意思表示就可以发生，无须经过义务人的同意，只要通知债务人就可以了。

合同权利的转让应当满足哪些条件

合同权利的转让，是指合同的债权人将其在合同中享有的权利全部或者部分转让给第三人的行为。按照《合同法》第七十九条规定，债权人可以将合同的权利全部或者部分转让给第三人。合同权利转让若要在债权人、受让人、债务人之间均发生法律效力，须具备以下要件：

1. 须有有效存在的合同债权且债权转让不改变债权的内容

合同债权的有效存在是合同权利转让的基本前提。以不存在或无效的债权转让他人或者以已经消灭的债权转让他人，不能发生合同权利转让的效力。但下列三种债权仍可作为合同权利转让的标的：一是诉讼时效已过的债权。二是因可撤销行为所发生的债权。三是将来的债权。

由于合同权利转让关系到债务人的利益，因而让与人转让债权时不得改变债权的内容，即不得增加债务人的负担。如该项权利的转让将极大地改变另一方的义务状况或极大地增加债务人的承担责任，则债务人可对此提出抗辩。债权人在转让债权时，既可转让全部权利，也可转让部分权利。

2．转让的债权具有可转让性

从鼓励交易、增加社会财富的角度出发，应当允许绝大多数合同债权能够被转让，无论是单务合同中的权利，还是双务合同中的权利，只要不违反法律和社会公共道德，均应允许其转让。但是法律从保护社会公共利益、维护交易秩序、兼顾转让双方利益的角度出发，对合同权利的转让范围也应当作出一定限制。

发生哪些情况时，当事人可以解除合同

合同的解除，是指合同依法有效成立后，因主客观情况发生变化，使合同的履行成为不必要或者不可能，根据合同双方达成的协议或一方当事人的意思表示提前终止合同效力。合同解除主要适用于以下情况：

1．合同是依法成立的有效合同

解除合同的前提是已经存在一个有效成立的合同，如果合同尚未成立，当事人之间还不存在合同关系，当然也就不存在解除的问题；如果当事人之间的合同是无效合同，无效合同本身就不具有法律效力，也不存在解除问题；合同已经履行完毕，双方的法律关系已经结束，也不存在解除问题。

2．合同尚在履行期间

合同是一种有期限的民事法律行为。在合同履行期间，当事人必须严格遵照合同履行，一般地说，超过了履行期限，合同就不再具有法律约束力。如一份租赁合同约定的租赁期为 2 年。在这 2 年中，合同是应当履行的，如因情况发生变化不想继续履行合同，可经请求解除；超过了 2 年，合同效力即告终止，不存在解除问题。

3．合同尚未履行或者尚未履行完毕

解除合同一般应发生在合同尚未履行或者尚未履行完毕之前。合同已经履行完毕，双方协商解除合同关系，互相返还依据合同从对方取得的财产，使双方的关系恢复到合同签订前的状态，从理论上讲应当是允许的，但是这

种情况在实践中极为罕见。

4. 因情况发生了变化，当事人双方或者至少有一方不愿再继续履行合同

双方协商解除合同虽然是一种无因行为，法律并不追究其原因，但对当事人来说，订立合同是为了实现某种目的，解除合同肯定是有其原因的。只要双方协商，认为继续履行合同没有必要就可解除，或者符合法定情况另一方有权单方解除合同。

合同解除后如何赔偿损失

因解除合同而使一方当事人遭受损失的，除依法可以免除责任的外，责任方应当负责赔偿，这是合同法律效力的表现。合同依法成立，就具有法律约束力，当事人应当全面履行合同，当事人违反合同要承担违约责任，当事人解除合同给对方造成损失应当负责赔偿。因当事人解除合同的原因不同，赔偿的范围也有区别：

1. 协议解除合同的赔偿

协议解除合同是当事人一方从有利于自己的角度出发，而提议解除合同，解除合同的结果必然使其获得利益或减少损失。而另一方往往因合同的解除而遭受一定的损失。根据公平原则，提出解除合同受益的一方应当赔偿对方所遭受的损失。赔偿的范围包括：（1）订立合同所支出的费用；（2）为履行合同进行准备所支出的必要费用；（3）履行合同所支出的费用；（4）解除合同所遭受的其他直接经济损失等。赔偿的具体数额和方法，当事人可以在解除合同的协议中约定，在解除合同时没有约定的，可以申请人民法院或仲裁机构裁决。

2. 因不可抗力解除合同的赔偿

因不可抗力造成合同不能履行而解除合同的，当事人不负责赔偿。但是，在合同履行期内当事人没有履行，合同履行期满后才发生不可抗力的，当事人的责任不能免除。另外，不可抗力发生后，遇有不可抗力不能履行合同的一方应将合同不能履行的情况及时通知对方，以便对方及时采取有效措施，避免或者减少损失，如果当事人怠于通知，造成对方损失扩大或者当事人虽

然遇到不可抗力，但合同仍能履行而不履行的，应就扩大的损失承担赔偿责任。

3．因一方当事人违约解除合同的赔偿

合同能够履行而当事人拒不履行，或者迟延履行，履行不符合合同要求，致使严重影响对方订立合同所期望的利益，法律赋予非违约方解除合同的权利。但是，合同的解除并不免除违约方的责任，因为在合同解除前，由于一方当事人的违约已经给对方当事人造成了损失，这种损失是客观存在。如果违约方不承担责任，让非违约方承担损失显然是不公平的。因此，合同解除后，需要恢复原状的，应当恢复原状。因一方当事人违约致使合同解除的，违约方仍应承担违约责任，不能因为合同的解除而免除其应负的责任。

4．因第三人的原因或其他原因解除合同的赔偿

实践中，造成合同解除的原因是多方面的，如当事人分立、合并、转产、破产，或者由于第三人不履行与合同一方当事人之间的合同造成本合同不能履行而解除合同，在这些情况下，因合同不能履行而解除合同的一方赔偿责任不能免除。因第三人不履行合同造成本合同不能履行的，由于第三人不是本合同的当事人，与本合同的受害人之间没有直接的法律关系，不能直接让第三人赔偿本合同受害人的损失，而由不能履行合同的一方当事人先行赔偿对方当事人遭受的损失，而后再由其向第三人追偿。因企业分立、合并、转产不能履行合同的，合同可以解除，但因解除合同给对方造成损失的仍应赔偿。

债务在什么情况下可以相互抵销

除债务的协议抵销之外，债务在符合以下条件时可以相互抵销：

1．必须是当事人互负债务

当事人互负债务，意味着当事人之间也互享债权，这是抵销产生的基础，只有当事人之间互相负有债务，才可进行抵销，只有一方负有债务，没有对应的债务，无法抵销。当事人之间互负的债务必须是合法的，才能抵销。如果合同无效，当事人的债权自然也就无效，债权不存在，债务当然也不存在，不存在抵销的问题。

2. 必须是到期债务

合同若订立有履行期限，在期限届满之前，债权人不得强制债务人履行债务。抵销等于是当事人履行了债务，所以在期限届满之前要求抵销债务，等于强制债务人履行债务。如果在合同中没有约定履行期限，债权人如果限期要求债务履行债务时，这个期限可以作为债务的履行期限。

3. 必须是标的物的种类、品质相同的债务

适合抵销的，多是金钱和种类物，这种情况下，双方所负债务的标的物性质同一，抵销后双方的经济目的一般不会受到影响，如果允许不同种类的标的抵销，则有可能影响到当事人的某种特定的目的。抵销时互负债务的当事人各自应承担的债务数量是否相同不影响抵销的成立，只是在进行抵销时，只能同等数量的债务进行抵销，抵销后剩余的债务，当事人仍应履行。

4. 必须是可以用作抵销的债务

按照法律规定，下列债务不能抵销：

（1）按合同性质不能抵销的。

（2）按照约定应当向第三人给付的债务。

（3）因故意实施侵权行为产生的债务。

（4）法律规定不得抵销的其他情形。

违约行为包括哪些形态

《合同法》第一〇七条规定，当事人不履行合同义务或者履行合同义务不符合约定的，应当承担违约责任。由此可见，我国《合同法》对违约责任的认定采取了严格责任的原则，即只要存在违约事实，即应承担违约责任，而无论其是否有过错。

当事人不履行合同义务或者履行合同义务不符合约定的义务包括以下几种情况：

1. 不履行。不履行包括履行不能和拒绝履行。履行不能是指债务人在客观上已经没有履行能力。拒绝履行是指债务人能够实际履行而故意不履行。作为违约行为的一种表现形式，拒绝履行必须具备以下要件：有合法债务的

存在、债务人能够履行债务、债务人不履行债务、债务人不履行债务没有合法理由。在债务人享有同时履行抗辩权、不安履行抗辩权、先诉抗辩权、时效经过抗辩权、条件不成就抗辩权、期限未届至抗辩权等权利的情况下，债务人的拒绝履行不构成违约。

2. 履行迟延。履行迟延又称逾期履行，是指在合同债务已经到期，合同当事人能够履行而不按法定或者约定的时间履行的情况。构成迟延履行必须具备以下要件：存在有效债务、债务人能够履行、履行期限已经到来、债务人不履行。判断是否构成迟延履行的前提是合同债务的履行必须有明确的期限。

迟延履行分为三种情况：(1) 债务人迟延履行，指因可归责于债务人的原因导致履行迟延。(2) 债权人的迟延，指因可归责于债权人的原因导致履行迟延。它又可分为两种情况：一种情况是债权人负有配合债务人履行合同债务的义务而债权人不积极配合，造成合同履行迟延。另一种情况是债权人拒绝接受债务人到期的履行。(3) 因不可归责于双方当事人的原因导致履行迟延。

3. 不完全履行。不完全履行亦称不适当履行或不正确履行，是指债务人虽然履行了债务，但其履行不符合合同的约定。不完全履行分为给付有瑕疵与加害给付两种。给付有瑕疵，亦称瑕疵给付，可进一步分为：(1) 给付在数量上不完全。(2) 给付不符合质量要求。(3) 履行时间与履行地点不当。(4) 履行方法不符合约定。加害给付不是一般的不完全履行，加害给付不仅违反了合同的约定，而且因其履行有瑕疵而造成了债权人的人身或财产的损失。

4. 预期违约。《合同法》第一〇八条规定："当事人一方明确表示或者以自己的行为表明不履行合同义务的，对方可以在履行期限届满之前要求其承担违约责任。"

预期违约制度的目的是使受害方提前得到法律上的救济，防止其蒙受本来可以避免的损失。比如，为了就即将到期的履行进行准备而蒙受的损失；或者在得知对方毁约后不得不继续自己一方的履行，从而蒙受损失；或者等合同规定的履行期到来再采取行动，从而丧失了与他人进行交易的机会。

当事人违约时可以采取哪些补救措施

根据《合同法》的规定，违约责任的方式主要有：继续履行、采取补救措施、赔偿损失、违约金、定金罚则及其他方式。

1. 继续履行

继续履行又叫强制实际履行，指在一方当事人违反合同义务时，另一方当事人请求法院强制违约方继续履行合同债务的责任形式。承担继续履行这种责任方式，应具备如下条件：(1) 必须有违约行为。(2) 非违约方要求违约方继续履行。(3) 违约方能够继续履行合同债务。

根据《合同法》的规定，在下列情况下，不能要求债务人继续履行合同债务：(1) 法律上或者事实上不能履行。(2) 债务的标的不适于强制履行或者履行费用过高。(3) 债权人在合理的期限内未要求履行。

继续履行的表现形式主要有：(1) 限期履行。(2) 修理、重作、更换。

2. 采取补救措施

除修理、重作、更换外，《合同法》第一一一条还规定了退货、减少价款或者报酬。本书认为，退货、减少价款或者报酬属于违约责任的一种，但不属于继续履行的形式，而是《合同法》第一〇七条所规定的采取补救措施的责任。不能因为退货、减少价款或者报酬与修理、重作、更换规定在一个条文中而认为它们都属于继续履行责任的表现形式。

3. 赔偿损失

赔偿损失是指违约方依据合同的约定或者法律的规定承担的赔偿对方当事人所受损失的责任。

承担赔偿损失这种责任方式，须具备如下要件：(1) 违约行为，包括不能履行、迟延履行、不完全履行、拒绝履行等违约形式。(2) 债权人蒙受损失，包括直接损失和间接损失。(3) 违约行为与损失的发生有因果关系。

赔偿损失的范围：(1) 完全赔偿的原则，是指违约方对于违约行为造成的损失应当全部赔偿的原则。(2) 可得利益的赔偿，是指合同在适当履行以后可以实现和取得的财产利益。

4．违约金责任

违约金是指当事人约定的或法律直接规定的，在一方违约后向对方支付的一定数额的货币或代表一定价值的财物。《合同法》第一一四条第一款规定：“当事人可以约定一方违约时应当根据违约情况向对方支付一定数额的违约金，也可以约定因违约产生的损害赔偿额的计算方法。”

5．定金责任

根据《民法通则》《担保法》《合同法》的规定，定金既可以作为担保方式，也可以作为一种民事责任方式。《合同法》第一一五条规定：“当事人可以依照《中华人民共和国担保法》约定一方向对方给付定金作为债权的担保。债务人履行债务后，定金应当抵作价款或者收回。给付定金的一方不履行约定的债务的，无权要求返还定金；收受定金的一方不履行约定的债务的，应当双倍返还定金。”

债务与债务诉讼

诉讼的概念

诉讼，法律术语叫作“诉讼”，是指公安机关（包括国家安全机关）、人民检察院、人民法院和当事人以及其他诉讼参与人依照法律规定，为解决犯罪嫌疑人、被告人的刑事责任问题或解决公民、法人或者其他组织之间的权利义务纠纷、明确权利义务关系所进行的一切活动。诉讼的构成要素包括以下几方面内容：

1. 要有法院参加

法院是国家的审判机关，代表国家行使审判权，其依法作出的判决、裁定具有法律效力。法院以外的机关、组织或个人裁决争议，不是诉讼，不具有诉讼的效力。通常情况下，没有法院的参加就不构成诉讼。实践中有些刑事案件没有经过法院审理，在检察院审查起诉阶段，检察院就作出了不起诉决定，使刑事诉讼程序提前结束。这种情形，是诉讼程序不完整的表现，是具备某种法定条件时诉讼程序的提前结束。

2. 要有控告方和被告方同时参加

提到诉讼，自然要有双方当事人参加。在刑事诉讼中，国家检察机关承担指控犯罪的职责，作为控告人参加诉讼；被控告的对象就是被指控实施了犯罪行为的被告人。在民事、行政诉讼案件中，双方当事人就是原告和被告。仅有指控的一方，没有被指控的对象，或者只有被指控的一方，没有指控的一方，就不能构成诉讼，法院也不可能立案审理。

3. 要有通过诉讼需要解决的问题或争议

需要通过诉讼程序解决的问题，在法律上称为“诉讼请求”，即原告起诉状中提出的请求法院确认或者裁决的事项。例如在民事案件中，原告提出要求法院判令被告返还财产或赔偿损失等方面的请求。

诉讼的条件

诉讼是维护当事人合法利益和社会安定的重要手段和途径。当某一公民受到刑事犯罪的侵害，他可以向公安机关报案，从而启动刑事诉讼程序；与他人发生民事或者其他的权利义务争议，也可以向人民法院起诉，请求人民法院予以裁决，从而启动民事或者行政诉讼程序。但这并不是说，只要发生了矛盾和争议，就一定要经过法院通过诉讼解决。到法院诉讼，应当具备一定的条件，具体包括：

1. 双方当事人都必须具有诉讼主体资格

这一资格在法律上是指具有诉讼权利能力和诉讼行为能力。所谓诉讼权利能力，是指公民、法人或者其他组织在诉讼活动中，依法享有诉讼权利和承担诉讼义务的资格。在民事诉讼活动中，没有诉讼权利能力，就不具备当事人的法律资格。诉讼行为能力，是指诉讼主体亲自进行诉讼活动，以自己的行为独立行使诉讼权利和履行诉讼义务的能力。只有既有诉讼权利能力，又具有诉讼行为能力的人，才能独立行使诉讼权利，履行诉讼义务。如果一个人只有诉讼权利能力而不具有诉讼行为能力，就无法独立地行使权利和履行义务，如具有诉讼权利能力的人属于精神病、未成年人而丧失了诉讼行为能力，需要进行诉讼时，就应由其监护人、配偶、子女、父母或者养父母等代为进行诉讼。一般说来，具有诉讼行为能力的人都拥有诉讼权利能力，但享有诉讼权利能力的人却不一定具有诉讼行为能力。不具有诉讼行为能力的人，不能亲自进行诉讼活动，必须由其法定代理人代为进行诉讼活动。

2. 诉讼争议的双方之间存在法律上的权利义务关系

法律上的权利义务关系，就是双方当事人发生争议，进而要求人民法院作出裁判的法律关系，因而也叫诉讼标的。法律关系在未发生争议时，它只是一般的法律关系，发生争议而未诉诸法院的，也只以一般的权利义务争议；只有发生争议并已经诉诸法院，要求法院作出裁决的，才是诉讼标的，即诉讼意义上的权利义务关系。

3．诉讼必须在法定的追诉时效或者诉讼时效内提起

在法律规定的追诉时效和诉讼时效的期间内诉讼，才可能在法院查清案件事实的基础上，获得实体上的胜诉。如果超出了法律规定的追诉时效和诉讼时效，虽然当事人仍然可以起诉，但失去了实体上的胜诉权，人民法院不再予以保护，比如，刑事犯罪案件由于超过了法定的追诉时效，而使司法机关无法追究犯罪人的刑事责任；民事、行政案件中，由于超过了法定的时效期限，虽然查清了案件事实，除被告人自愿履行义务的以外，人民法院无法硬性判决被告人承担义务。因而，一旦诉讼时效期间过期，诉讼也就没有意义了。

4．法律规定当事人有权通过司法途径解决纠纷

社会生活中，人们解决矛盾和纠纷的手段是多种多样的。社会生活中，矛盾纠纷的种类多种多样。有些纠纷，如商标权纠纷等依照《商标法》的规定，应由商标委员会作出终局裁决而不能诉诸人民法院解决、双方当事人在合同中已经约定发生纠纷提交仲裁机构仲裁而不能向人民法院起诉等。只有依照法律规定可以提交人民法院进行审理解决并且在法院受案范围内的纠纷，才可以通过诉讼解决。

上述条件同时具备的情况下，当事人双方对无法通过协商得到解决的纠纷，才可以向人民法院提起相应的诉讼，通过诉讼程序使所面临的矛盾和纠纷得以解决。

诉讼的第一步——起诉

起诉，用老百姓的话说就是告状，下面我们就告诉您一些起诉方面的相关内容。

当事人的起诉并不必然引起诉讼程序的开始，法院对于不符合法定起诉条件的，则裁定不予受理。那么什么才是符合条件的起诉呢?

1．起诉要找对人

所谓找对人包括两方面的含义。一方面，您要告状，您得首先成为合格的原告；另一方面，对方得是合格的被告。案件中的原告、被告要符合哪些

条件呢？

首先，原告必须是与本案有直接利害关系的公民、法人或者其他组织。比如说：您父亲的私房长期被他人租住，而您要结婚急需住房，于是您以自己的名义起诉到法院，要求对方腾房，法院就不会受理，因为，您不是房产的所有人，不符合作当事人的条件，作为当事人，应该符合以下特征：

（1）以自己的名义进行诉讼。如果以他人的名义参加诉讼，则是诉讼代理人身份，而不是当事人。

（2）与本案有直接利害关系，也就是说为自己的民事权益而参加诉讼的，法院保护的民事权益属于自己管理、支配。

其次，告状必须有明确的被告。“明确的被告”是指：一是被告的基本情况要清楚，如公民的姓名、性别、年龄、民族、工作单位、住址等，法人或者其他组织的名称、住所地、法定代表人或负责人的姓名、职务等要明确、具体。二是指控对象要实际存在，已死亡的公民或已注销的法人单位不能作为当事人。

2. 起诉要找对门

您要起诉，想到法院讨“说法”，首先，您这事得归法院管，凡是根据法律规定属于法院主管的案件，法院必须受理、审判，想不管都不行；凡是不属于人民法院主管的民事案件，人民法院就不能行使审判权，想管也管不了。民事纠纷种类繁多、数量巨大，诉讼并非解决民事纠纷的唯一途径，此外还有人民调解、仲裁等。根据我国民事诉讼法规定，人民法院受理公民之间、法人之间、其他组织之间以及他们相互之间因财产和人身关系提起的民事诉讼。主要有以下几类：

（1）因财产关系和人身关系发生纠纷的案件。如财产所有权、债权、著作权、人格权、身份权等案件。

（2）因婚姻家庭关系发生纠纷的案件。如离婚、赡养案件等。

（3）因商事关系发生纠纷的案件。如票据、股东权益案件等。

（4）因经济关系户发生纠纷的案件。如各类合同案件等。

（5）因劳动关系发生纠纷的劳动争议案件。如开除、辞退案件等。

（6）法律规定的其他案件，如选民资格案件、宣告失踪案件等。

您的事情应该法院管，但您应该向哪个法院起诉呢？这就涉及法院管辖了。管辖是指在法院系统内部，确定各级法院之间以及同级法院之间受理第一审民事案件的分工和权限。诉讼到法院您只能算是找对了地方，到有管辖权的法院起诉您才算是找对了门儿。

法院的管辖主要有以下几方面的内容：

首先是级别管辖，是指划分上下级法院之间受理第一审民事案件的分工和权限的管辖。法律规定：基层法院管辖第一审民事案件。但是也有例外，同样是离婚官司或经济合同纠纷的官司，有的由基层法院一审，有的由中级人民法院一审，这也是法律规定的。

中级人民法院直接受理的一审案件有：

重大涉外案件，即争议标的额大，或者案情复杂，或者居住地在国外的当事人人数众多的涉外案件。在本辖区内的重大影响的案件，争议标的额100万元以上的民事案件，知识产权案件以及最高法院确定由中级人民法院审理的案件。

其次是地域管辖。如果级别管辖是划分上下级法院之间的管辖范围，那么，地域就是划分同级法院受理第一审案件的范围。我国对一般在域管辖实行“原告就被告”的原则。即被告的住所地在哪个法院管辖，就由哪个法院受理。《民事诉讼法》规定：对公民提起的诉讼，由被告住所地人民法院管辖；被告住所地与经常居住地不一致的，由经常居住地人民法院管辖。

此外，还有特殊地域管辖或专属管辖，具体内容可以参阅《民事诉讼法》第二十四条至第三十三条。这是以诉讼标的所在地、法律事实所在地为标准所确定的管辖。

3. 起诉要会写状子

诉讼首先得有诉状。起诉状的主要包括的内容有：当事人的自然情况、诉讼请求和所依据的事实和理由，证据和证据来源，证人姓名和住所地。具体格式请参见《诉讼文书》部分。这里，我们告诉您一些特别要注意的地方：

（1）当事人的自然情况要准确、具体。自然情况包括：自然人的姓名、性别、年龄、民族、国籍、要作单位、住所地；法人的名称、住所地、法定代表人的姓名、职务。其中自然人的姓名、法人的名称与身份证、营业执照一致，当事人的住所地要准确、详细，要具体到门牌号。

（2）在起诉状中要列明案由。案由通俗地说就是打的是什么官司。比如：您打的是离婚官司，案由就写离婚；您因为讨债诉讼，案由就写借贷。

（3）在诉讼请求部分，您要写明请求法院解决什么问题，要具体明确，比如：请求离婚、履行合同、要求赔偿等。有几项请求的，要一一列出，比如：在名誉权纠纷案件起诉中，其诉讼请求为：要求被告停止对原告名誉权的侵害；要求被告赔偿原告名誉权损失人民币 1000 元；要求被告在公开发行的报刊上向原告赔礼道歉，为原告消除影响，恢复名誉。

（4）在事实部分，要明确写清双方纠纷的原因、经过、现状等。在理由部分，要针对事实，分清是非曲直，明确责任，并引用相关法条加以证明。

（5）要注明致送法院的名称。您到哪个法院起诉，就应写明“致××法院”。

（6）在起诉状的末尾，还要写清时间。自然人当事人要由本人签字，法人当事人要由法定代表人签字，并加盖法人单位的公章。

债务诉讼前应当做好哪些准备

俗话讲，不打无准备的仗。诉讼也一样，不能毫无准备。在诉讼前，做好充分的准备才能为将来的诉讼活动奠定良好的基础，才能使自己始终立于不败之地。具体来讲，诉讼前应当做好以下几方面的工作：

1. 如果委托律师代理解决纠纷，则须签订聘请律师协议和授权委托书，并缴纳律师费。此外，还要与律师多进行沟通，如实向律师陈述案件事实。

2. 按以下顺序及时向法院提供证据材料，若聘请律师，则可以先向律师提供，由律师进行分类整理，选择提交。

（1）当事人的身份证明，包括身份证复印件，如当事人死亡或不具有完全民事行为能力，则还需法定继承人或法定代理人（如配偶、父母、子女、兄弟姐妹等）的身份证及户口簿复印件；如果是单位的，要提交法定代表人身份证明。

（2）相关证据的复印件，包括借条、借款凭证、合同文本、付货凭证、还款协议等，最好将证据逐一编号，并列一个清单，使之一目了然。

(3) 相关费用单据和清单，最好分类整理好。

(4) 其他材料，如有关专家的意见、证人证言、鉴定结论等。

需要注意的是，证据必须说明证据的来源；书证须提交原件，提交原件确有困难的，可以提交复制品、照片、副本或节录本。

3. 如果想申请诉前财产保全或证据保全，最好收集到对方当事人财产状况的线索，了解将保全的证据及财产的相关情况。

债务起诉应当具备哪些条件

所谓起诉，是指当事人因为自己的民事权益受到侵害，向人民法院请求司法保护的行为。当事人提起诉讼后，法院是否受理还要看是否符合《民事诉讼法》规定的案件受理条件。那么，法院在什么情况下才受理当事人的民事起诉呢？根据法律规定，必须要符合以下条件：

1. 原告是与案件有直接利害关系的公民、法人或其他组织。

2. 有明确的被告。

3. 有具体的诉讼请求、事实和理由。

4. 案件属于人民法院受理民事案件的范围和受诉人民法院管辖。

以上四个条件必须同时具备，缺少任何一个条件，人民法院都不能受理。当事人在起诉前，一定要看看自己的起诉是否符合条件，以免遭遇不受理的结果。

债务人私下转移财产怎么办

不少债务人，在与债权人产生纠纷后，得知债权人要到法院起诉，心知自己没理，又想躲避债务，于是想尽一切办法转移财产，对待这样的行为，原告该怎么办？

笔者的建议是，在合同纠纷进行诉讼程序前，为防止对方当事人将财产或者有争议的诉讼标的物毁损灭失，致使诉争后的生效判决不能执行或者难以执行，债权人必须认真考虑诉前财产保全。

诉前财产保全，是指在起诉前，人民法院根据利害关系人的申请，对被申请人的财产采取的强制性措施。根据《民事诉讼法》第九十三条的规定，采取诉前财产保全措施应当具备下列条件：

1. 必须是情况紧急，不立即采取保全措施，就会使申请人的合法权益受到难以弥补的损失。情况紧急是指债务人正准备转移或者处分财产，而债权人来不及起诉，需要立即采取保全措施，否则，申请人的财产权得不到保障，难以实现。

2. 必须是由利害关系人提出财产保全的申请，即是由与被申请一方存在民事权益争议的人提出，人民法院不能依职权主动进行诉前财产保全。

3. 申请人必须提供担保，申请人不提供担保的，人民法院应当驳回申请。必须由申请人提供担保的理由是，在提出诉前财产保全时，申请人与被申请人之间的法律关系尚未得到正式的法律确认，财产保全数额也没有确定，因此，为了保证被申请人的合法权益不受侵害，故要求申请人提供相应额度的财产担保，在因其申请行为而给被申请人造成损失时，用该担保财产偿还。

财产保全申请一般由当事人以书面形式向人民法院提出，以口头形式提出的，人民法院将记录在卷，并由申请人签字盖章。申请人在人民法院采取诉前保全的强制措施后 15 日内不起诉的，人民法院解除财产保全。财产保全裁定一经作出，即发生法律效力，如果当事人不服，可以向作出财产保全的人民法院申请复议一次，复议期间，不停止裁定的执行。财产保全采取查封、扣押、冻结或法律规定的其他方法。财产保全限于请求的范围，或与本案有关的财产。财产保全申请有错误的，申请人应当赔偿被申请人因财产保全所遭受的损失。

所以说，如果在起诉前发现被告有可能转移财产，就要立刻到法院申请财产保全。

欠款人不在本地的如何起诉

通常情况下，原告应当向被告所在地的人民法院起诉，这也就是在确定管辖法院时常常说的“原告就被告”原则。

被告所在地首先是指被告的住所地，也就是被告的户口簿上所记载的居住地址。但是，生活中还经常出现公民的实际居住地点与户口簿记载的地址不同的情况，如果公民到起诉时已经在目前的居住地连续居住 1 年以上，那就应当在这个地方的法院起诉。

在“原告就被告”原则之外，还存在着不少例外。在合同纠纷中，当事人还可以在合同履行地的法院起诉。同时，法律还规定，为了方便合同纠纷的解决，合同双方当事人可以在书面合同中约定诉讼的法院，但只限于在与合同相关联的地方的法院起诉，即被告住所地、合同履行地、合同签订地、原告住所地、标的物所在地的人民法院。需要特别注意的是，这种约定法院管辖的做法只适用于合同纠纷，而不适用于其他的民事纠纷。

如果两个以上的法院都有管辖权，那么，原告可以选择其中任何一个法院进行起诉。

债权人应向哪个级别的法院起诉

《民事诉讼法》规定：基层人民法院管辖第一审民事案件，但本法另有规定的除外；中级人民法院管辖重大的涉外案件、在本辖区内有重大影响的案件、最高人民法院确定由中级人民法院管辖的案件；高级人民法院管辖在本辖区内有重大影响的案件；最高人民法院管辖在全国范围内有重大影响的案件和认为应由本院管辖的案件。

根据上述规定可以看出，债务民事纠纷案件一般情况下应当由基层人民法院管辖，但是如果在诉讼当事人中有外国人或我国香港、澳门、台湾同胞且案件重大的，应向中级人民法院起诉；如果案件影响重大，也可向高级人民法院和最高人民法院起诉。因此，只有数额巨大（每个省都按诉讼标的对基层院、中院、高院的管辖进行了划分），或者在当地的影响范围特别广时，才可向高级人民法院起诉。最高人民法院一般不受理一审案件。

债务官司的原告有哪些诉讼权利

原告的诉讼权利，是指民事诉讼法赋予原告用以在诉讼中解决民事纠纷并维护自己合法权益的手段。原告的诉讼权利主要有以下几项：

1. 有权向人民法院提起民事诉讼，请求法院保护自己的合法权益。2. 有权委托代理人替自己进行诉讼。3. 有权使用本民族语言、文字进行诉讼。4. 有权向人民法院申请采取财产保全措施或申请先予执行。5. 有权放弃或者变更诉讼请求。6. 有权要求与案件及被告有关的可能影响公正的审判人员或其他人员回避，以保证案件能得到公正的处理。7. 有权请求法院予以调解或与被告自行和解。8. 有权查阅和自费复制本案的有关材料和法律文书。9. 有权在法庭上提出新的证据；经法庭许可，有权向证人、鉴定人、勘验人发问。10. 有权要求重新调查、鉴定或者勘验。11. 在法庭上，有权与对方及其诉讼代理人、第三人及其诉讼代理人进行辩论。12. 在法庭辩论结束后，有权发表最后意见。13. 在宣判前，有权申请撤诉，但是否准许，由人民法院决定。14. 有权阅读法庭笔录，在笔录上签名，认为自己的陈述记录有遗漏或者有差错，有权要求补正。15. 对一审人民法院的判决裁定不服，有权在法定的期限内上诉。16. 胜诉的原告，对已生效的判决、裁定、调解协议，对方如拒不执行，有权申请人民法院执行。17. 如对已生效的判决、裁定，认为确有错误，可以向原审人民法院或者上一级人民法院申诉，但不能因申诉而停止执行。

债务官司的被告有哪些诉讼权利

债务官司的被告有下列诉讼权利：1. 有权对原告的起诉进行答辩；有权提出反诉。2. 有权委托代理人替自己进行诉讼活动。3. 有权使用本民族的语言、文字进行诉讼。4. 有权申请审判员、书记员、翻译人员、鉴定人、勘验人回避。5. 有权向人民法院申请采取财产保全措施。6. 有权请求法院予以调解或与对方当事人自行和解。7. 有权查阅和自费复制本案的有关材料和法律文书。8. 有权在法庭上提出新的证据；经法庭许可，有权向证人、鉴定人、勘验人发问。9. 有权要求重新调查、鉴定或者勘验。10. 在法庭上，有权与原告及其诉讼代理人、第三人及其诉讼代理人进行辩论。11. 在法庭辩论结束后，有权发表最后意见。12. 有权阅读法庭笔录并签名；认为对自己的陈述记录有遗漏或者有差错，有权要求补正。13. 对一审人民法院的判决或裁定不服，有权在法定期限内上诉。14. 胜诉的被告，对已生效的判决、裁定、调解协议，对方如拒不执行，有权申请人民法院执行。15. 对已生效的判决、裁定、调解协议，认为确有错误，可以向原审人民法院或者上一级人民法院申诉，但不能因为申诉而停止执行。

法院怎样收取诉讼费

以下是法院收取各类费用的详细列表：

1. 案件受理费。(1) 财产案件：1000 元以下的，每件 50 元；1000 元至 5 万元的，按标的 4% 收取，另加 10 元；5 万至 10 万元的，按 3% 收取，另加 510 元；10 万至 20 万元的，按 2% 收取，另加 1510 元；20 万至 50 万的，按 1.5% 收取，另加 2510 元；50 万至 100 万的，按标的 1% 收取，另加 5010 元；100 万以上的，按 0. 5% 收取，另加 10010 元。(2) 离婚案件，每件 10—50 元。涉及财产分割的，财产总额不足 1 万元的，不另收费；超过 1 万元的，超过部分按 1% 缴纳。(3) 侵害姓名权、名称权、肖像权、名誉权、荣誉权的案件，侵害专利权、著作权、商标权的案件，每件 50—100 元；有争议金额的，按财产案件的收费标准缴纳。(4) 行政案件按下列标准缴纳：治安行政案件，每件 5—30 元；专利行政案件，每件 50—400 元：其他行政案件，每件 30—100 元。有争议金额的，按财产案件收费标准缴纳。(5) 劳动争议案件，每件 30—50 元。(6) 破产案件，按破产企业财产总值，依照财产案件收费标准缴纳。

2. 案件执行费。争议金额 1 万元以下的缴纳 50 元；争议金额为 1 万元至 50 万元的，为争议金额 ×0. 1% +2000 元。

3. 财产保全费。保全标的 1000 元以下缴纳 30 元；保全标的为 1000 元至 10

万元的为标的×0.01+20元；保全标的10万元以上为标的×0.005+520元。

4. 诉讼中勘验、鉴定、公告、翻译及其他实际支出费用，按实际发生数额收取，立案时不预收。

违反规定收费的，当事人有权向法院纪检监察部门或上一级法院反映。因特殊情况需缓缴或减免诉讼费的，必须在起诉时向法院提交书面申请。缓缴由庭长审批，减免由主管院长审批。

如何写起诉状

提起诉讼可以是口头的，也可以是书面的。《民事诉讼法》第一〇九条规定："起诉应当向人民法院递交起诉状，并按照被告人数提出副本。书写起诉状确有困难的，可以口头起诉，由人民法院记入笔录，并告知对方当事人。"以书面形式提起诉讼就涉及撰写起诉状的问题。下面介绍一下起诉状的写法：

1. 首部

首先，写明文书名称"民事起诉状"；其次，要写明原告和被告的基本情况。原告应写明姓名、性别、出生年月日、民族、职业、工作单位和住址。被告的写法和原告相同，有的项目不知道的，可以不写，但必须写明被告的姓名或名称、住址或住所地。如有的被告下落不明的，则要说明原因和有关情况。有诉讼代理人的，要写明代理人的自然情况；如是律师代理的，要写律师姓名和律师事务所名称。有法定代理人的，要写明法定代理人的自然情况，与被代理人的关系。

2. 诉状正文

（1）诉讼请求：在这个段落要写清请求法院解决什么问题，是要求法院判决赔偿损失还是判决对方还款，并提出明确的具体要求，如还款数额和赔偿损失的数额。

（2）事实与理由：要将发生纠纷的原因、过程、事实讲清，把起诉所依据的法律和政策讲明，阐述清楚被告行为的违约性质。

（3）证据及证据来源：《最高人民法院关于民事诉讼证据的若干规定》明确了当事人双方的举证责任，债务纠纷一般实行"谁主张谁举证"原则，作为原告要向法庭出具能证明对方欠款的证据（书证、物证、视听资料、证人证言、当事人的陈述等）。书证要提交原件或复印件；出具物证要写明物品现存放在哪里，物品的名称和特征；证人证言要写明证人的姓名、工作单位、住址及能证明的问题。

3. 尾部

这部分要分两行写“此致”和“×××人民法院”（即民事起诉状所呈送的法院）。往下依次是具状人签名，注明具状的年月日。如系律师代书，还应写明×××法律顾问处或律师事务所的名称和律师的姓名。最后写明附项（如证据目录、起诉状副本的份数）。

样式一：

民事起诉状

（公民间借款纠纷时使用）

原告：吴×，女，×年×月×日出生，×族，××单位职工。现住××市××区××街××号。

委托代理人：×××，××律师事务所律师。

被告：李×，男，×年×月×日出生，×族，××单位职工。现住××市××区××街××号。

诉讼请求：请求法院判令被告给付欠款××元，利息××元。共计人民币××元。

事实与理由：×年×月×日，被告李×向原告吴×借款2万元，并签订了借款协议。协议约定，借款期间为1年，利息按银行存款利息计算。协议签订后，原告吴×将2万元借给被告李×，但1年过后，李×以种种理由拒绝还款，无奈原告诉至法院，请求法院判决被告偿还本金及利息。

证据与证据来源，证人姓名和住所：

1. 借款协议；

2. 收条；

3. 证人王××证言。

此　致

×××人民法院

附：证据目录×份

本诉状副本×份

起诉人：

××××年××月××日

样式二：

民事起诉状

（企业间债务纠纷时使用）

原告：×××公司，住所地××市××区××街××号。

法定代表人：××，该公司董事长。

委托代理人：×××，××律师事务所律师。

被告：××××公司，住所地××市××区××街××号。

法定代表人：×××，该公司经理。

诉讼请求：请求法院判令被告给付拖欠的货款××元，利息××元，运输费××元，共计人民币××元。

事实与理由：×年×月×日，原告与被告签订了买卖合同，约定由原告供给被告水泥××吨，原告负责送货上门，运输费用由被告承担。还约定，货到后被告应在1周内验货，如果不存在质量问题，被告应于收到货物之日起2周内付款××元。×年×月×日，原告依合同约定将水泥交付给被告，且被告对水泥质量也认可。但被告却始终未付款，原告经多次催要未果，故诉至法院。

证据与证据来源，证人姓名和住所：

1. 买卖合同；

2. 收据；

3. 证人××证言；

4. 证人××证言；

5. 运输费收据。

此　致

×××人民法院

附：证据目录×份

本诉状副本×份

起诉人：

×××公司（公章）

××××年××月××日

按照起诉状格式的要求，应当把证据的有关情况写到起诉状中。在司法实践中，有的原告考虑到此起诉状的副本会交给对方当事人，怕对方了解了证人的有关情况以后，背地里去做证人的工作，因此，他们把这一项的内容另外写明，而不写到起诉状中。当然，这样做，应当得到法院的允许。

怎样写答辩状

债务纠纷案件的答辩状，全部内容可分三部分。首部，应写明文书名称、答辩人与被答辩人双方的基本情况及是否有委托代理人等，同时要写明案由。正文是答辩状的核心，要针对起诉状的内容答辩，做到有理、有据。当然，这并不排除可以提出新的事实和理由，不排除可以结合被答辩人提出的问题进行反诉。尾部，应写明受诉法院名称、答辩人和答辩日期。有的还应写明附项。

样式：

答辩状

答辩人：××××公司，住所地：××市××区××街××号，电话：××××。

法定代表人：李××，系本厂厂长。

委托代理人：刘××，系××律师事务所律师。

被答辩人：××××厂，住所地：××市××区××街××段××里××号。

法定代表人：高××，系该厂厂长。

案由：买卖合同货款纠纷。

答辩人现就××××厂诉××××公司买卖合同货款纠纷一案，答辩如下：××年××月××日，我厂与被答辩人签订了水泥的买卖合同，并订立了买卖合同。合同约定，由被答辩人供应我厂水泥，每吨人民币××元。卖方负责送货上门，由我厂承担运费。被答辩人先后2次共运来水泥××吨，还欠××吨未送。交货时，双方核实了吨数，我方将水泥收受入库。3天后，我方发现被答辩人提供的水泥质量不合格，遂要求退货或者换货，遭到被答辩人拒绝。于是我方通知被答辩人中止合同，剩余的××吨水泥不用再送了。而被答辩人不同意，仍坚持就剩余的水泥送至我厂，无奈，我厂只能先暂时收下。现被答辩人起诉我方要求给付全部货款，要求不合理。我方不能给付其水泥款，因为该批水泥质量不合格。另外，因该批水泥不合格，导致我方无法完成与第三方的合同义务，受到很大损失。现提起反诉，要求被答辩人赔偿我方的损失××元，并承担本案的诉讼费用。

此　致

××市××区人民法院附证据三份

答辩人：××××厂（章）

法定代表人：××（章）

委托代理人：××（章）

××××年×月×日

怎样写财产保全申请书

写财产保全申请书要注意以下几点：

1. 在首部写清财产保全申请书。

2. 写明申请人的基本情况。

3. 写明申请人与被申请人有什么纠纷以及申请财产保全的事实和理由。尤其写明，如果不采取财产保全措施，申请人将受到什么样的损失。

4. 写明提出具体的申请的目的。即请求人民法院对被申请人的何项财产实施财产保全，以及采取何种方法实施保全。

5. 如果提供担保的，要写明已提供何种担保。

6. 写明致送法院名称，并由申请人签字或盖章，写清日期。

样式：

财产保全申请书

申请人：××××公司。

法定代表人（或负责人）：李××，职务：经理。电话：××××。

企业性质：有限责任公司。工商登记核准号：××××。

经营范围和方式：××××。

开户银行：××××，账号：××××。

委托代理人：刘××。

被申请人：××××厂。

法定代表人（或负责人）：高××，职务：厂长。电话：××××。

申请人与被申请人因××纠纷，于×年×月×日向你院起诉在案，（或尚未起诉），被申请人现在有逃避债务、转移财产的可能，为此，申请法院实施财产保全措施。

事实和理由：××××厂于××年×月×日向我公司购买水泥××吨，但一直未付款。经我方多次催讨，仍未给付。××××厂并非经济困难，而是恶意拖欠债务。近日，我公司人员又发现该厂有转移财产的可能，因此，向法院申请财产保全。我公司愿为此提供担保。

请求目的：请求冻结××××厂账号。标的为××元。

此　致

××人民法院

附：1. 书证2件；

2. 物证2件；

3. 担保材料2份。

申请人：××××公司

法定代表人：××

委托代理人：××

××××年×月×日

什么是第三人

民事诉讼中的第三人有两种，一种是有独立请求权的第三人，一种是无独立请求权的第三人。

1. 有独立请求权的第三人是在诉讼程序进行中，对原被告之间争执的诉讼标的，出面主张有独立的请求权而参加到诉讼中来的人。例如，罗某与李某为一电视机的所有权提起诉讼。正在进行诉讼的时候，王某站出来说，该电视机既不是罗某的也不是李某的，而是自己的，于是，主动加入到诉讼中来。王某就是我们所讲的有独立请求权的第三人。在王某看来，罗某侵犯了自己的利益，李某也侵犯了自己的利益，他将罗李二人看成是自己的被告。所以，有独立请求权的第三人在诉讼中处于当事人的地位，他有权向法院提出诉讼请求、事实和理由。

2. 无独立请求权的第三人是指对原被告争执的诉讼标的虽无独立的请求权，但案件处理的结果可能与他有法律上的利害关系，为维护自己的利益而参加到诉讼中来的人。无独立请求权的第三人可以申请参加诉讼，但往往是应法院的通知而参加诉讼。无独立请求权的第三人不同于有独立请求权的第三人，由于请求权不独立，所以他通常是依附于某一方当事人，该方胜诉，对无独立请求权的第三人有利，该方败诉则对无独立请求权的第三人不利。

什么是简易程序和普通程序

普通程序是指人民法院审判第一审民事案件所适用的基本程序、主体程序。包括起诉、受理、审前准备、开庭审理、证据调查、法庭辩论、宣告判决等一系列的诉讼环节。简易程序是专供基层人民法院和派出法庭审理简单的民事案件时所适用的审判程序。简易程序也是一个独立的一审程序，与普通程序相比，它只是在程序上较为简单而已。它的简易性主要表现在：1. 起诉和答辩的方式简便，可以口头起诉和口头答辩。2. 受理程序简便，当事人双方可以同时到法院要求审判解决纠纷，对于符合起诉条件且被告同意口头答辩的，法院可以当即开庭审理。3. 传唤方式简便。原告起诉后，人民法院可以采取捎口信、电话、传真、电子邮件等简便方式随时传唤双方当事人、证人到庭。4. 审判组织采取独任制。由一名法官独任审理，并独自作出判决。5. 庭审程序简便，开庭时，双方对事实无争议的，审判人员可以在听取当事人就适用法律方面的辩论意见后进行判决、裁定。6. 裁判文书的制作也可以适当简化。7. 审理期限较短，一般为3个月。

简易程序有法定的适用范围。根据法律规定，基层人民法院和它的派出法庭审理事实清楚、权利义务关系明确、争议不大的简单的民事案件时适用简易程序，但有下列情形之一的案件不得适用简易程序：1. 起诉时被告下落不明的。2. 发回重审的。3. 共同诉讼一方或者双方当事人人数众多的。4. 法律规定应当适用特别程序、审判监督程序、督促程序、公示催告程序和企业法人破产还债程序的。5. 人民法院认为不宜适用简易程序进行审理的。

如果当事人不同意人民法院适用简易程序审理案件，可以提出异议，人民法院应当对异议进行审查。审查后，如果认为异议成立，应当将案件转入普通程序审理，如果认为异议不成立，则告知双方当事人，并将上述内容记入笔录。转入普通程序审理的案件的审理期限自人民法院立案之日起计算。

如何撰写上诉状

样式：

民事上诉状

上诉人（原审×告人）：李××，男，××年××月××日出生，汉族，住址：××省××市××街××号。

被上诉人（原审×告人）：王××，男，××年××月××日出生，汉族，住址：××省××市××街××号。

上诉人因×××一案，不服××××人民法院×年×月×日（××）××号民事判决书（裁定书），现提出上诉。

上诉请求

1. 撤销××××人民法院（××）××号民事判决书。
2. 改判被上诉人承担还款责任。

上诉理由

××年××月××日，王××向我借款××××元，双方签订了协议，约定于××年×月×日之前还清，利息按10%计算。到期后，王××仅偿还给了我本金，却未给付约定的利息。因此，我起诉到法院，请求法院按借款协议判决王××给付利息。但一审法院却以双方约定的利息超过法律规定为由驳回我的诉讼请求。上诉人认为，原审判决有误，不应认为利息条款无效，而应以合同中约定的利息为准。故提起上诉，请求二审法院依法保护我的权益。

此　致

××××人民法院附：本上诉状副本××份

上诉人：李××

××年×月×日

如何撰写申请执行书

向人民法院申请强制执行的人，应当递交申请执行书。申请执行书分三部分：1. 首部，应写明标题、案由和申请执行人及被申请执行人的基本情况，还要写明申请执行的目的和依据；2. 事实和理由；3. 尾部，应写明执行法院的名称、申请执行人姓名、申请执行的时间及附项。

样式：

申请执行书

申请人：李××，男，××年××月××日出生，汉族，住址：××省

××市××街××号。

被申请人：王××，男，××年××月××日出生，汉族，住址：××省××市××街××号。

上列当事人间，因××××一案，业经××××人民法院于×年×月×日作出（××）××字第××号民事判决，被申请人拒不遵照判决（或裁决）履行。为此，特申请你院给予强制执行。现将事实、理由和具体请求目的分述如下：

事实和理由：××年××月××日，申请人与被申请人签订借款协议，约定我将××××元借给被申请人王××。但到期后，王××拒不还款。申请人遂起诉到法院，法院判决王××给付我本金与利息××元。但判决确定的期限到期后，王××仍不还款，遂请求人民法院依法执行。

请求目的：要求王××给付人民币××××元及利息。

此致

××××人民法院

申请人（签名或盖章）

××年×月×日

人民法院对案件如何执行

在我国，生效法律文书得以实现有两种方式，一是当事人自觉履行，二是由法院强制执行。执行有助于彻底保护当事人的合法权益，有利于强化国家法制的权威性，有助于维护社会主义市场经济的正常秩序。所谓强制执行，是指人民法院的执行组织依照执行根据，运用国家司法执行权，遵照执行程序迫使被执行人实现法律文书确定的义务的活动。

执行组织是指设在各级法院内部负责执行事宜的机构。有的称为执行庭，有的称为执行处，有的称为执行局。执行根据是指执行组织据以执行的法律文书。其基本特点是该法律文书已经生效，法律文书中有可供实现的内容。

所谓执行程序，是指执行组织、申请执行人与被申请执行人以及其他协助执行人进行执行活动时必须遵守的法律规范。它包含执行的制度、原则、机构、措施和手续。这里的申请执行人是指法律文书中的权利人，被申请执行人是指生效法律文书中的义务人。执行程序具有法定性、统一性和强制性等特点。

要实现生效法律文书中确定的权利义务，必须有具体的手段和方法。执行措施就是这种手段和方法。概括起来说，执行措施有下列七种：1. 查询、冻结、划拨被执行人的存款。查询是执行组织向金融部门了解被执行人的存款情况；冻结是执行组织对被执行人的银行存款予以扣押、不准被执行人支取；划拨是执行组织直接将被执行人在银行的一定款项强制转到权利人账上的行为。2. 扣留、提取被执行人的劳动收入。3. 查封、扣押、冻结、拍卖被执行人财产。拍卖，是出卖人以一定方式采用公开叫价办法将出卖物卖给出价最高的购买者的法律活动。它有利于建立公平的交易秩序，有利于实现拍卖物的最大价值，也有利于清廉之风的形成。4. 搜查。执行组织对隐匿财产的被执行人人身、住所、财产隐匿地搜寻查找的措施。5. 强制交付财物或票证。6. 强制迁出房屋或强制退出土地。7. 强制执行法律文书指定的行为。如法律文书规定被执行人应修理房屋，被执行人不修时，执行组织可找人代修，所发生的费用由被执行人承担。又如，法律文书规定被执行人不得在公路上摆摊设点，被执行人如果不听，继续执意而为，执行组织须找人代为拆除，所发生的费用由被执行人承担。

此外，执行措施的还有一些特殊规定。主要有：1. 迟延履行责任。即被执行人未按生效法律文书指定的期限履行义务，除强制执行外，还要追究被执行人的相应责任。其方式有两种，一是支付延期所生利息，二是支付迟延履行金。2. 保留权利人的请求执行权。当执行组织采取应该采取的强制措施后，被执行人仍不能履行法律文书确定的义务的，权利人并不因此而丧失权利。当权利人发现被执行人有其他财产可供执行时，有权请求法院执行。

当事人申请执行时应注意下列事项：1. 执行根据已经生效。2. 应向法院递交申请执行书。3. 必须向有管辖权的法院申请。一般地说，凡是执行根据是一审法院作出的民事判决、裁定的，应向该第一审法院申请执行；执行根据是其他法律文书的，应向被执行人住所地或被执行财产所在地法院申请执行；执行根据是行政机关制作的处理或处罚决定，应向相应的中级人民法院申请执行。4. 须在执行时效内申请。法律规定，双方或一方当事人是公民的执行时效为 1 年，双方为法人或其他组织的执行时效为 6 个月。

在执行时，执行组织无权调解，但法律允许权利人与义务人自愿和解。对整个执行过程，应记录在卷，在场的见证人应签名盖章，对查封、扣押和冻结的财产应登记造册并妥善保管。执行中发现有人提出异议，应按照《民事诉讼法》第二〇八条的规定办理。

执行结束有两种情形：一是正常地结束，即执行措施实施完毕，权利人的权利得到了满足，此时，执行程序宣告结束。二是非正常地结束。非正常地结束又有两种情况：第一是执行中止，即遇有法定情形的暂时结束。第二是执行过程中出现了《民事诉讼法》第二三五条规定的情形，致使无法或无需继续执行。

诉讼与诉讼代理

什么是诉讼代理

诉讼代理，简单地说就是请他人代为诉讼。代理人可以是律师，也可以是当事人的近亲属或其他有代理权的组织或公民。诉讼代理分为三种：一是法定代理，即年幼、精神病患者等无诉讼行为能力的人或限制行为能力的人，由其父母或其他监护人代为行使诉讼权；二是指定代理，指无诉讼行为能力人没有法定代理人或法定代理人无法行使代理权限时，由人民法院指定有关人员代理行使诉讼权；三是委托代理，指当事人自己委托律师、近亲属或其他公民行使代理权限。

打任何官司，当事人都可以委托一至两名代理人代为诉讼。除法律规定当事人必须出庭的案件，比如离婚案件，当事人即使是委托了代理人，在法院审理时也应当参加诉讼的以外，其他民事案件或行政案件，当事人可随代理人出庭，也可不出庭。委托他人代为诉讼，应有委托人的授权委托书，并写明委托事项和权限。

代理权限是指代理人代为承认、放弃、变更诉讼请求，提起反诉或者上诉，必须有委托人的特别授权。在授权范围内，代理人在代理期间实施的代理行为所产生的一切法律后果由被代理人承担。对于没有代理权、超越代理权或代理人的代理权终止后的代理行为所产生的后果，由行为人承担责任。代理人在行使代理权期间，被代理人认为不满意，可取消委托代理。

如何委托律师担任诉讼代理人

诉讼代理人就是代理有诉讼行为能力的当事人进行诉讼活动的人。根据民事诉讼法及其他有关规定，委托律师担任诉讼代理人需遵从以下规定：

1．当事人（包括原告、被告、共同诉讼人、第三人）、法定代理人和法定代表人都可以委托律师担任代理人，委托律师应该签订《委托代理合同》。

2．每个当事人，以及法定代理人和法定代表人，最多只能委托两个律师（包括律师助理）担任代理人。

3．外国律师，港澳台地区的律师，不能以律师身份担任诉讼代理人。

4．委托律师代理诉讼的，必须向人民法院提交由委托人签名或者盖章的《授权委托书》，《授权委托书》必须写明委托事项和权限。委托权限必须写明是一般代理或者特别代理，如果是特别代理，还必须具体写明包括哪些权限，如承认、放弃、变更诉讼请求，进行和解，达成调解协议，提起反诉、上诉等。

5．委托两个律师（包括律师助理）担任诉讼代理人的，应分别授予代理权限，委托律师代理的，除必须向人民法院提交由委托人签名或者盖章的《授权委托书》之外，还应向人民法院提交由律师所在的律师事务所和委托人共同签名或者盖章的委托代理合同。

6．侨居在国外的中国公民委托中华人民共和国律师担任诉讼代理人，必须从国外寄交或者托交的授权委托书，授权委托书必须经中华人民共和国驻该国的使馆证明。

7．在中华人民共和国领域内没有住所的外国人、无国籍人、外国企业和组织委托中华人民共和国律师或者其他人代理诉讼，从中华人民共和国领域外寄交或者托交的授权委托书，应当经所在国公证机关证明，并经中华人民共和国驻该国使领馆认证，或者履行中华人民共和国与该国所在国订立的有关条约中规定的证明手续后，才具有效力。

诉讼是否要委托代理律师

每个当事人聘请律师诉讼，都希望通过律师的能力帮助自己把官司打赢，或者通过律师的知识和经验把对自己不利的因素降到最低点。而许多案件的判决结果却使当事人大失所望，不仅输了官司，而且还为律师支付了一笔不小的开支。当事人不仅会因为输了官司感到难过，甚至为花了一笔冤枉钱感到十分沮丧。客观地说，一个专业律师由于见多识广，对一个案件的是非曲直会有个正确评述；一个职业道德良好的律师，会把委托人的事看成是自己的事，会如实地告诉委托人这个官司该不该打，成败各占几分，而不是硬性引导当事人非打这场官司不可。但对于少数“见钱眼开”的律师来说，当事人官司的输赢对他来说都是无关紧要的，重要的是不论官司的输赢，他都会照拿律师费。律师在诉讼当中的作用只是代替当事人表达意愿，并不能决定官司的输赢，他优于当事人的方面只是法律常识和诉讼的经验丰富一些，辩驳能力更强一些，胜诉的可能性更大一些。当事人不要认为只要请了律师就能打得赢官司，重要的是应当理智地、实事求是地、客观地分析案情。对于自己陷入僵局理不清头绪的案件，可以找律师咨询，也可以找其他人分析自己在本案当中占理的成分有多少，胜诉的把握有多大。

对于明显的侵权案件以及婚姻案件，当事人如果不是有意回避，不用请律师往往也能打赢官司或者得到满意的判决结果。从执法的角度说，人民法院对于各个案件的判决，都是依据事实，依据法律规定作出裁决的。当事人诉讼的胜败不完全取决于当事人或代理人的辩论能力，主要在于案件的事实、证据的效力、法律规定，以及法官在判决当中对法律的理解和适用。对于某些于法于理都说不通的案件，请什么样的代理人也不会扭转败局，法律规定和法律监督程序对法官的活动起着严格的制约作用，法官的倾向性再大也不敢公然违背法律。

一个人一生当中很难碰到一两次官司，一旦碰上了，就必须认真对待。对于某些法律关系比较复杂，当事人因法律知识欠缺难以理清的案件，应当聘请律师帮助办理。聘请律师时，当事人应当慎重，不仅要看这个律师是否具备承办这个案件的能力，还要看他是否具有良好的职业道德。有的律师在承揽“生意”时承诺的很好，一旦收到被代理人的代理费，态度和积极性就变了，该取的证据不取，该查的线索不查，只是当人民法院开庭审理时到场应付一下。如果是这样的代理人，还是不请为好。在律师队伍中，这样不负责任的律师毕竟是极少数。绝大多数接受委托的律师都会依情依法为被代理人尽心尽力地办好委托事项。有些官司虽然败诉了，依然使被代理人感动不已。为了请到一个好律师，初次聘请律师诉讼的人，不仅要听律师自己怎么说，还要听听别人怎么评价。只有这样，才不至于在诉讼期间进退两难。

诉讼是否需要聘请律师，可根据案件的性质、案情的复杂程度、官司胜算的可能性、本人直接参与诉讼的能力、本人的经济条件、本人是否有直接参加诉讼的时间和条件等情况进行综合考虑。如果本人家住外地或因工作以及其他原因，没有时间或精力参与诉讼，那就委托案件受理地的律师代为诉讼；如果案情和法律关系复杂、靠本人的能力很难说清其中的道理，那就找一位有经验的专业律师代为诉讼；如果是刑事案件的被告，本人被羁押或权利受到一定限制，那就聘请律师提供法律帮助或让其担任辩护人。在刑事案件中，辩护律师有权查阅、摘抄、复制人民检察院诉讼文书和技术性鉴定材料；有权同在押的犯罪嫌疑人会见和通信；有权向被害人或其近亲属调查取证。在行政案件中，代理律师还可以查阅涉及国家机密和个人隐私的有关材料。这种特殊权利是非律师辩护人或代理人所不能享有的，非律师辩护人或代理人要想取得这种权利，则需要经过特别复杂的审批手续。因此，聘请律师提供法律服务不仅可以发挥律师的诉讼优势，而且还可以收集到更广泛的证据，有助于打赢官司。

怎样请律师

应当了解律师的 10 个问题：

1. 他在这个领域有多少经验？

2. 有没有办过类似这样的案子？

3. 我这件案子可能有哪几种结果？

4. 如果成功，我能得到什么利益？有什么损失？如果失败，我需承担什么法律责任？

5. 在这件案子中，起决定性作用的是什么？

6. 这件案子大约会耗时多久？

7. 他建议我这件案子申请仲裁？诉讼？和解？

8. 我这件案子的全部费用预计大约会有多少？

法定费用大约多少？

律师费大约有多少？

其他费用大约多少？

9．我如何能够随时了解这件案子的进展？

10．我直接和你联络吗？或是你的助手？他（她）能胜任吗？

律师是依法取得律师执业证书，为社会提供法律服务的执业人员。怎样请律师呢？应该注意以下几点：

1．看律师事务所。律师事务所是由律师组成的，一个好的律师事务所必然有好的律师，要请律师首先要考虑的是找好的律师事务所。

2．看律师的名气和律师以往的成绩。一个好的律师不仅要有丰富的理论知识，还要有宝贵的实践经验，名律师是在实践中锻炼出来的，因此找律师要找那些办理过大案、要案并取得较好成绩的律师。不过名律师要价也高，而且一般性案件也不太愿意亲自受理。

3．当你确定要找哪位律师后，不妨与律师直接接触，在谈话中你就知道他是否是你需要的律师，但你千万要对那些拍胸脯作保证的律师多些提防。

4．在与律师办理委托手续前，应看律师有无持司法局颁发的执业证书，避免受骗上当。

5．当你确定要委托哪位律师，律师也愿意接受委托时商谈律师费用。按照国家的规定，律师办案应向当事人收取费用，对具体标准国家没有明确规定，一般由律师与当事人协商。

6．办理委托手续，经律师与当事人协商一致后，就应办理委托手续，明确委托事项及代理权限，并由双方签字，即对双方产生约束力。

遇到哪些情况可以请律师给予帮助

遇到哪些情况可以请律师给予帮助？根据律师暂行条例第二条规定，遇到下列情况，均可请律师给予帮助：1．聘请律师担任法律顾问。为了维护本单位的合法权益，可以聘请律师担任法律顾问。律师担任法律顾问，可以帮助解决经济纠纷；协助改善经营管理，尤其是合同管理；参与对内对外的经济项目谈判，当好参谋；帮助研究解决在经济改革中遇到的新情况、新问题；帮助开展法制宣传教育。2. 委托律师担任代理人，代替自己诉讼。不管是民事案件、经济案件、行政案件还是申请执行，当事人均可委托律师担任代理人，让其代替自己参与诉讼。律师在规定的代理权限和代理期限内行事。3. 刑事自诉案件的自诉人、公诉案件的被害人及其近亲属，均可委托律师担任代理人，参加诉讼。4. 刑事案件的被告人，或者其近亲属、监护人，可以聘请律师出庭辩护。有时根据审判工作的需要，人民法院也可以指定律师为被告人辩护。5. 非诉讼事件当事人，可以请律师提供法律帮助或者担任代理人，参加调解和仲裁活动。“非诉讼事件”主要包括：

（1）没有纠纷，不需要诉讼的事情。如担任公民的遗嘱执行人；为公民代立遗嘱，并协助办理公证手续等。

（2）有可能发生或者已经发生纠纷，但不需要诉讼，而由个人、机关、团体、企事业单位之间通过调解解决的事件。

（3）对于某些纠纷，不经第三者调处，而由律师以代理人的身份，直接帮助解决的事件。

（4）机关、团体、企事业单位之间尚未诉至法院，通过调解或仲裁解决的纠纷事件。如某些经济合同纠纷。

（5）涉外非诉讼事件。如海事、对外贸易、合资经营仲裁等。

请律师有什么用

1. 首先，律师拥有如下权利：

律师执业时，人身自由不受非法限制和剥夺，人格尊严不受侵犯，名誉不受损害，律师参加诉讼活动，可以收集查阅与本案有关的材料；同时有与被限制人身自由的犯罪嫌疑人、被告人会见和通信，出席法庭，参加诉讼，以及享有诉讼法规定的其他权利。律师承办律师事务所，可以向有关单位或个人调查情况。

2. 律师拥有专业法律知识的特长，可以接受委托参加下列事务：

参加刑事诉讼；

为犯罪嫌疑人提供法律援助；
审查起诉阶段担任辩护人；
担任公诉案件一审辩护人；
担任公诉案件二审辩护人；
担任公诉案件被害人代理人；
担任自诉案件的代理人；
担任自诉案件被告人的代理人；
担任附带民事诉讼当事人的代理人；
担任刑事申诉案件的代理人；
参加民事诉讼；
担任一审案件原告人的代理人；
担任一审案件被告人的代理人；
在民事案件审判监督程序中的代理；
在执行程序中的代理；
参加行政诉讼；
在一审中的代理；
在二审中的代理；
在申诉中的代理；
办理非诉讼法律事务；
担任法律顾问；
代理仲裁；
代理行政复议；
解答法律询问；
代书；
办理金融证券法律事务；
外债登记；
股票发行上市；
办理知识产权法律事务；
著作权业务；

专利业务；

商标业务；

不正当竞争案件的代理；

办理房地产买卖法律事务；

其他公司及个人法律事务。

如何聘请一位好律师

你被思绪纷乱的商务活动困扰时，当你对琐碎的家庭纠纷烦恼时，当你为突如其来的诉讼措手不及时，你需要聘请一位律师，一位精通法律知识、思维敏捷、工作勤奋、保护当事人秘密、善于沟通、称职胜任的好律师。你千万不要认为律师只能担任你的诉讼代理人或者辩护人，在你的日常生活中，律师还能维护你的合法权益不受侵犯，化解你与他人之间的利益纠纷。当然，你的合法主张需要百分之百地实现，就必须得到一位好律师的支持，那么怎样的律师是一位好律师呢？

下面三个特性可以帮助你来判断：

1. 律师服务的高效性，即好律师必须思路敏捷，工作踏实勤快，他能充分施展自己的才能，最快完成当事人的委托；

2. 律师服务的准确性，即好律师必须准确地运用掌握的法律知识及法律信息，制订正确有效的计划和方案，通过一系列必要的法律活动来全面实现当事人的合法主张；

3. 律师服务的圆满性，它是评价律师服务提供结束后，服务结果最终成绩的关键特性，它还涉及律师在提供服务过程中，律师与委托人之间的交流是否融洽、和谐。

聘请律师前的准备工作

在需要聘请律师前，首先要搜集有关资料，尽可能地搜集可能与纠纷事件相关的资料，万万不可以你的知识或好恶去判断资料的取舍，哪怕是那些你不想让第三者知道的“隐私”，都应如实转告给你委托的律师，因为这些就是律师干活的材料和工具。让你信赖的律师来理清头绪，判断资料的重要性。如果你隐瞒了可能对你不利的资料，律师固然不知道，但你的对方呢，如果他（她）掌握了这些资料，在法庭上和盘托出，那你将会处于何种不利的状况，你是可想而知的，而那时你的律师也可能因为缺乏必要的准备，而爱莫能助。曾有人就在一起离婚诉讼中碰到这样一位委托人，那位女士委托律师时，闭口不谈自己与其他异性朋友交往的事情，甚至在法庭上还无端指责对方生活作风不正，结果被激怒的对方当庭抛出一些不利于那位女士的照片，使得律师措手不及。当然那位女士也非常狼狈，幸运的是那位优秀的律师最后运用法律得当，还是维护了那位女士的合法权益。委托人出于某种动机对自己所聘请的律师隐瞒某些事实，到头来倒霉的还是委托人自己。相反，委托人及时向律师告知案情的不利之处，或许律师还能够帮助你采取一些弥补的措施。你在整理好全部资料后，可能你已经知道自己需要聘请一位有何种特长的律师了。作为律师，我坦白地告诉你，没有一位高明的律师能够对法律知识包罗万象、无所不知，你不要奢望自己能够聘请到一位十全十美的律师。聘请律师就像你平时患病上医院就诊一样，你必须明白自己今天要选择的是内科医生还是外科医生就诊一样，你绝不会因为自己患眼疾而去找皮肤科医生。好了，既然你已经整理好了全部资料，明白了自己需要聘请一位擅长何种法律的律师，那就去律师事务所聘请一位你所需要的好律师。

选择律师的方法

1. 选择工作条件较好的律师。当你忐忑不安地走进律师事务所，去聘请一位律师时，你首先要观察一下这家律师事务所是否是一家有条不紊的律师事务所。要知道，你所聘请的律师不再是以前单枪匹马的“讼师”，而是需要整个律师事务所为之协同配合的好律师。很难想象一个律师会在管理混乱、得不到任何支持的律师事务所里有所作为，具体方面，可以从该事务所人员的接待态度、为你联系律师的方法、文印速度来体现。此外，你还要注意，接待你的律师是通过何种方式来查询法律信息的。国外及国内管理有素的律师事务所，大多运用先进的电脑技术，即律师事务所设有专职人员收集汇编法律信息并及时编录在电脑中，以便让律师随时调取使用。这一点在我国的律师业务开展中，作用尤为突出，由于我国法制建设尚不健全完备，所以每年新颁布的法律、法规以及配合法律、法规实施的司法解释上百件，如果让每一位律师花费精力从书本上搜集、查询、保留这些法律信息的话，那么哪还有充沛的精力去为委托人尽心尽力地服务？然而全面及时地了解掌握法律信息，却是在整个律师业务活动中起着举足轻重的作用。因此，选择一家管理完善、运作有序的律师事务所，是选择一位好律师的前提。

2. 选择认真了解案情的律师在你第一次和接待你的律师面对面谈及你的委托事宜时，你在完整回答律师提问的同时，还要好好地观察律师是怎样了解事件情况、案件背景、证据资料的，这是律师第一次接触你的案件，他必须全面完整地把握案件资料。一位好律师必须详细地了解案件，以便为日后开展律师工作，做好充分的准备。你也可以从律师的提问中，体会到律师是否已经全面了解了案情？是否抓住了问题的关键所在？如果你遇到的律师，不是仔细询问了解情况，而是自吹自擂，吹嘘自己以前办理过哪些有名案件，或者与某位法官的关系如何密切，或是向你拍胸打包票，你就应该毫不犹豫地回绝这种不是依靠案件的资料、自己的真才实学，而是希望通过违法的疏通关系来达到胜诉目的的律师，你能信任这样无视法律的律师吗？更何况这类“司法丑闻”已揭露了，又有多少当事人从中获益的呢？

3. 选择分析案情、告诉你方案的律师。律师在向你了解整个案件后，好律师分析出案情的关键所在及潜在问题，这些都将决定以后案件的输赢。有些问题是你意想不到的，但好律师会从一团乱麻中清理思绪，发现问题，并且向你提供一个解决问题的较完整的方案。你可以从这个方案中来判断关键症结是否抓住？方案是否可行？方案是否有创意？如果接待你的律师提问抓不住要领，谈及案情突不出中心，提供方案模棱两可，这可能就不是所想依托的律师，你只能另寻高人了。

4. 选择那些让你有选择余地的律师。当你在听取完律师全部的案情分析及办案方案后，好律师会给你充分的时间考虑、选择，他所关心的是这件案件受理后最终结果是否圆满，而不是你是否会聘用他。他还会认真向你解释有关聘用律师的合同、律师收费状况。目前，律师收费是有统一收费标准的，你可以要求律师出示律师事务所的收费标准，你要认真地阅读、并且理解聘用律师合同，很可能你支付了律师的代理费用外，还要承担其他诸如律师交通费、调查费用、鉴定费用等，当然这些费用理所当然地要由你承担。如果那位律师在和你讨论完案件后，很快拿出合同不加解释地要你签订，或者说“如果你马上签订合同可以减免收费”等，你就要留神了，他可能不是真正关心你的权益，而是为了招揽生意。按照司法部有关规定，除了属于可以减免收费的案件外，律师无正当理由，以在规定收费标准以下收费为条件吸引客户的，属不正当竞争行为。律师的收入，主要是来源于律师业务收费，从这一点讲律师不会随意降低收费，除非他的是想“薄利多销”，但是“薄利多销”的最终后果是，他在每一位顾客的案件上所花费的工作时间也尽可能减为最少。目前，我国的律师收费还是相当低廉的，我想你不会因为贪图减免有限的律师聘用费用，而去聘请一位不太理想的律师吧？

请与你的律师保持联系。当你选择并聘请了你的律师后，不要以为大事已有所托而不再关心，以至不打电话与你的律师联系，而是要经常与你的律师保持联系，随时了解案情进展情况，并且及时向律师补充和提供你自己所掌握的关键情况，以便让你的律师及时修正行动方案，提供最好的服务。当然，不要老以一个相同的问题去纠缠你的律师，律师的工作非常繁忙，不要去多占他替你工作的时间。

好了，现在你已经明白仅仅拥有一位律师是不够的，关键是要拥有一位怎样的律师。但愿这篇文章能帮助你聘到一位满意的好律师。

选律师注意事项

1．要聘请专业律师

一般情况下，应根据案件的不同情况聘请有相关专业知识的律师。法律包括民商法、刑法、行政法、经济法、国际贸易法等各个方面，律师不可能对浩如烟海的法律规定都很熟悉，不同的律师在不同的领域各有所长。在某些专门领域，如劳动、证券、知识产权和重大建筑工程招标投标等领域，案件程序比较复杂，从业律师还必须经过专门的业务培训和考核，有的甚至要取得相应资格认证。因此，在遇到不同的领域、不同的案件时，建议你对症下药，找在此方面有专长的律师，才能最大限度地维护你的合法利益。

2. 要聘请有一定经验的律师

人们普遍具有一种迷信权威，追求“品牌”的心理，所以在请律师方面也会抱着“请中医越老越好”的想法。其实这想法不完全正确，首先，名律师、老律师因为要务缠身，大多不能专著为您一人服务；其次，名律师、老律师的收费相对要贵得多。所以像一般的简单案件，普通的律师都能办好。没必要花几倍的价钱请一个知名度很高或者经验很丰富的律师。但对于比较复杂的案件，则聘请有多年工作经验的律师相对好一点，能够应付各种突如其来的变化，使你免于手足无措。

3. 不聘请“打关系”律师

根据目前的社会现状，有人将律师分为两种类型，即“诉讼”的律师和“打关系”的律师，有的律师以专业知识赢得当事人的尊敬；有的律师水平一般，但却善于钻关系，也混得很吃香。由于人们的观念、学识等因素的差异，在聘请律师处理案件时，他们也各取所需。有些当事人专门聘用关系律师。这显然属于腐败现象的一种。尽管有时能起到一定作用，毕竟要冒风险搭费用，弄不好人财两丢。而聘用专业对路经验丰富的律师，可以帮助当事人分析案情理清思路、正确判断案件的发展趋势，适度把握案件的结局，尽自己最大的能力去维护委托人的合法权益。

4. 要尽量聘请专职律师

首先您要懂得专职律师和兼职律师的差别。专职律师是专门在律师事务所从事执业工作的人；兼职律师是指不脱离本职工作而从事律师职业的人。司法部规定只有法学院校、法学研究单位从事教学、研究工作的人员等才可以做兼职律师。或许兼职律师的性价比对你来说很理想，但是兼职律师由于本职工作的要求，可能不能抽出大段的时间专门为你服务，在你的案件急需处理不容耽搁时就麻烦了。因此，在选择专职律师还是兼职律师做代理人时应当慎重考虑。

5. 要聘请实际能力好的律师

学历和工作经历不用说都是衡量水平的因素，但是律师作为一门要求很高的职业，对从业者的综合素质的要求也普遍较高，不仅仅限于学历和工作经历，更重要的是办案能力。按照《律师法》的规定，我国律师的学历从大专到博士都有，但是博士律师打起官司未必就胜诉，硕士、本科学历的律师打起官司未必就败诉，你必须清楚学历并不代表能力，只能作为一个参考。而工作经历则似乎是一个值得注意的问题，很多时候律师并非直接来自法学院校的毕业生，而是曾做过医生、工人、机关干部、技术人员等“半路出家”，他们在处理和自己以前工作相关的法律事务时必然会比其他律师顺手，但法律知识的渊博和法律功底的深厚则明显不如法律系毕业的律师。

律师与律师之间的差别有哪些

1. 学历上的差别。按照《律师法》第六条的规定，取得律师资格必须具备一定的学历条件，即“高等院校法学专科以上学历或者同等专业水平，以及高等院校其他专业本科以上学历”。也就是说，目前我国执业律师的学历水平从大专到硕士、博士都有，而且专业也五花八门，这与很多国家律师必须是大学法学院毕业生相比有很大差距。再加上我国学历管理制度上的混乱，不同学历的律师之间，法律专业素质的差距可能非常大。学历并不代表能力，但也能反映一些情况，律师职业对从业者的综合素质尤其是法律专业素质的要求非常高，并不像有些人想象的那样只要了解了一些法律规定就可以办案了，这一点，应该引起我们的注意。

2. 过去工作经历上的差别。由于历史的原因，我国目前的执业律师队伍中，从大专院校毕业后直接进入律师界工作的人并不算很多，有相当数量的律师过去都曾经从事过其他行业的工作，这也就意味着，他们在处理一些与过去所从事的行业有关的法律问题时，可能比别的律师更有优势。因此，了解一位律师过去的从业经历及工作成绩，也是很必要的。

3. 专职与兼职的差别。执业律师有专职与兼职之分，所谓兼职律师，是指“取得律师资格和律师执业证书，不脱离本职工作从事律师职业的人员”。

一般人可能会认为专职律师更值得信赖，然而情况未必全然如此。按照司法部 1996 年 11 月颁布的《兼职从事律师职业人员管理办法》规定，只有“法学院校（系）、法学研究单位从事教学、研究工作的人员”才可以兼职从事律师职业，这也就意味着，他们普遍有着比较高的法律专业素质，而且他们的本职工作也要求他们花更多的时间用于法学理论的学习和研究上，如前所述，这对一位优秀的律师来说，是非常重要的。

律师和律师之间的差别不止这些，有一些情况，比如他们的潜在素质、敬业精神、服务意识、工作方法、工作效率、道德观念、正义感等等，可能对你来说更重要，但这些只能靠你自己在与律师的接触过程中慢慢地了解了。

律师在诉讼中享有的权利

根据《律师法》第三十条、第三十一条、第三十二条以及《刑事诉讼法》《民事诉讼法》《行政诉讼法》的规定，律师作为辩护人或者诉讼代理人参加诉讼活动，依照诉讼法律的规定，享有广泛的诉讼权利：

1. 查阅本人所承办案件的案卷材料的权利

律师作为刑事辩护人或者民事、行政案件的诉讼代理人，在诉讼过程中，可以到人民法院查阅自己所承办案件的案卷。在刑事诉讼中，“辩护律师自人民检察院对案件审查起诉之日起，可以查阅、摘抄、复制本案的诉讼文书、技术鉴定资料”，“辩护律师自人民法院受理案件之日起，可以查阅、摘抄、复制本案所指控的犯罪事实材料”。人民法院及其他司法机关对律师阅卷应当提供阅卷场所并提供必要的方便。

2. 同被限制人身自由的人会见和通信的权利

律师作为刑事案件犯罪嫌疑人或者被告人的辩护人，依照《刑事诉讼法》的规定，有权会见被限制人身自由的犯罪嫌疑人或者被告人，或者与这些人员通信。具体地说就是，“辩护律师自人民检察院对案件审查起诉之日起，可以同在押的犯罪嫌疑人会见和通信；自人民法院受理案件之日起，可以同在押的被告人会见和通信”。另外，根据《刑事诉讼法》第九十六条规定，“犯罪嫌疑人在被侦查机关第一次讯问后或者采取强制措施之日起，可以聘请律师为其提供法律咨询、代理申诉、控告。受委托的律师有权向侦查机关了解犯罪嫌疑人涉嫌的罪名，可以会见在押的犯罪嫌疑人，向犯罪嫌疑人了解有关案件情况。”律师会见时，看管场所应给予方便，指定适当的会见时间、地点等。

3. 调查取证的权利

律师的调查取证权，是指律师办理法律事务时，有权向有关单位和个人进行调查，可以收集与本案有关的材料。律师调查取证时，应当依照法律规定的程序进行。

4. 适时得到人民法院开庭通知的权利

这一权利是保证律师在开庭前有充分的时间做好开庭的准备。保证律师的辩护或者代理质量，维护当事人的合法权益。依照有关诉讼法及最高人民法院、最高人民检察院等的司法解释，人民法院应当用通知书通知律师行使出庭辩护或者代理职责，而不得使用传票。另外，通知书最迟应当在开庭3日前送达辩护律师。

5. 在法庭审理中发问、提出新证据、质证、参加法庭辩论、拒绝回答法庭不当询问的权利

发问，就是在庭审中经审判长许可，有权直接向证人、鉴定人、民事诉讼中的勘验人、刑事诉讼中的被告人发问。

提出新的证据，是指律师在庭审过程中，通知新的证人到庭，调取新的物证，申请重新鉴定或者勘验。

质证，是指在法庭调查阶段，律师对对方当事人出示的物证和宣读的未到庭的证人证言笔录、鉴定人的鉴定结论、勘验笔录和其他作为证据的文书，提出自己的意见。

法庭辩论，是指在一审或者二审程序中，就案件的事实和法律适用问题进行辩论，从而促使审判人员从正反两方面审查判断案件的事实并正确适用法律。

拒绝回答法庭的不当询问，是指律师对于法庭对辩护律师或者代理律师的姓名、年龄、籍贯、住址以及职业等的询问。

6. 获取本案诉讼文书副本的权利

律师承办诉讼案件，有权获得人民法院的判决书、裁定书、调解书的副本以及人民检察院的起诉书、抗诉书的副本；如果是律师代理参加仲裁，则有权获得仲裁机构的裁决书的副本。

7. 经当事人同意，代为提起上诉的权利

律师代理诉讼活动，在当事人不服地方各级人民法院的一审判决时，经当事人同意，可以代行向上一级人民法院提起上诉。这里所说的经当事人同意，是指经当事人的特别授权。

8. 代理申诉或控告的权利

代理申诉或者控告，既指律师有权代理各类案件的申诉，也包括律师接受刑事犯罪嫌疑人的聘请，作为代理人为其代理申诉或者控告。

9. 为犯罪嫌疑人、被告人申请取保候审或解除强制措施的权利

在侦查阶段，律师接受犯罪嫌疑人的聘请，作为其诉讼代理人，在犯罪嫌疑人被限制人身自由的情况下，有权为犯罪嫌疑人申请取保候审；在人民法院、人民检察院、公安机关采取刑事强制措施超期的情况下，律师有权要求解除强制措施。

10. 执业律师的人身权

律师作为刑事案件的辩护人或者其他案件的诉讼代理人，在履行职务过程中，人身权受法律保护。

律师的业务工作范围有哪些

根据《律师法》第二十五条规定，律师可以依法为公民、法人或者其他组织提供以下几方面的法律帮助：

1. 接受委托（聘请）担任法律顾问

不论是公民还是法人或者其他组织，为了维护本人或单位的合法权益，均可以聘请律师担任法律顾问。律师担任法律顾问，可以帮助解决经济纠纷；协助改善经营管理，尤其是合同管理；参与对内对外的经济项目谈判，当好参谋；帮助研究解决在经济改革中遇到的新情况、新问题；帮助开展法制宣

传教育。

2．接受当事人委托担任诉讼代理人

不管是民事（经济）案件、行政案件还是申请执行阶段的执行案件，当事人均可委托律师担任代理人，让其代理自己参与诉讼。律师在规定的代理权限和代理期限内从事诉讼代理活动，行使代理权、履行代理职责。

3．接受刑事自诉案件的自诉人、公诉案件的被害人及其近亲属的委托担任代理人，参加诉讼

4．接受刑事案件的犯罪嫌疑人、被告人及其近亲属、监护人的委托，担任辩护人提供法律帮助

有时根据审判工作的需要，律师也可以接受人民法院指定为被告人辩护。还可以在侦查阶段接受犯罪嫌疑人的聘请，作为代理人为犯罪嫌疑人提供法律咨询，代理申诉控告，申请取保候审等。

5．接受非诉讼法律事务当事人的委托，提供法律帮助或者担任代理人，参加调解和仲裁活动

律师代理“非诉讼法律事务”主要包括：（1）处理没有纠纷，不需要诉讼的法律事务；如担任公民的遗嘱执行人；为公民代立遗嘱，并协助办理公证手续等。（2）代理有可能发生或者已经发生纠纷，但不需要诉讼，而由个人、机关、团体、企事业单位之间通过调解解决的法律事务。（3）对于某些纠纷，不经第三者调解，由律师以代理人的身份，直接帮助解决。（4）机关、团体、企事业单位之间的纠纷，通过律师代理调解或代理参加仲裁使纠纷得以解决。（5）代为办理涉外非诉讼法律事务，如海事、对外贸易、合资经营仲裁等。

6．接受委托解答有关法律的询问、代写诉讼文书和其他有关法律事务文书

这里的“诉讼文书”，主要有起诉状、答辩状、反诉状、自诉状、上诉状、申诉状、再审申请书等；“其他有关法律事务文书”，主要有租赁契约、借贷字据、买卖合同、分家单、遗嘱、委托书，以及经济合同书等。

7．接受委托代理各类案件的申诉

《律师法》第二十五条第四项明确规定，律师可以作为申诉案件当事人的

代理人代理各类诉讼案件的申诉。

总之，律师的业务很广泛，律师在人们的生活、工作中，在许多方面都可提供法律上的帮助。

怎样签订委托代理合同

当事人因为诉讼纠纷需要委托律师作为诉讼代理人参加诉讼的，应当到律师事务所与接待律师咨询之后，与律师事务所签订委托代理合同。由于目前大多数律师事务所都使用主要条文已经确定的具有一定格式的合同，因而当事人在与律师事务所签订委托代理合同时，一定要对律师事务所提供的合同内容进行仔细审查，使合同条款尽量齐全，权利义务明确。具体包括以下几点：

1. 合同的双方当事人。委托代理合同的双方当事人是委托人及接受委托的律师事务所。在这里承办律师只是作为承办案件的律师身份出现，他并不是合同的一方当事人。

2. 当事人在与律师事务所签订委托代理合同时，还应当认真看看委托代理合同的条款是否齐全、内容是否得当。如果认为合同条款不符合自己的委托意愿，应及时协商调整。一般情况下，当事人找律师或律师事务所办理案件时，都是律师或律师事务所让当事人看过合同条款后在委托代理合同上签字。由于其合同是单方拟定的，难免有不利于当事人的一面。比如有的委托合同只写当事人违约如何，不写代理人违约如何，这样的委托合同就显得不公正。当事人如果看到委托合同中有这样的内容，就应该大胆提出自己的意见，并及时修改协议书的内容，免得在委托过程中出现问题自己被动。

3. 对委托人对于委托事项，特别是相关条款需要做特殊约定的，最好采用双方共同拟定的委托代理合同，将需要特别约定的事项写清，便于双方共同遵守。

委托代理诉讼应按什么标准缴纳代理费

当事人委托律师代理诉讼或提供其他法律服务，应向律师事务所支付律师服务费。

为适应市场经济的发展，规范律师服务费收费行为，国家计委、司法部近年来先后联合下发了《关于律师服务收费管理暂行办法的通知》（［1997］286 号）和《关于暂由各地制定律师服务收费临时标准的通知》（［2000］392 号）。由于各地实际情况不同，《通知》又授权省级人民政府的物价部门结合本地情况制订具体的收费标准。结合两个《通知》精神，各省、自治区、直辖市相继制定了律师服务指导收费标准。

以××省物价局、××省司法厅 2002 年 4 月 26 日制定的《关于××省律师服务指导收费临时标准通知》为例，律师服务指导收费临时标准有以下几项：

1. 办理刑事案件收费标准

①侦查阶段提供法律咨询、代理申诉、控告、申请取保候审，每件为 500—2000 元。②审查起诉阶段，每件为 500—3000 元。③一审案件，每件为 800—5000 元。④担任刑事自诉人、公诉案件被害人的代理人，每件为 800—5000 元。⑤担任刑事附带民事案件代理人，民事部分按民事标准酌减。⑥未办一审而办二审的案件，每件为 1000—8000 元。⑦既办一审又办二审的案件，应按一审标准酌减。

2. 办理民事（经济）诉讼和仲裁案件收费标准

第一，不涉及财产关系的案件，每件为 400—5000 元；

第二，涉及财产关系的，按诉讼标的额累进方法收费。其标准为：

（1）诉讼标的 1 万元以内按 4%—20% 收费；（2）诉讼标的 10001—10 万元按 5%—4% 收费；（3）诉讼标的 100001—50 万元按 4%—3% 收费；（4）诉讼标的 500001—100 万元按 3%—2% 收费；（5）诉讼标的 1000001—500 万元按 2%—1% 收费；（6）诉讼标的 5000001—1000 万元按 1%—0.5% 收费。

3. 办理行政案件收费标准

（1）不涉及财产关系的案件，每件为500—5000元；（2）涉及财产关系的案件，参照代理民事案件收费标准收取；（3）两者都涉及的案件，按较高者计算；（4）代理行政复议案件，按行政诉讼酌减。

4. 各地普遍实行的收费方式

由于各地经济状况不同，各地物价部门制定的律师服务指导收费标准各有差异，收费方式也各有不同。根据国家计委和司法部的联合通知精神，各地律师事务所业务收费普遍实行以下三种收费方式：

第一，计件收费。这种收费主要针对提供法律咨询、代写诉讼文书。各地计件收费标准虽然不尽一致，但提供法律咨询每件收费标准一般都在10—100元之间；代写诉讼文书每件收费标准都在50—200元之间。由于案件的复杂程度不同，咨询或代写法律文书占用律师的时间不同，每个案件的收费标准也不尽一致。对于不涉及财产关系的诉讼案件有的律师事务所也采取计件收费办法，比如律师代写书状、找人取证、参加法庭审理等都可按件计算。

第二，按标的额比例计算。标的额的比例标准是国家统一标准，各地没有太大的差异。凡涉及财产关系的案件基本都按这一收费标准收费。但这一收费标准也有不利于当事人或代理人的弊端，如有的案件案情简单但标的额巨大，律师用了少量时间和少量精力就赚取了大量收入，当事人会认为这个官司打得不划算；而有的案件案情复杂但标的额不大，律师花费了大量时间和精力但服务费却很少，律师就觉得这种代理不划算。

第三，计时收费。计时收费按小时计算，每小时的收费标准与每件的收费标准基本相当。占用时间短的，每小时收费比例会适当高一些；占用时间累计达几十小时以上的，平均每小时的收费比例会相对低一些。计时收费对当事人或律师来说都是较为合理的。计时收费是指律师参与诉讼或调查取证实际占用的时间。累计时间不足1小时的，按1小时计算。律师出席法庭审理或其他仲裁活动按实际出庭时间的两倍计算；律师办理法律事务花费在路途上的时间应减半计算。对于短时间的咨询，律师事务所通常采取先解答当事人的咨询，后收费。对于需要通过较长时间才能了结的诉讼代理，律师事务所通常先让当事人预交一定数量的代理费，双方代理权限终止后按实际占用时间结清费用并出具正式收据。为保证计费时间的准确性，代理律师要逐项真实填写代理活动工作时间清单，当事人对律师的活动也应具体掌握，以便结算时相互核对。

除上述几种收费办法外，有的律师事务所还规定了其他形式的收费办法，如商定涉及财产官司打赢之后按对方实际赔偿金额的百分比分成、聘用有资力的律师诉讼加收委托费等等。

5. 委托律师异地办案，委托人还应承担其异地办案的食宿费、交通费等支出

代理人在提供法律服务过程中所发生的鉴定费、翻译费、资料费、电话费等支出，应凭报销单据，由被代理人承担。

尽管律师事务所有多种收费办法，但选择权还在当事人自己。一个城市会有多家律师事务所，当事人在聘用律师之前，可以多方了解一下各律师事务所的收费方式，并请律师事务所估算一下这场官司打完需要当事人承担多少费用。签订委托协议时，应选择自己认为合理的收费办法。

一个案件的终结时间不是律师所能决定的，对于经过第一审双方就能服从判决或裁定而不上诉的案件，其从法院受理到审结一般在两个月内就可以终结；对于需要通过二审才能终结的案件，一般需要4—5个月的时间；对于需要逐级申诉的案件，通常需要几年甚至更长的时间才能得到答复。而律师事务所与当事人签订的协议中可能标定的是案件终结时终止该协议。当事人与律师事务所签订委托书时，有必要与律师事务所确定一个限定时间，并标注该案在限定时间内打赢如何支付代理费，打不赢如何支付代理费。

当事人可以委托他人代理诉讼吗

根据我国《刑事诉讼法》《民事诉讼法》及《行政诉讼法》的规定，不论是刑事被告人还是被害人、自诉人、附带民事诉讼的原告人和被告人，还是民事、行政诉讼案件的当事人，都可以委托律师以外的人作为自己的辩护人或者诉讼代理人。根据有关诉讼法的规定，当事人可以委托近亲属、有关的社会团体或者所在单位推荐的人或者经人民法院准许的其他公民，担任刑

事被告人的辩护人或者其他当事人的诉讼代理人。

实践中，委托律师代理诉讼或者作为辩护人为被告人进行辩护，是一种比较常见的做法，但不等于其他人不能作为诉讼代理人。相比较来看，委托律师作为诉讼代理人比委托其他不具有律师身份的人作为诉讼代理人或者辩护人，在享有诉讼权利方面内容更加广泛，便于委托人一方顺利地了解案件情况，及时调查取证，在诉讼中维护当事人的合法权益。但委托其他人作为诉讼代理人或者辩护人也不是无可取之处，被委托为诉讼代理人的公民，或者是当事人的近亲属，或者是当事人所在单位或者社会团体推荐的人，或者是当事人的其他亲友。这些人在情感上与当事人更加贴近，往往更能尽心尽力地履行代理责任，不足之处是其在享有诉讼权利方面限制较多，许多律师可以完成的代理工作其他代理人无法完成。

综合上述两种代理人的利弊，当事人可以根据自己所面临的诉讼案件的工作量大小及其复杂程度，决定委托律师代理诉讼还是委托其他人代理诉讼。如果案件复杂，工作量大，特别是需要全面阅卷、调查取证、申请鉴定等的案件，最好委托律师代理诉讼；如果案件事实比较简单、清楚，不需要做大量阅卷、调查工作，要求可以考虑委托其他人代理诉讼。当事人委托律师以外的公民代理诉讼的，原则上不应收费，但应根据其辛苦程度给予适当补偿。

当事人无力支付律师费能得到法律帮助吗

老百姓诉讼，委托律师代理诉讼，一般来讲都应依照律师业务收费办法缴纳代理费用。但是对于家庭收入偏低，因经济特别困难交不起律师费，但又面临官司确实需要法律帮助的公民，可凭相关的证明，到当地的法律援助中心请求法律援助，法律援助中心可根据当事人的实际情况，适当减免费用，或提供无偿的法律援助。

法律援助是指对需要律师帮助而又无力支付律师费用的公民予以减免或免收费用，以维护其合法权益的司法救济制度。

1. 法律援助的范围

根据《律师法》第四十一条规定，公民在赡养、工伤、刑事诉讼、请求国家赔偿和请求发给抚恤金等方面，可以按照有关规定获得法律援助。

一般来说，凡是涉及公民的民主权利、人身健康和安全的案件，都有可能获得法律援助。其他民事、经济纠纷案件获得法律援助的可能性较小。能够得到法律援助的民事案件通常是获胜可能性较大的案件，如果确实没有胜诉可能的案件，通常不会获得法律援助。

2. 获得法律援助有两个途径：一是法院指定，二是向法律援助机构提出申请

第一，法院指定主要是在刑事案件中为被告人指定辩护人，包括以下几种情况：

①公诉案件，被告人因经济困难或者其他原因没有委托辩护人的，人民法院可以为其指定辩护人。②被告人为盲、聋、哑和未成年人的，如果没有指定辩护人，法院应当为其指定辩护律师；其他残疾人和老年人为被告而因经济困难无力聘请律师的，法院可以为其指定辩护律师。③被告人可能被判处死刑而没有委托辩护人的，法院应当为其指定辩护律师。④法院认为案情重大，需要进行辩护的，法院也应当为被告人指定辩护人。

第二，向法律援助机构或司法行政机构申请法律援助。

向法律援助机构或者司法行政机构申请法律援助，必须由单位或居民委员会、村民委员会出具特别困难的书面证明，如果申请事由合理，受理机构应当在收到当事人书面申请的20天之内予以答复。当事人如果对不予援助的决定有异议，可以要求重新审议一次。如果法律援助机构同意提供法律援助，当事人、法律援助机构、承担法律援助的律师三方需要签订法律援助协议书，以确定各自的权利与义务。

刑事案件如何委托律师进行辩护

根据我国《律师法》及《刑事诉讼法》的规定，律师只有接受委托或者指定，才能担任刑事案件犯罪嫌疑人或者被告人的辩护人。但委托或者指定必须具备一定的条件，律师才能接受。这些条件具体包括以下几方面：

1. 刑事案件已进入审查起诉阶段

根据我国《刑事诉讼法》第三十三条规定："公诉案件自案件移送审查起诉之日起，犯罪嫌疑人有权委托辩护人。自诉案件的被告人有权随时委托辩护人。""人民检察院自收到移送审查起诉的案件材料之日起三日以内，应当告知犯罪嫌疑人有权委托辩护人。"这说明公诉案件从案件进入审查起诉阶段开始，犯罪嫌疑人就可以委托律师作为辩护人进行辩护。

2. 委托人必须具备法定的条件

根据我国有关法律的规定，有权委托或者指定律师作为辩护人为犯罪嫌疑人或者被告人进行辩护的人有：

（1）犯罪嫌疑人、被告人本人。即犯罪嫌疑人或者被告人在没有被采取限制人身自由的强制措施的情况下，亲自到律师事务所办理委托手续，委托律师作为辩护人。（2）犯罪嫌疑人、被告人的法定代理人。在刑事诉讼中，犯罪嫌疑人是未成年人或者间歇性精神病的情况下，由其法定代理人为其委托律师进行辩护。（3）犯罪嫌疑人、被告人的近亲属。犯罪嫌疑人、被告人的近亲属，即他的夫、妻、父、母、子、女、同胞兄弟姐妹，有权为犯罪嫌疑人、被告人委托辩护律师，但必须征得犯罪嫌疑人、被告人同意，并持有犯罪嫌疑人、被告人委托代请律师的信件，或者先由其近亲属代办委托手续，再由犯罪嫌疑人、被告人在委托书上签名表示同意。（4）其他公民代为委托。当犯罪嫌疑人、被告人无法定代理人和其他近亲属，或者他们不在本地，犯罪嫌疑人又无法自行委托时，犯罪嫌疑人、被告人的其他亲属或者朋友也可以为犯罪嫌疑人、被告人委托辩护律师，但代办委托的人必须持有委托人签名的代办委托书或者相关信件。代办的委托手续，必须经犯罪嫌疑人、被告人签名后才发生法律效力。（5）人民法院指定。在具有我国《刑事诉讼法》规定的需要由人民法院为被告人指定律师辩护的特殊情况下，人民法院可以指定承担法律援助义务的律师为被告人进行辩护。

3. 委托人没有对委托的律师提出影响其依法执行职务的非法要求

如果委托人对律师提出非法要求，要求律师违背自己的责任、实施违背律师职业道德和执业纪律的行为，律师应对其进行教育。当事人接受律师意见的，律师可以接受委托，否则应当拒绝。

如何委托律师代理民事诉讼

在民事诉讼中，当事人为了更好地行使诉讼权利，维护自己的合法权益，往往需要委托律师作为诉讼代理人参与诉讼。根据我国《民事诉讼法》第五十八条的规定“当事人、法定代理人可以委托一至二人作为诉讼代理人”。按照这一规定，有权委托律师代理民事诉讼的，主要有以下几方面的人员：

1. 当事人。这里所说的当事人，是指因民事权利义务关系发生争执，以自己的名义进行诉讼，并受人民法院裁判约束的利害关系人。具体包括原告和被告。

2. 第三人。民事诉讼中的第三人，是指在已经开始的诉讼中，对他人之间的诉讼标的，具有全部或者部分的独立请求权或者虽然没有独立请求权，但案件的处理结果与其有法律上的利害关系的人。第三人有权委托律师作为代理人参与诉讼。

3. 共同诉讼人。共同诉讼就是当事人一方或者双方为多数，其诉讼标的是共同的或者同一种类的，在办案中并为一案审理的诉讼。共同诉讼人可能是共同原告、共同被告，还可能原告和被告双方都是二人以上。不论属于哪种情况，共同诉讼人都有权委托律师代理诉讼。

4. 集团诉讼人。集团诉讼，是指具有共同利害关系的人，人数众多，无法同时进行诉讼活动时，由其中的一人或者数人代表全体共同利害关系人，进行全部诉讼活动。作为集团诉讼的代表人，为了保障集团成员的利益，都有权委托律师代为诉讼。

5. 法定代理人。法定代理人，就是由法律直接规定的代理人。依据法律规定，法定代理人的被代理人是无诉讼行为能力的人，由于其不能正确表达个人的意志，因此法定代理人的意志就是被代理人的意志。法定代理人在诉讼中可以说相当于当事人，他有权委托律师代为诉讼。

6. 法定代表人。法定代表人就是法人单位的主要负责人。凡是法人单位作为当事人民事诉讼活动的，该单位的主要负责人就是法定代表人。法定代表人有权通过书面授权的形式，委托律师代理民事诉讼。

7. 非法人团体的代表人。非法人团体，就是不具有法人资格，又不是自然人的社会组织。这类组织发生诉讼纠纷，由该单位的主要负责人作为代表人，委托律师代理诉讼。

委托律师诉讼应怎样办理委托手续

当事人委托律师代理民事诉讼和经济诉讼时，需与律师事务所签订委托代理协议，还需为律师出具授权委托书，律师的代理权才能成立。委托代理协议和授权委托书是两个不同的法律文件，具有不同的法律效力。

1. 签订委托代理协议。委托人与律师事务所协商签订的委托代理协议，是规定律师代理委托人参加民事和经济诉讼事宜的协议，它确定了律师事务所和委托人之间权利和义务的关系。基本内容包括：委托人的姓名或名称、律师事务所名称和委派律师的姓名、委托代理民事和经济诉讼的案件名称（案由）、对方当事人的姓名和名称、委托代理权限、双方的权利义务条款。

2. 签订授权委托书。由委托人单方出具的向代理律师授权行为的标志，是产生代理权的委托书，是明确律师代理权限范围的法律文书。它是委托人实施授权行为的标志，是产生代理权的直接根据。根据法律规定，当事人委托律师代理民事和经济诉讼时，必须向人民法院提交由委托人签名或盖章的授权委托书，否则诉讼代理权不能成立。国内公民与国内律师或其他代理人签订授权委托书通常无须证明，而侨居在国外的中华人民共和国公民从国外寄交或托交的授权委托书，必须经中华人民共和国驻该国的使领馆证明；没有使领馆的，由与中华人民共和国有外交关系的第三国驻该国的使领馆证明，再转由中华人民共和国驻该第三国使领馆证明，或者由当地的爱国华侨团体证明。对于居住在港、澳地区的同胞，向内地寄交授权委托书，须经国家指定的港、澳地区的有关律师和有关机构证明，对于不在中华人民共和国领域内居住的外国人（包括无国籍人）寄给我国律师的授权委托书，须经所在国公证机关证明，并经我国驻该国使领馆认证，方具有法律效力。

授权委托书主要内容包括：委托人姓名、代理律师姓名和所在律师事务所名称、授权律师代理的案件名称、代理权限等。

律师代理权限有一般授权代理与特别授权代理之分。一般代理是代理人无须对案件的实体问题做出明确态度和决策，只代理起诉、应诉，提供有关证据，发表综合性代理词，参加法院与当事人谈话、调解的诉讼活动，进行一般性辩论等等。此种代理有很大的连续性，但不具有决断性。特别代理又称为特别授权代理、全权代理，是委托人特别授权律师有权对案件的实体问题直接做出决定和明确表态的诉讼代理。《民事诉讼法》第五十九条规定，诉讼代理人代为承认、放弃、变更诉讼请求，进行和解，提起反诉或者上诉，必须有委托人的特别授权。

3. 向律师事务所缴纳代理费用。委托人在签订代理合同、并签署了授权委托书后，应依据代理合同约定的代理费用数额向律师事务所缴纳代理费用，并由律师事务所出具统一的发票。

4. 由律师事务所向受案的人民法院开具律师事务所公函，表明律师作为某案件诉讼代理人的身份，以便律师参与诉讼履行代理职责。

律师是否可以转托其他律师代理

代理律师接受委托后，因某种特殊原因和特殊条件无法出庭代理或不适应代理诉讼行为时，在事先征得委托人同意的前提下，可以将委托事项的一部或全部转委托其他律师代理。

律师接受委托后，将委托事项转托其他律师代理应当具备一定的条件，这些条件就是：1. 在代理过程中出现了紧急情况；2. 为了委托人的利益；3. 事先征得委托人的同意。实践中，律师在征得委托人同意的情况下，可以将委托事项转托其他律师代理的主要情况有：

（1）代理律师由于缺乏某种特殊专业知识，而无法代理诉讼中的某一部分活动的，可转委托具有此种专业知识的律师代理；

（2）代理律师接受委托后，因突然发生了天灾人祸的事故，无法亲自出庭代理的，只好转委托其他律师代理；

（3）由于代理律师对异地代理的情况不熟，语言不通，为了维护被代理人的利益，需要转委托当地律师代理；

（4）由于代理律师与代理事件的地点相距太远，亲自前往费用过高，无形之中增加被代理人的经济负担，转托其他律师更为有利；

（5）由于某些特定案件的限制，必须转委托其他律师代理；

（6）其他需要转委托的情况。

有些时候律师因具有上面的情形之一，由于情况紧急未经委托人同意就转委托了其他律师的，事后应当得到委托人的承认或者认可，否则代理律师应对转委托律师的行为负民事责任。

律师的委托代理权的变更、终结

1. 律师代理权限的变更

代理权限的变更，有增大代理权限和缩小代理权限两种情况。如，将一般代理改为特别代理，或将特别代理改为一般代理等。实践中，代理律师的代理权限变更主要是出于委托人参与诉讼的能力和条件等因素的变化。比如本来有能力和条件亲自参加诉讼的委托人由于工作、身体等原因无法继续亲自参加诉讼，而将律师的代理权由一般代理权变为特别代理权；也有的原来无法亲自参加诉讼的委托人由于身体康复或者从外地归来可以亲自参加诉讼，而将律师的代理权限由特别代理变为一般代理。

2. 律师代理权的终结

律师的民事和经济诉讼的代理权限一般是在法院审判案件结束后，或者对案件的判决、裁定、调解协议生效之后即告终结。此外，在诉讼程序进行中，出现下列情形之一，也会导致律师代理权终结：

（1）代理律师因故辞去了代理，委托人因故撤销律师代理；（2）在诉讼过程中，因律师丧失了诉讼能力或死亡；（3）律师在民事诉讼和经济诉讼代理过程中原告死亡，没有继承人，或继承人放弃了诉讼权利；（4）律师在诉讼中代理的被告死亡，没有遗产，也没有应当承担义务的人；（5）律师代理的一方当事人死亡，中止诉讼满 6 个月没有继承人参加诉讼；（6）律师所代理的离婚案件一方当事人死亡。

与律师发生了纠纷应怎样解决

在委托律师代理诉讼的过程中，当事人与律师发生纠纷是常有的事。代理人在代理过程中没有尽到责任会引起当事人的不满，代理人虽然尽了责任但没有把官司打赢会引起当事人的不满；代理人的承诺没有兑现也会引起当事人的不满，但不满意不等于发生纠纷。纠纷是指当事人和律师之间因某些问题发展到无法合作，无法通过协商解决矛盾和冲突的程度。当事人与律师在官司的胜败问题上的意愿应该说是一致的，败诉对当事人是一种压力，代理律师也会感到不光彩或者没面子。问题发生后，双方只有互相理解才能避免矛盾继续扩大。任何当事人委托律师打官司，都是抱着打赢官司的目的而出钱请人的。对于一个家庭比较贫困的当事人来说，一场官司的败诉很可能使他倾家荡产，甚至导致今后的生活陷入绝境。当他的一切希望都化为泡影时，他能不对代理律师产生抱怨吗？一个职业律师承担的工作不只是一个案子，如果代理完一个案子才可以接手下一个案子，那么这个律师将会面临失业的危险。一个律师在同时接手几个案子的情况下，难免会有精力不集中的情况。当事人对律师的工作不满意，可以直接提出来，通过协商找到一个共同解决问题的办法。当事人如果认为这个律师的能力、精力或品行实在无法胜任代理工作，应当考虑中止其继续履行代理协议。中止代理协议，即是解除委托合同，同时也涉及有关费用和相关责任由谁承担的问题。

属于律师失职造成的损害赔偿，必须是律师有过错，如律师因故意或疏忽大意延误了办案时机，丢失了重要证据材料，泄露了当事人重要机密或隐私，在诉讼当中适用法律不当等，其责任应由律师承担。如果是因不可抗力的意外事件或属于委托人的过失造成的损害，律师不承担赔偿责任。律师因违法执业而失职，除应承担损害赔偿责任外，还要承担行政责任，其违法行为构成犯罪的，律师还要承担相应的刑事责任。

损失分为直接经济损失、间接经济损失和精神损失。因律师失职行为给当事人造成损害的，当事人有权要求律师或律师事务所承担赔偿责任。协商不成的，当事人可以通过投诉、仲裁、诉讼三种途径解决。投诉即是委托人可以随时向当地司法行政机关或律师协会写信、打电话或直接反映情况。司法行政机关或律师协会一般都设有投诉信箱和投诉电话。如果委托代理协议中约定通过仲裁解决合同纠纷，或者在纠纷发生后当事人与律师事务所达成了仲裁协议，当事人可以就双方争议的事实向约定仲裁委员会申请仲裁。如果委托代理协议中没有仲裁条款，当事人有权向法院起诉，请求人民法院维护其合法权益。

诉讼证据与时效

证据对诉讼有什么意义

证据是指能够用以证明案件事实真相的客观事实材料。在诉讼（诉讼）过程中，只有客观、全面地掌握了案件的真实情况，才能正确认定案件事实，正确适用法律，及时处理有关的诉讼案件。依据我国有关诉讼法律的规定，用于官司上的证据是一种司法证据，司法证据必须符合三个条件，也可以说必须具备以下三个特征：

1. 客观真实性。所谓客观真实性，是指一切诉讼证据都必须是客观存在的真实情况，是一种不以人的意志为转移的真凭实据，任何主观臆断、推测、假想的情况都不能作为诉讼的证据使用。也就是说，作为司法证据，不论表现为何种形式，其内容必须是客观存在的事实，否则就不能作为证据运用。例如，证人说他看见被告人实施了犯罪，而实际上他根本没有看见。这说明证人证言所反映的内容不是客观事实，因此不能作为证据。证据的这一特点，对于当事人来讲，要求其客观、准确地向法院的审判人员陈述案件的事实情况，不得掩盖和歪曲。对于证人来说，其做证时一定要基于自己听见、看见的情况出证，不能把自己根本没有看到或者听到的事情作为证据向法庭提供。

2. 相关性，也叫关联性。是指诉讼证据中包含的事实与案件所要查明的事实存在逻辑上的联系，用证据事实能够说明案件事实。例如，在货物质量纠纷中，需方对供方货物抽样检验的结果，与货物质量这一案件事实密切相关，检验结果作为证据，能够说明货物质量的好坏。但需方若提出供方经理不守信用，曾拖欠他人货款，则这一事实与案件事实不相关，不能证明供方此次所供货物质量有问题。

3. 合法性。证据的合法性是指依照法律要求和法定程序取得的证据材料，才能作为诉讼证据加以认定。也就是说，司法证据必须是依法取得，依法审查过的证据。实践中，证据的合法性有两方面的含义：一是实体法明确规定某些法律行为必须采取特定形式的，就只能以具备这种法定形式的事实材料，来证明这些法律行为的成立；二是证据的取得必须符合法定程序，以非法手段取得的证据材料不能作为诉讼证据使用。比如收集、审查证据时采取了违法手段，证据就不具有效力。再如在刑事诉讼中以刑讯逼供、威胁利诱或其他非法方法取得的被告人供述、被害人陈述或证人证言，都不能作为认定案件事实的证据。

证据对官司的结局起着至关重要的作用：在刑事官司中，司法机关没有充分确实的证据，就不能认定被告人有罪；如果被告人有确凿的无罪证据，就能从官司的麻烦和困境中解脱出来。在民事官司中，原告如果没有证据证明自己的诉讼主张，其诉讼主张就得不到法院的支持，甚至被驳回起诉；对于原告的指控，被告如果提不出有力的证据加以反驳，就有可能导致败诉的结局。在行政官司中，由于实行举证责任倒置，被告行政机关就应负举证责任，即负有向人民法院提供证据证明其所作出的行政处罚或行政处理决定合法的责任；如果行政机关不能提供有力的证据，就可能被法院判决撤销。因而，当事人认真、全面、客观地搜集证据材料，对取得案件的胜诉具有重要意义。

刑事诉讼证据的种类有哪些

刑事诉讼中的证据，是指能证明案件真实情况的一切事实。任何一起刑事案件发生后，为了准确、及时地揭露犯罪事实，都必须及时、全面地收集证据。

根据《刑事诉讼法》第四十二条的规定，刑事诉讼中的证据包括以下七种：

1. 物证、书证

物证就是能够证明案件真实情况的物品或者物质痕迹，是以其外部特征和特殊属性来证明案件事实或者发挥其证明作用的证据。物证的表现形式很多，实践中主要和经常遇到的有：作案的工具、赃款赃物、脚印、指纹、有犯罪行为产生的非法物品、犯罪嫌疑人遗留的可供查获犯罪嫌疑人的物品等。

书证，就是用文字、符号或者图画记载的内容来证明刑事案件事实的书面材料和其他物品。通过书证可以确定犯罪的性质、查明犯罪嫌疑人，查清犯罪的过程和所造成的后果，从而使整个案件的事实水落石出。实践中常见的书证有能证明各种犯罪活动的发票、合同、文件、日记、信件等。

2．证人证言

证人证言，是指证人就自己亲眼见到或亲耳听到的事实情况向人民法院、人民检察院和公安机关所作的陈述。证人证言是刑事诉讼中最常见的一种证据，通过证人证言可以进一步发现犯罪线索，获取新的证据。如果是在侦查过程中，还可以扩大侦破线索，及时、准确地查获犯罪分子。通过证人证言，还可以揭露犯罪嫌疑人的谎言，证实犯罪，以及通过证人证言，审查、鉴别其他证据的真伪。

3．被害人陈述

被害人陈述，是指犯罪行为的直接受害者向司法机关就有关案情所作的叙述和控诉。被害人是直接遭受犯罪行为侵害的人，他的陈述对破案有非常重要的作用。被害人陈述通常包括下面一些内容：被害人遭受犯罪行为直接侵害的时间、地点、手段、过程、后果；描述犯罪分子的个人特征，如性别、年龄、身高、衣着打扮和体貌特征等；有的甚至可以明确指认或者告发谁是犯罪嫌疑人。

4．犯罪嫌疑人、被告人供述和辩解

犯罪嫌疑人、被告人的供述和辩解，即通常所说的口供，是指犯罪嫌疑人、被告人向司法机关就案情事实所作的交代和供述，具体包括口供和笔供两种。口供具有真实性和虚假性并存的特征，对口供应该进行细致的审查判断。

5．鉴定结论

鉴定结论，是指司法机关为了解决刑事案件中的一些专门性的问题，指派或者聘请具有这方面专门知识和技能的人，进行鉴定后所作出的书面结论。实践中比较常见的鉴定结论包括：法医鉴定，如死亡原因、死亡时间、身体损伤情况确认等；司法精神病鉴定，用以确定犯罪嫌疑人、被告人、被害人、证人的精神状态是否正常等；刑事科学技术鉴定，如指纹、脚印、笔迹、弹痕、毒物、血型、毛发等鉴定；会计鉴定，用以确定账目、单据是否符合会计制度；一般技术鉴定等。经过鉴定做出的鉴定结论是一种建立在科学基础上的证据材料，对于揭发犯罪、证实犯罪，查明案情具有重要意义。

6. 勘验、检查笔录

勘验笔录，是指办案人员对与犯罪有关的场所、物品、尸体等进行勘查、检验后所做的记录。其具体形式包括文字记载、照片和录像等。通过勘验，可以对与犯罪有关的场所、物品、人身、尸体有一个清晰、明确的认识，可以收集和保存物证、书证，推断犯罪活动的情况。

检查笔录，是办案人员为确定被害人、犯罪嫌疑人、被告人的某些特征、伤害情况和生理状态，而对他们的人身进行检验和观察后所作的客观记载。检查笔录以文字记载为主，也可以采用拍照、录像的方法。通过检查，可以确定被检查人当时的某些特征、伤害情况或者生理状态等，为下一步诉讼活动的进行奠定基础。

由于勘验、检查笔录客观地记载了司法工作人员的勘验、检查过程和发现的事实，直接反映了犯罪现场以及有关物证的实际情况，因而其对于正确认定案情，有着十分重要的意义。

7. 视听资料

视听资料，是指以录音、录像所反映的声音和影像，还有电子计算机所存储的有关资料，以及其他高科技手段获取的信息资料，并用来证明案件真实情况的证据。

视听资料是随着现代科学技术的发展而出现的一种新型证据，具有直观性强、信息量大、精密度高和动作、形态连续性强等特点，对于揭露、证实和惩罚犯罪，也具有重要意义。

总之，刑事证据在整个刑事诉讼过程中起着非常重要的作用，从刑事诉讼程序的开始到结束的全过程，办案人员的每一步工作都离不开证据。刑事证据是司法机关查明刑事案件事实的重要手段，是司法机关准确、及时处理案件的基础，也是揭露和制服犯罪分子的有力武器。

刑事辩护律师有权调查取证吗

根据我国《律师法》及《刑事诉讼法》的规定，辩护律师在刑事诉讼中，享有许多诉讼权利，调查取证权是其中重要的权利之一。

辩护律师的调查取证权，是指辩护律师对于自己承办的案件，经有关单位和个人同意，有权向他们调查情况。具体来说，辩护律师的调查取证权包括以下几方面内容：

1. 辩护律师经过证人或者其他有关单位和个人同意，可以向他们搜集、调取与本案有关的材料；

2. 如果证人、有关单位和个人不同意律师调查取证，辩护律师有权申请人民法院搜集、调取，人民法院认为有必要的，应当同意；

3. 对辩护律师直接向人民法院申请搜集、调取证据，人民法院认为辩护律师不宜或者不能向证人或者其他有关单位和个人搜集、调取，并确有必要的，应当同意；

4. 人民法院根据辩护律师的申请搜集、调取证据时，辩护律师可以在场；

5. 辩护律师经人民检察院或者人民法院许可，并经被害人或者其近亲属、被害人提供的证人的同意可以向他们搜集与本案有关的材料；

6. 辩护律师申请向被害人或者其近亲属、被害人提供的证人搜集与本案有关的材料，人民法院认为确有必要的，应当准许。

民事诉讼证据及其种类有哪些

民事诉讼证据，是指能够证明民事案件真实情况的客观事实材料。人民法院在审理民事诉讼案件的过程中，只有掌握充分的证据和足够的事实材料，才能了解案件的事实真相。也就是说，民事诉讼证据在民事诉讼过程中的作用是至关重要的。

根据《民事诉讼法》第六十三条的规定，民事诉讼证据分为以下几种：

1. 书证

书证，是指用以书面文字、符号、图形记载所标识的内容和含义来证明案件待证事实的书面材料。如合同书、结婚证、借据、票据、电报、文凭、书信等。书证在民事诉讼中占有突出的地位，是被普遍和大量采用的一种证据。在提交书证时，一般应提交原件；提交原件确有困难的，可以提交复制品、照片副本、节录本。提交外文书证，必须附有中文译本。非原件书证，应提供原件线索或印证材料。

2. 物证

物证，是指能够证明案件事实的物品和痕迹，它是以自己存在的形态、质量、规格、特征来证明某种法律事实存在或者不存在的证据。因为案件已经发生的事实是客观存在的，它所引起的外界一切事物的变化也是客观存在的，同时物证往往与双方争议的标的物联系在一起。所以物证是最具有说服力的证据，在某些特定的案件中，物证可以直接作为定案的根据。实践中，物证一般也应提交原物，提交原物确有困难的，可提交复制品。

3. 视听资料

视听资料，是通过录音、录像资料和电子计算机存储的资料来证明案件事实是否存在的证据形式。它是将现代的科学技术成果运用到民事诉讼中的一种新的证据，是将电子计算机技术、激光技术、核能技术等成果与案件事实相结合的一种证据形式。

4. 证人证言

证人证言，是指知道案件有关情况的人向人民法院所作的有关案情的如实陈述。证人证言作为一种证据，其内容必须是证人亲眼看见或者亲耳听到的。

5. 当事人的陈述

当事人陈述，指当事人在诉讼中就案件的事实向人民法院所作的陈述和承认。由于当事人本身就是所争议的民事法律关系的主体，案件如何处理与他们有着直接的利害关系，因而当事人的陈述往往既有真实的一面，又有虚伪的一面，必须与其他证据综合研究，正确加以认定，当然也有的当事人拒绝陈述。对于当事人拒绝陈述的，人民法院可以根据其他证据认定案件事实。

6. 鉴定结论

鉴定结论，是指人民法院对民事案件的一些专门性问题，委托或者指定鉴定部门运用专门知识和技能，通过对这些专门性问题的分析、检验、鉴别、判断作出的书面结论。实践中常见的科学鉴定有技术鉴定、文书鉴定、医学鉴定、对行为能力的鉴定等。

7. 勘验笔录

勘验笔录，指勘验人员对双方当事人争议的标的物或者物证，进行现场勘查、检验、测量、绘图、拍照，并将情况和结果如实地记录下来而制作的书面材料。现场勘验一方面可以原原本本地反映案件的真实情况，另一方面也可以对有关证据加以及时收集和采取有效的保全措施。

以上各种民事诉讼证据必须经查证属实，才能作为认定事实的根据。

民事案件的当事人怎样取得诉讼证据

根据我国《民事诉讼法》第六十四条的规定："当事人对自己提出的主张，有责任提供证据"。基于这样一种作为民事诉讼案件的当事人，一般情况下应当注意自己搜集并向人民法院提供有关证据。由于我国《民事诉讼法》规定的民事诉讼证据种类包括书证、物证、视听资料、证人证言、当事人陈述、鉴定结论和勘验笔录，其中除了鉴定结论和勘验笔录需要由鉴定机构的专业鉴定人员和人民法院指派的勘验人员分别做出、当事人陈述只能由当事人自己叙说之外，其他五种证据的取得法律并没有作具体的限制，因而当事人自己也可以搜集、取得这些证据：

1. 书证的收集和取得。由于书证内容广泛，种类繁多，形式多样，也有很多本身就是当事人之间进行民事法律活动的沟通桥梁，以书信、电报、合同书、遗嘱、分家单等等方式保存在当事人或者其亲属的手中。在这种情况下，当事人可以将这些书证直接交给代理律师或者人民法院，来证明自己提出的诉讼主张。如果书证没有在自己手中，当事人可以请求人民法院前去调取，或者由当事人委托的律师依法搜集调取。

2. 物证的收集和取得。由于物证是以自己存在的形态、质量、规格、特征等来证明某种法律事实存在或者不存在的证据，其真实性和可靠性都比较大，因而都应在实施民事法律行为的过程中，或者作为民事案件的当事人，对于存放在自己及其亲友手中的，能够直接反映有关民事活动乃至民事纠纷案件真实情况的物品，在发生纠纷之前就应当妥善保存，在发生纠纷之后特别是在进行诉讼程序之后，及时提交人民法院加以保存，作为定案的根据。

3．视听资料的收集和取得。由于视听资料主要是通过电子计算机的贮存资料和数据、录音、录像的资料来反映案件的真实情况。这种证据形式不仅可以证明民事法律关系的存在与否，而且还是把客观事实固定化和保存下来的一种有效措施，可以说这种证据能够准确地反映当时案件的真实情况，比较可靠，因而需要特别注意的就是将这些资料和数据等有效地固定下来，如将录音带、录像带复制，将计算机中的磁盘信息加以备份等，并在诉讼中将这些证据及时提交人民法院。

4．证人证言的收集和取得。证人证言是了解案件事实的人向人民法院所作的陈述。在平时的生活和一般的民事活动中，行为人实施的有关行为和所说的话，很多情况下有其他人员在场看见或者听见。没有发生矛盾纠纷时，往往谁也不会有什么顾虑，但是一旦发生了矛盾纠纷，特别是闹到需要到法院诉讼的程度，其他的知情人往往就有可能有顾虑而不愿出证，或者在出证时模棱两可，以防得罪人。为避免这种情况出现，当事人可以在诉讼前或者提起诉讼之后，及时委托律师，依照法定程序尽早向那些与自己没有利害关系的知情人调查取证，将有关证据收集到手，并适时提交给人民法院。

行政诉讼证据的种类有哪些

对于公民来讲，证据直接关系到能否打赢行政官司。要收集证据，就要了解在行政诉讼中，法律具体规定了哪些证据。根据《行政诉讼法》第三十一条的规定，行政诉讼证据分为以下几种：

1．书证

书证是指用文字、符号、图画、表格等记录一定的思想内容并以此证明行政案件真实情况的物品。比如罚款单、没收收据、许可证书等都是书证。

书证在行政诉讼中是一种非常重要的证据，由于行政机关在作出某项具体行为时，大都是采用书面的形式，因而一旦要打行政官司，书证就是能够证明有关案件事实的最重要、最直接的证据。

2. 物证

物证是指以其存在的情况、外形特征、内在特性及质量等来证明行政案件真实情况的物品和痕迹，如变质的食品、假药、违章建筑物以及排放的污水，等等。

3. 视听资料

视听资料是指利用录音或者录像磁带所记录并反映的音响和图像，或者以电子计算机储存的资料来证明行政案件真实情况的证据。比如录音带、录像带、传真资料、微型胶卷、电子计算机软盘，等等。

4. 证人证言

证人证言是指那些了解案件有关情况的非本案的诉讼参加人以口头或者书面方式，向人民法院所做的有关案件事实的陈述。证人证言一般是证人以口头的方式在法庭上作出的陈述，但是在特殊情况下，比如证人生病、出国时，也可以向人民法院提交书面证言。

5. 当事人的陈述

当事人陈述是指行政诉讼的当事人就自己所经历或者所看见的事实所作的口头或者书面的陈述。既包括公民、法人或者其他组织就自己经历的案件事实所作的陈述，也包括行政机关向人民法院所作的陈述。

6. 鉴定结论

鉴定结论是指具有专门知识的人应行政机关或者人民法院的聘请或者指派，就与行政案件事实有关的专门性问题所作的结论性的意见。行政诉讼中的鉴定一般有医学鉴定、技术鉴定、文书鉴定等。

7. 勘验笔录、现场笔录

勘验笔录是指人民法院的审判人员或者行政执法人员为了查明一定的事实，对与争议有关的现场、物品进行勘察、测量等工作时制作的笔录。比如交通民警对交通事故现场进行勘验后所制作的笔录。

现场笔录是指行政机关及其工作人员在实施具体行政行为时，对有关的事项当场所作的笔录，如税务机关对拒不纳税的有关公民、法人进行处罚时所作的笔录。

以上证据形式就是《行政诉讼法》所规定的行政诉讼证据的种类，它们必须经人民法院审查属实，才能作为定案的根据。

行政诉讼案件的举证责任

《行政诉讼法》第三十二条规定：“被告对作出的具体行政行为负有举证责任，应当提供作出该具体行政行为的证据和所依据的规范性文件。”据此规定，在行政诉讼案件中，举证责任应由作为被告的行政机关承担。

所谓举证责任，是指由特定的当事人负责对特定的事实或者主张提供证据加以证明的责任。承担举证责任的一方当事人，有责任对自己的主张提供证据，并要经得起对方当事人的反驳和法庭的对质。在行政诉讼中，举证责任由作为被告的行政机关单方承担。其原因在于：

1. 在行政法律关系中，原告和作为被告的行政机关处于不平衡的地位，它们之间是一种管理与被管理的关系。行政机关是作出具体行政行为的主体，其认为作为行政管理相对人的公民、法人或者其他组织的行为违法或者不当时，可以凭借国家赋予的行政管理职权，通过行政处罚和行政强制措施，单方面做出相对人应承担义务和应受到制裁等具体行政行为。这种具体行政行为直接关系到管理相对人的合法权益问题，必须具有法律和事实根据，特别是进入行政诉讼程序之后，如果行政机关举不出自己具体行政行为合法的事实根据和法律根据，则行政机关只能承担败诉的后果。

2. 作为被告的行政机关在取证方面具有比原告更为优越的条件。行政机关对于作出具体行政行为所依据的法律和事实都有比较全面的了解，自然应当承担举证责任。而管理相对人一方对行政机关的具体行政行为所依据的法律和事实却不完全了解，如果让其承担举证责任自然非常困难。

3. 在行政诉讼中由被告承担举证责任，有利于促进行政机关依法行为，更有利于行政机关在行使行政职权时，坚持以事实为根据，以法律为准绳，切实做到“先取证，后裁决”，保证行政执法的质量。

行政机关在行政诉讼中承担举证责任，其调查取证行为是否存在法律限制呢？根据《行政诉讼法》第三十三条的规定，在行政诉讼中，被告不得自行向原告证人收集证据。也就是说，在诉讼过程中，人民法院审查的是作为被告的行政机关在诉讼之前所作出的具体行政行为所根据的事实是否确凿，适用法律、法规是否正确，这就要求行政机关举出的证据应当是其在行政程序中收集和调查的证据，不是在诉讼程序开始后收集取得的。所以被告行政机关及其代理律师在诉讼过程中都不得调查取证。即使有的行政机关违反上述规定，自行向原告或者原告方的证人收集了证据，人民法院也不能将其作为定案的根据。

人民法院对律师调取的证据应如何处理

根据我国《律师法》及有关诉讼法的规定，律师在办理各类诉讼案件过程中，享有调查权。对于律师依法调查取证获得的证据材料，人民法院应当依法妥善处理。具体包括：

1. 律师向人民法院正式提出的书面证据，人民法院必须入卷，其他与本案有关的材料，人民法院认为必要时也应入卷；

2. 对于律师提供的证据材料，人民法院认为必要时，可以自行查证核实或者送交侦查机关查证核实，以便定案时查考。

证据保全是怎么回事儿

证据保全，是指为了避免证据灭失或以后难以取得，人民法院对诉讼证据采取的一项保护措施。要了解证据保全就应当知道当事人在什么条件下可以申请证据保全，人民法院对证据进行保全的措施有哪些方面的问题。

根据我国有关诉讼法的规定，证据保全可以由当事人向人民法院提出申请，也可以由人民法院依职权采取保全措施。不论由于哪一种前提导致人民法院采取证据保全措施，都必须具备两个条件：

1. 保全的证据必须与案件有关联。即所保全的证据证明的是案件的基本事实或者重要情节，能够直接对案件的事实加以佐证。

2. 证据确有灭失的危险或以后可能难以取得。比如作为证据的物品随时都有腐烂、变质的可能，如不及时保全，该证据就有灭失的危险。

在遇到需要进行证据保全的情况时，当事人及其诉讼代理人应当向人民法院提出证据保全的书面申请，法院对该申请书内容进行审查，并作出是否采取证据保全的裁定；法院也可依职权主动采取保全措施。在具体采取保全措施时，人民法院可根据不同的证据，采取不同的保全措施。比如：对于书证，可以采取拍照、录像或复制等方法进行保全；对于物证的保全，可以由人民法院进行勘验、绘图、拍照或保存原物等；对于证人证言，可采用书面、自述的方式等进行保全。

民事诉讼中的举证责任

根据《民事诉讼法》第六十四条的规定，民事诉讼中的举证责任分担，包括以下两种情况：

1. 一般情况下，当事人对自己提出的主张，有责任提供证据。也就是说，当事人在诉讼中，对自己所主张的事实，有提供证据加以证明的责任。不论是原告还是被告、第三人，也不论是当事人双方都是一人的诉讼当事人还是共同诉讼人、诉讼代表人，都负有举证责任。

2. 特殊情况下，人民法院也负有调查收集证据的责任。应当由人民法院调查收集的证据有两种：一种是当事人及其诉讼代理人因客观原因不能自行收集的证据；另一种是人民法院认为审理案件需要的证据。

此外，根据最高人民法院的司法解释，由人民法院负责调查收集的证据，除了当事人及其诉讼代理人因客观原因不能收集的以外，还包括人民法院认为需要鉴定或者勘验的、当事人提供的证据互有矛盾、无法认定的以及人民法院认为应当由自己收集的证据。

证人作证应当具备什么条件

依据《刑事诉讼法》和《民事诉讼法》的规定，凡是知道案件情况的人都可以充当证人。有的当事人明知自己的亲朋好友知道案件情况，但不敢将他们作为证人提供给司法机关，认为司法机关不会相信这种证人。有的当事人则对对方当事人的亲属或有共同利害关系的人出庭作证大加责难。认为这些人不能作为证人，这样都是误解。证人与当事人的特殊关系可能影响证言的可信程度，但只要知道案情，就不影响他们作为证人的资格。

根据《刑事诉讼法》第四十八条规定："生理上、精神上有缺陷或者年幼，不能辨别是非、不能正确表达的人，不能作证人。"《民事诉讼法》第七十条规定："不能正确表达意志的人，不能作证。"对于我国《刑事诉讼法》及《民事诉讼法》的上述规定，在审判实践中应当正确理解并加以运用。通常情况下，作为证人应当具备以下条件：

1. 看见或者听见了案件的事实情况；
2. 精神、智力正常，能够辨别是非；
3. 能够正确表达意志。

证人证言通常应当是证人通过言词表达的形式对案件情况所作的正确陈述，看见或者听见了案件的事实情况，这是作为证人的一个前提条件。至于能否实际作为证人出证的衡量标准是该人是否能辨别是非、是否能够正确表达意志，而非单纯考虑年龄或者生理情况。比如生理上有缺陷的聋哑人、盲人，虽然其由于生理的缺陷无法看见或者听见，但是只要其精神状态是正常的，也能通过一定方式正确表达自己的意志，就可以作为各类诉讼案件的证人出庭作证。未成年人就与其年龄、知识面相适应的有关事实，可以出证。也就是说，聋哑人可以就其看见的事实通过手语方式进行作证；盲人可以就其听见的内容进行作证。但如果是精神、智力方面有缺陷的人，如精神病人、痴呆患者就不能作为证人。另外，证人只能是自然人，单位、组织不能成为证人。在民事诉讼中，与当事人有利害关系的人一般也不能作为证人。

什么是诉讼时效

“时效”一词，在刑事诉讼和民事诉讼中都能碰上，但含义不同。在刑事诉讼中称为“追诉时效”，是指法律规定的对犯罪分子追究刑事责任的有效期限。超过追诉期限的，就不再追究刑事责任；已经追究的，应当撤销案件，或者不起诉，或者终止审理。在民事诉讼中称“诉讼时效”，是指民事诉讼中权利人请求人民法院保护自己的合法民事权益的法定期限。超过了诉讼时效，虽可提起诉讼，但所主张的权利则不受法律保护。

诉讼时效分一般诉讼时效和特殊诉讼时效，一般诉讼时效是在一般情况下普遍适用的诉讼时效。根据《民法通则》第一三五条的规定，享有民事权利的人一般是在知道自己权利受到侵害的二年之内，就应当向人民法院提起诉讼，逾期后，其民事权利将不受法律保护。特殊诉讼时效是针对某些特殊的民事法律关系所规定的时效期间，分短期诉讼时效、最长诉讼时效。《民法通则》第一三六条规定了诉讼时效期间为一年的四种情况：1. 身体受到伤害请求赔偿的；2. 出售质量不合格的商品未声明的；3. 延付或拒付租金的；4. 寄存财物被丢失或者损毁的。《民法通则》第一三七条规定了最长诉讼时效期间为 20 年。最长诉讼时效的期间是从权利被侵害时开始计算，即使权利人不知道自己的权利被侵犯，人民法院也只在 20 年的期限内予以保护。

什么是刑事案件的追诉时效

所谓追诉时效，是指我国《刑法》规定的对犯罪分子追究刑事责任的有效期限。超过法定期限，除法定最高刑为无期徒刑和死刑的，经最高人民检察院核准必须追诉的以外，都不得再追究犯罪人的刑事责任。已经追究的，应当撤销案件，或者作出不起诉决定，或者终止审理。

根据我国《刑法》罪刑相适应的基本原则，刑罚的轻重应与犯罪行为对社会危害性的大小成正比，而追诉时效期限的长短又应与刑罚的轻重成正比。这就是说，犯罪的社会危害性大，法定刑就重，追诉时效的期限就应长些；

反之，犯罪行为的社会危害小，法定刑就轻，追诉时效的期限就应短些。我国《刑法》第八十七条就是依据此原则规定了对各种犯罪的追诉时效的期限。

根据我国《刑法》第八十七条的规定，对犯罪的追诉时效期限分为以下四个档次：

1. 法定最高刑为不满 5 年有期徒刑的，追诉的期限为 5 年；

2. 法定最高刑为 5 年以上不满 10 年有期徒刑的，追诉的期限为 10 年；

3. 法定最高刑为 10 年以上有期徒刑的，追诉的期限为 15 年；

4. 法定最高刑为无期徒刑、死刑的，追诉的期限为 20 年。20 年以后认为必须追诉的，须报请最高人民检察院核准。

从我国《刑法》分则对于某些罪的法定刑的规定方法看，有的采用在一个条文中分为几款的方法，有的采用分为几个量刑幅度的方法。因而需要正确理解“法定最高刑”一词的含义。《刑法》修订后，最高人民法院对此问题没有作出新的司法解释，但可以参照最高人民法院 1985 年 8 月 21 日在《关于人民法院审判严重刑事犯罪案件中具体应用法律的若干问题的答复》中所作的解释，对“法定最高刑”应当分别不同条文的情况分别理解：①如果刑法条文对于某罪只规定了一条一款且只有一个量刑幅度，应以该罪的法定最高刑为标准，来确定追诉时效的期限；②如果在一款中规定了几个量刑幅度，则应以具体罪行应当适用的量刑幅度的法定最高刑为标准，来确定追诉时效的期限；③如果在一个条文中分为几款，有的款为一个量刑幅度，有的款为几个量刑幅度，则应以具体罪行应当适用的款，或者款中的量刑幅度的法定最高刑为标准，来确定追诉时效的期限。

什么是民事案件的诉讼时效

按照《民事诉讼法》和《民法通则》的规定，当事人在进行民事诉讼和人民法院审理案件时均有时间限制的规定，其中关于诉讼时效的规定对于当事人来说尤为重要，因为是否超过诉讼时效关系到当事人的权利能否受到法院保护。

所谓诉讼时效，是指法律规定的权利人请求人民法院保护民事权利的有效期限，权利人在法定期间内不行使请求权，即丧失依诉讼程序强制义务人履行义务的权利。这里所说的法定期间，就是诉讼时效期间，权利人在该期间内有权请求人民法院保护其权利。诉讼时效期间届满，权利人就丧失了胜诉权，权利人可以向法院主张权利，但其主张在实体上不再受法律保护。根据有关司法解释，当事人超过诉讼时效期间起诉的，人民法院应予受理。受理后查明无中止、中断、延长事由的，判决驳回其诉讼请求。

根据我国《民法通则》的规定，诉讼时效的期间主要包括两种情形：一是一般诉讼时效；二是特殊诉讼时效。

一般诉讼时效，又叫作普通诉讼时效，是指由民法典统一规定的、普遍适用于一般民事法律关系的诉讼时效。我国《民法通则》第一三五条规定，一般诉讼时效为 2 年。按照《民法通则》第一三五条的规定，一般情况下，向人民法院请求保护民事权利的诉讼时效期间为 2 年，自权利人知道或者应当知道其权利受到侵犯之日起计算。在这两年里，应当向法院起诉，否则就丧失了胜诉权。例如，甲有两个女儿乙和丙，甲和乙住在一起。甲于 2000 年 5 月去世，乙把父亲留下来的房产和其他财产全部占为已有，丙很生气，但因为工作繁忙一直没有去找乙谈遗产的事。2003 年 1 月，丙起诉乙要求继承父亲的遗产。在这种情况下，丙超过诉讼时效提出继承要求，法院将驳回其诉讼要求。

特殊诉讼时效，是指由法律、法令、条例特别规定的，使用与某些特定民事法律关系的诉讼时效。特殊诉讼时效也包括两种具体情况：一是由民法典加以列举规定，如我国《民法通则》第一三六条下列情形诉讼时效期间为一年：1. 身体受到伤害要求赔偿的；2. 出售质量不合格的商品未声明的；3. 延付或拒付租金的；4. 积存的财物被丢失或损毁的。二是由单性法规或者条例加以规定。如我国《铁路货物运输规程》第四十七条规定：铁路同发货人相互之间对事故的赔偿和退补运费的诉讼时效期间为 180 天。

除了上述两种诉讼时效期间外，考虑到现实生活中的种种复杂情况，为了及时结束某些民事法律关系的不确定状态，从而稳定财产关系和社会经济秩序，《民法通则》还规定了最长诉讼时效为 20 年，从知道或者应当知道权利被侵害时计算，20 年期满，不管有什么理由，法院一般不会予以保护，也不会予以延长。

什么是诉讼中的送达 其方式有哪几种

送达，是指人民法院按照法定的方式，将诉讼文书送交到当事人和其他诉讼参与人的行为。人民法院送达诉讼文书，必须采取合法的方式，以直接送达本人为原则。只有本人不在，才能交给与他同住的成年家属。受送达人已向人民法院指定代收人的，交代收人签收。送达时，都要有送达回证。收件人收到送达的文书后，必须在送达回证上签名或盖章。

根据我国有关法律的规定，送达的方式有直接送达、留置送达、邮寄送达、委托送达、转交送达和公告送达等。送达应以直接送达为主要方式，如果不能以直接送达的方式送达，则按顺序以其他方式送达。

1. 直接送达

直接送达，也称送达人送达，是指由人民法院的工作人员直接将应送达的诉讼文书和法律文书交给受送达人本人，或其诉讼代理人、成年家属和其指定的代收人。

直接送达的送达人必须是法院的工作人员，托他人代送的不是直接送达。直接送达以将应送达的文书交给受送达人本人为原则，本人不在时，交与其同住的成年家属签收，如果受送达人已向法院指定了代收人的，交代收人签收。送达时交受送达人的成年家属或代收人签收的，与受送达人本人签收具有同等效力。

2. 留置送达

留置送达，是指在应接受送达文书的人无法律上的理由而拒绝接受对其送达的文书时，由送达人将应送达的文书留置于送达场所的送达方式。采用这种送达方式，必须以应接受送达文书的人无法律上的理由而拒绝接受对其送达的文书为前提。留置送达的具体方式，就是由送达人邀请受送达人所在的基层组织的代表或其他证人到场，说明情况，将应送达的文书留在受送达人的处所，并在送达回证上写明拒收事由、见证人姓名、送达日期，由送达人、见证人签名或盖章，至此即为送达完毕。留置送达与直接送达具有同样的效力。

3. 委托送达

委托送达，是指受诉人民法院在直接送达有困难时，将应由自己送达的诉讼文书委托有关人民法院代为送达的送达方式。委托送达是一种补充的送达方式，其前提条件是受诉人民法院直接送达有困难，因而委托受送达人所在地的人民法院代为送达，受委托的法院应协助、配合做好送达工作。委托送达与直接送达具有同等效力。

4. 邮寄送达

邮寄送达，是指人民法院将所送达的文书通过邮局挂号信寄给受送达人的一种送达方式。这也是人民法院在直接送达有困难时采用的送达方式。邮寄送达应由人民法院工作人员直接交寄邮局，以受送达人的挂号回执上注明的收件日期为送达日期。

5. 转交送达

转交送达，是指由受送达人所在单位将文书转交受送达人的送达方式。在一般情况下，送达文书应交受送达人，但在有些情况下，需通过受送达人所在单位代为转交，其主要包括：

（1）受送达人是军人的，要通过其所在部队团以上单位的政治机关转交。

（2）受送达人是被监禁或被劳动教养的，要通过其所在监所、劳动改造单位或劳动教养单位转交。

代为转交的单位收到送达文书后，有义务立即交受送达人签收。转交送达，以受送达人签收的日期为送达日期，而不以人民法院交付转交单位的日期为送达日期。

6. 公告送达

公告送达，是指人民法院以公告的方式，将应送达的诉讼文书和法律文书告知受送达人。公告发出后经一定的时间即发生送达的法律效力。公告送达是在无法通过采取其他送达时所采取的一种补救的送达方式。公告送达的前提条件是受送达人因下落不明，或者有无法联系的其他情况而不能采取其他送达方式。

公告送达可以运用登报、广播、张贴告示等方法进行，自公告发出之日起满60日即视为送达，公告送达与其他的送达方式具有同等的效力。

人民法院无论采取哪种送达方式，都应当有送达回证。送达回证是人民法院按照法定格式制作的，用以证明人民法院完成送达行为的书面凭证。它能证明人民法院与受送达人之间已发生送达法律关系这一事实。送达回证的主要内容包括：被送达文书的名称，送达的处所及时间，送达人和被送达人的签名或盖章，等等。送达回证上的签收日期就是送达日期。送达回证是诉讼过程中的诉讼资料，应带回法院附卷存查。

诉讼中的强制措施有哪些

在刑事诉讼中，强制措施只对刑事被告人适用。公安机关、检察院和法院都有权根据被告人的不同情形采取不同的强制措施。根据我国《刑事诉讼法》的规定，刑事诉讼强制措施有拘传、取保候审、监视居住、拘留、逮捕五种，逮捕是其中最为严厉的一种。

1. 拘传

拘传，是指人民法院、人民检察院和公安机关强制犯罪嫌疑人、被告人到案接受讯问的一种强制措施。在我国刑事诉讼中，拘传一般适用于经人民法院、人民检察院和公安机关合法传唤后，无正当理由而拒不到案的犯罪嫌疑人或者被告人。其中传唤不是拘传的必经程序。拘传时应当使用《拘传证》，并向被拘传人出示。拘传持续的时间最长不得超过12小时，并且不得连续拘传。

2. 取保候审

取保候审，是指人民法院、人民检察院和公安机关，责令犯罪嫌疑人、被告人提出保证人或者缴纳保证金，担保犯罪嫌疑人、被告人不逃避侦查、起诉和审判并随传随到的一种强制措施。取保候审的主要适用范围是：

（1）可能判处管制、拘役或者独立适用附加刑的；（2）可能判处有期徒刑以上刑罚，采取取保候审措施不致发生社会危险的；（3）对依法应当逮捕但患有严重疾病的或者正在怀孕、哺乳自己婴儿的妇女；（4）经公安机关拘留审查，需要逮捕但证据还不充分的；（5）犯罪嫌疑人、被告人被羁押的案件，不能在法定的侦查羁押、审查起诉、一审、二审期限内办结，需要继续查证、审理的。

采取取保候审措施，有两种具体的保证方式：一是由犯罪嫌疑人、被告人提出保证人，由保证人担保；二是由犯罪嫌疑人、被告人缴纳指定金额的保证金，实行财产保。取保候审的期限最长不得超过12个月。

3. 监视居住

监视居住，是指人民法院、人民检察院和公安机关，责令犯罪嫌疑人、被告人不得离开指定区域，并对其行动加以监视的一种强制方法。适用监视居住措施的条件和适用取保候审的条件相同。监视居住的期间最长不得超过6个月。

4. 拘留

拘留，又称刑事拘留，是指公安机关、人民检察院在紧急情况下，对罪该逮捕的现行犯或重大犯罪嫌疑分子，直接采用的临时限制人身自由的强制措施。拘留适用于以下几种情况：

（1）正在预备犯罪、实行犯罪或者在犯罪后即时被发觉的；（2）被害人或者在场亲眼看见的人指认他犯罪的；（3）在身边或者住处发现有犯罪证据的；（4）犯罪后有企图自杀、逃跑或者在逃的；（5）有毁灭、伪造证据或者串供可能的；（6）不讲真实姓名、住址、身份不明的；（7）有流窜作案、多次作案、结伙作案重大嫌疑的。

公安机关对犯罪嫌疑人实行拘留时，必须向被拘留的人出示拘留证。刑事拘留后提请批捕的期间一般为3天，在特殊情况下可以延长1日至4日。对于流窜作案、多次作案、结伙作案的重大嫌疑分子，提请批捕的时间可以延长至30日。人民检察院应在7日内作出批准逮捕或者不批准逮捕的决定。不批准逮捕的，公安机关必须将被拘留的人释放或者变更强制措施。

5. 逮捕

逮捕是人民法院、人民检察院和公安机关，对犯罪嫌疑人、被告人采取的全面限制人身自由的一种强制方法。是刑事强制措施中最为严厉的一种。逮捕适用于“有证据证明有犯罪事实，可能判处有期徒刑以上刑罚，采取取保候审、监视居住等方法，尚不足以防止发生社会危险性，而有逮捕必要的犯罪嫌疑人、被告人。”逮捕由人民检察院批准或者由人民法院决定，由公安机关执行。公安机关执行逮捕时，必须出示逮捕证，并由被逮捕的人在逮捕证上签名或者按手印。一般情况下，逮捕后的侦查羁押期限不得超过2个月；案情复杂、期限届满不能侦查终结的案件，可以经上一级人民检察院批准延长1个月。但对于边远地区的重大复杂案件、重大的犯罪集团案件、流窜作案的重大复杂案件和犯罪涉及面广、取证困难的重大复杂案件，经省、自治区、直辖市人民检察院批准，可以延长2个月。对于犯罪嫌疑人可能被判处10年有期徒刑以上刑罚，依照前述延长期限届满，仍不能侦查终结的，经省、自治区、直辖市人民检察院批准或者决定，可以再延长2个月。因为特殊原因，在较长时间内不宜交付审判的特别重大复杂的案件，由最高人民检察院报请全国人民代表大会常务委员会批准延期审理。

采取一定的刑事强制措施，就可以防止被告人的社会危险性的发生，保证侦查、起诉、审判的顺利进行。

在民事、行政诉讼中，为了排除妨害，确保审判工作的顺利进行，《民事诉讼法》和《行政诉讼法》都规定了对当事人和其他人妨害诉讼行为的强制措施。

妨害民事诉讼强制措施有拘传、罚款、拘留、训诫和责令退出法庭五种。拘传只适用于经过两次合法传唤无正当理由拒不到庭的被告。罚款、拘留可以适用于任何妨害诉讼情节严重的人拘留的日期为15日以下。训诫、责令退出法庭适用于违反法庭规则的人。对个人的罚款金额为1000元以下，对单位的罚款为1000元以上3万元以下。

妨害行政诉讼的强制措施有训诫、责令具结悔过、罚款、拘留四种。罚款为1000元以下，拘留为15日以下。

诉讼程序与执行

法院的两审终审制

两审终审制，是指我国地方各级人民法院审理各类案件，经过两级人民法院的两次审理即告终结的制度。我国人民法院分四级，即：最高人民法院、高级人民法院、中级人民法院、基层人民法院。根据我国人民法院的设置情况，指除了最高人民法院第一审判决或裁定就是终审判决和裁定外，其他的一般案件，可经过两级法院审理，二审人民法院审理后作出的判决或裁定，就是终审的判决或者裁定。比如，县级人民法院审判的第一审案件，如果当事人不服，或者同级人民检察院认为，第一审的判决或裁定确有错误，就可以向中级人民法院上诉或抗诉。中级人民法院则对该案进行第二次审理，作出的判决或裁定，就是终审的判决或裁定，对终审的判决和裁定，不准上诉或者按二审程序提出抗诉。四级两审制，就是我国人民法院虽然有四级，但对一般的案件，最多只能审理两次的审级制度。

我国为什么规定两审制，而不搞三审制、四审制呢？这是因为二审法院不仅要全面审理案件事实，而且要审查适用法律是否正确。经过二审，案件能得到正确的解决。如果审级过多，手续烦琐，就会使诉讼迟滞。再加上我国地域辽阔，有的地方交通不便，会给当事人带来许多困难，浪费时间、精力和费用。

适用一审程序审理案件的规定

第一审程序，是人民法院根据当事人的起诉、自诉或者检察机关的公诉，依法对该案进行第一次审理所应当适用的程序。第一审程序也叫一审程序或初审程序。不管是《刑事诉讼法》，还是《民事诉讼法》《行政诉讼法》，对一审程序均有详细规定。

1. 人民法院审判第一审刑事公诉案件，一般分以下七个具体步骤：(1) 对检察院提起的公诉进行审查。(2) 对于决定开庭审理的，要做好审理前的各项准备工作。(3) 宣布开庭。(4) 法庭调查。(5) 法庭辩论。(6) 被告人的最后陈述。(7) 评议和宣判。

2. 人民法院审判第一审自诉案件，其程序基本与公诉案件相同。但也有以下三点不同之处：(1) 对自诉案件，人民检察院不派人出庭。(2) 对自诉案件，人民法院一般可以进行调解；自诉人可以与被告人随时和解，或者在宣判前撤回自诉。但根据《刑事诉讼法》第一七二条规定，对于被害人有证据证明对被告人侵犯自己人身、财产权利的行为应当依法追究刑事责任的案件不能适用调解。(3) 被告人在宣判前可以反诉。

3. 基层人民法院对轻微的刑事案件和告诉才处理的案件，可以适用简易程序。适用简易程序审理的案件，应在20日以内审结。

4. 人民法院审判第一审民事（经济）案件，按照《民事诉讼法》的规定，可以因不同的案件而适用以下不同的程序：(1) 普通程序。(2) 简易程序。(3) 特别程序。(4) 督促程序。(5) 公示催告程序。(6) 企业法人破产还债程序。

5. 人民法院审判第一审行政案件，在审判程序制度等方面，都要按《行政诉讼法》的规定进行审判，但由于《行政诉讼法》对行政案件的具体问题规定较细，对于许多与民事案件有共同点的问题，规定较少，甚至未作规定。对这些未作规定的问题，审理案件时仍应参照《民事诉讼法》的规定，即参照民事诉讼中的普通程序进行审判。但要注意，《行政诉讼法》已有明确规定的，必须适用《行政诉讼法》。比如：不适用调解；不搞独任审判，都应组成合议庭；审限为3个月，而不是6个月，等等。

适用二审程序审理案件的规定

第二审程序，是一审人民法院的上一级人民法院根据当事人或者人民检察院对于一审未生效的判决或裁定提出的上诉或抗诉，依法对该案进行第二次审理所应当适用的程序，它也叫上诉审程序和终审程序。不管是《刑事诉讼法》，还是《民事诉讼法》《行政诉讼法》，都有关于二审程序的规定，法律对一、二审程序的规定，既有相同之处，又有许多不同点，其主要的不同点表现有：

1. 二审可以采取书面审的方式。即有些案件可以不传唤当事人、证人、鉴定人，不进行法庭调查和辩论，合议庭只根据案卷材料进行审理，经评议后即可作出终审判决，而一审不能这样进行。

2. 二审不能独任审判，必须组成合议庭进行审理；合议庭成员没有人民陪审员。

3. 案件的二审，如果是因被告人上诉引起的，则不得加重对被告人的刑罚等等，这就是我们常说的上诉不加刑的原则。

适用审判监督程序对案件进行再审的规定

审判监督程序，是人民法院对于已经发生法律效力的判决、裁定或调解，发现确有错误，进行立案再审的程序。也叫再审程序。

人民法院对案件审理之后作出裁判，这是十分严肃的事情，所以，对已经发生法律效力的判决、裁定或调解，即使发现了确有错误，也不能随便再审改判。对于如何决定立案再审，再审时如何审理，法律都作了明确规定。可以提起再审的情况，法律规定了以下三种：

1. 各级人民法院在接待申诉、信访和检查案件质量等活动中，发现本院已经发生法律效力的判决、裁定或调解确有错误，需要再审的，由院长提交本院审判委员会讨论决定。

2. 最高人民法院对全国的各个法院、上级人民法院对下级人民法院已经发生法律效力的判决、裁定和调解，发现确有错误，有权提审或者指令下级人民法院再审。

3. 对于刑事案件，最高人民检察院对全国各个法院、上级人民检察院对下级人民法院已经发生法律效力的判决、裁定和调解，发现确有错误，有权按照审判监督程序提出抗诉。依照上列规定决定提起再审的，应有正式的司法文书，如本院决定提起再审的裁定书、指令下级法院再审裁定书、抗诉书等。

对于再审的案件，适用什么程序进行审理，法律有明确规定。即：再审应当另行组成合议庭进行，而不能由原合议庭审理；再审的案件，如果原来是一审的，应当依照第一审程序审判，所作的判决、裁定，可以上诉、抗诉；如果原来是二审案件，或者是上级法院提审的案件，应当依照第二审程序进行审判，所作的判决、裁定，是终审的判决、裁定。

当事人如何向人民法院申请再审

实践中，各种案件经过两级人民法院的审理，作出的判决就发生法律效力了，当事人应当按照判决书所确定的权利义务加以执行或者履行。但如果当事人认为法院已经生效的判决或者裁定确有错误，也可以申请再审，通过提起审判监督程序，由人民法院按照审判监督程序对案件重新审理，来纠正原来的错误判决或者裁定，以维护自己的合法权益。

1. 刑事案件的申诉

根据《刑事诉讼法》第二〇三条和第二〇四条的规定，当事人及其法定代理人、近亲属，对已经发生法律效力的判决、裁定，可以向人民法院或者人民检察院提出申诉，但是不能停止判决、裁定的执行。如果当事人及其法定代理人、近亲属的申诉符合下列情形之一，人民法院就应当重新对案件进行审判：（1）有新的证据证明原判决、裁定认定的事实确有错误的；（2）据以定罪量刑的证据不确实、不充分或者证明案件事实的主要证据之间存在矛盾的；（3）原判决、裁定适用法律有错误的；（4）审判人员在审理该案件的时候，有贪污受贿、徇私舞弊、枉法裁判行为的。

2. 民事案件的申请再审

根据《民事诉讼法》第一八二条和第一七九条的规定，当事人提出再审应当具备以下条件：第一，再审请求必须在法定时间内提出，即当事人申请再审，应当在判决、裁定发生法律效力后的 2 年以内提出。超出 2 年的，即使再审理由很充分，也不能引发再审程序。第二，除了上述的时间条件外，再审申请的提出还必须符合下列法定情形之一：（1）有新的证据足以推翻原判决、裁定的；（2）原判决、裁定认定事实的主要证据不足的；（3）原判决、裁定适用法律有错误的；（4）人民法院违反法定程序，可能影响案件公正判决、裁定的；（5）审判人员在审理该案件时有贪污受贿，徇私舞弊，枉法裁判行为的。当事人针对调解书，只有在两种情况下，才可能实际引发再审程序：①调解中违反当事人自愿调解的原则，调解协议是在法院或者他方当事人的强制之下形成的；②调解协议的内容违反法律规定的。第三，申请再审的范围也有一定的限制，对于涉及身份关系的发生法律效力的判决，不得申请再审。

适用《民事诉讼法》特别程序的案件

民事诉讼中的特别程序，是人民法院依照《民事诉讼法》的规定，审理特殊类型案件所依法适用的一种专门程序。

这种程序只适用于以下四种案件：1. 选民资格案件；2. 宣告失踪或者宣告死亡案件；3. 认定公民无民事行为能力或者限制民事行为能力案件；4. 认定财产无主案件。这四种案件，不属民事权益争议，所以适用特别程序，实行一审终审，当事人不得上诉。审理时，除了选民资格案件或者重大、疑难的案件，应由审判员组成合议庭之外，其他案件由审判员一人独任审理。适用特别程序审理的案件，由基层人民法院管辖，没有人民陪审员参加。

民事案件最常用的程序

人民法院审理民事案件最常用的程序就是普通程序。民事诉讼中的普通程序，是人民法院审理第一审民事案件通常适用的审判程序。这种程序的普通性是指与民事诉讼中的简易程序和特别程序相对而言，它是最完整的程序，因此，也是其他审判程序的基础，比其他程序适用更广泛。普通程序包括以下主要步骤和内容：

1. 起诉和受理

引发第一审普通程序，首先要由原告向人民法院起诉，而人民法院经过审查受理原告的起诉。

根据《民事诉讼法》第一〇八条规定，起诉必须同时具备以下四个条件，人民法院才能受理：（1）原告是与本案有直接利害关系的公民、法人和其他组织；（2）有明确的被告；（3）有具体的诉讼请求和事实、理由；（4）属于受诉法院管辖的民事、经济案件。对于原告递交的起诉状，人民法院要经审查之后才能决定是否受理。审查期限为7天；审查的依据是法律规定的上述四个条件。不得把基层组织、有关单位是否进行过调解、原告有无介绍信等法律没有规定的条件作为决定是否受理的条件。经审查，对于不符合受理条件的，要在7日之内裁定不予受理；对于符合受理条件的，要在7日之内通知当事人。

2. 审理前的准备

人民法院受理原告的起诉后，需要做的审理前的准备工作具体有以下几项：（1）将起诉状副本交被告，并限期答辩；（2）认真审阅诉讼材料；（3）调查研究，收集证据；（4）审查当事人是否具有诉讼主体资格；（5）合议庭组成人员确定后，应在3日内告知当事人；（6）如有必要，人民法院依其职权或根据当事人的申请，采取财产保全和先予执行措施，等等。

3. 调解

根据当事人自愿的原则，在事实清楚的基础上，分清是非，进行调解。只要能调解结案的，则不用判决；如果调解不成，或者调解书送达前一方反悔的，人民法院应当及时判决。

4. 开庭审理

人民法院开庭审理民事案件可分以下几个阶段：

（1）开庭审理前的准备。包括：在开庭3日前，通知当事人和其他诉讼参与人；公开审理的，应当公告当事人姓名、案由和开庭的时间、地点，允许群众旁听；写出开庭审理提纲等。（2）审理开始。查明当事人和其他诉讼参与人是否到庭；宣布法庭纪律；核对当事人；宣布案由；宣布审判人员、书记员名单；告知当事人有关的诉讼权利和义务；询问当事人是否申请回避。

(3) 法庭调查。通过对所有到庭当事人、法定代表人、第三人、法定代理人、共同诉讼人、鉴定人、证人的询问，对案件的全部事实进行当庭审查核对。(4) 法庭辩论。其顺序一般是：原告及其诉讼代理人发言，被告及其诉讼代理人答辩，第三人及其诉讼代理人发言或答辩，然后是互相辩论。(5) 辩论结束可再次调解，调解不成应当及时判决。(6) 如遇当庭解决不了或者有其他情形的，可延期开庭审理。须延期审理的情况有以下几种：必须到庭的当事人和其他诉讼参与人，有正当理由没有到庭的；当事人临时提出申请回避的；需要通知新的证人到庭，调取新证据，重新鉴定、勘验，或者需要补充调查的；其他应当延期的情形。(7) 法庭笔录的宣读和签名。书记员记录的法庭笔录，应当当庭宣读，也可告知当事人和其他诉讼参与人当庭或者在5日内阅读。当事人和其他诉讼参与人对笔录有权申请补正。法庭笔录，除了审判人员、书记员签名外，当事人和其他诉讼参与人也应签名或者盖章。

5. 判决和裁定

判决和裁定的产生程序如下：(1) 合议庭进行评议。对重大疑难案件，经合议庭评议提出意见后，由院长提交审判委员会讨论决定。审判委员会的决定，合议庭必须执行。 (2) 需要判决的案件，应经庭长和院长审核。(3) 按最高人民法院规定的格式，制作判决书和裁定书。(4) 宣判。可以当庭宣判，也可定期宣判。当庭宣判的，在10日内送达裁判文书；定期宣判，应当宣判后即送达。

根据《民事诉讼法》第一三五条规定，人民法院适用普通程序审理的案件，应当在立案之日起6个月内审结。有特殊情况，经本院院长批准，可延长6个月；还需延长，则应报请上级人民法院批准。

案件的延期审理与中止诉讼

1. 延期审理

延期审理，是指人民法院在已经通知当事人、其他诉讼参与人和公告开庭审理日期后，或者在开庭时，由于出现法律规定的原因，而另定日期对案件进行审理。延期审理不能随便决定，而必须具有法定的情形。根据《民事诉讼法》第一三二条的规定，有下面情形之一的，可以延期开庭审理：（1）必须到庭的当事人和其他诉讼参与人有正当理由没有到庭的；（2）当事人临时提出回避申请的；（3）需要通知新的证人到庭，调取新的证据，重新鉴定、勘验，或者需要补充侦查的；（4）其他应当延期的情形。

2. 诉讼中止

诉讼中止，是指在诉讼进行之中，由于发生某种特定原因，使诉讼程序暂时停止。根据《民事诉讼法》第一三六条的规定，遇有下列情形之一，应当中止诉讼：（1）一方当事人死亡，需要等待继承人表明是否参加诉讼的；（2）一方当事人丧失诉讼行为能力，尚未确定法定代理人的；（3）作为一方当事人的法人或者其他组织终止，尚未确定权利义务承受人的；（4）一方当事人因不可抗拒的事由，不能参加诉讼的；（5）本案必须以另一案的审理结果为依据，而另一案尚未审结的；（6）其他应当中止诉讼的情形。

出现上述情形之一，人民法院应当以裁定的形式决定中止审理。中止诉讼的原因消除后，应恢复诉讼。诉讼程序的恢复，依当事人的申请，也可以由人民法院依职权主动提出。恢复诉讼程序时，人民法院应当向双方当事人或者其他诉讼参与人发出恢复诉讼的通知。诉讼程序恢复后，人民法院、双方当事人及其他诉讼参与人原来所为的一切诉讼行为，仍然有效。诉讼是继续进行，而不是从头开始。

3. 诉讼终结

诉讼终结，是指在诉讼进行中，由于出现特定情形，使诉讼程序不能继续进行下去，或者失去了继续进行的意义，从而结束诉讼程序。根据《民事诉讼法》第一三七条的规定，诉讼中遇有下列情形之一，应终结诉讼：（1）原告死亡，没有继承人，或者继承人放弃诉讼权利的；（2）被告死亡，没有遗产，也没有应当承担义务的人的；（3）离婚案件一方当事人死亡的；（4）追索赡养费、抚养费、抚育费以及解除收养关系案件的一方当事人死亡的。

终结诉讼只是结束诉讼程序，人民法院终结诉讼的裁定，不能涉及实体权利的处理，不能在终结诉讼的裁定书上确定死亡一方当事人财产的法律归属。

什么样的民事案件可以适用简易程序

民事诉讼中的简易程序，是我国《民事诉讼法》规定的，基层人民法院和它派出的人民法庭审理简单的或某些特殊类型的民事案件所适用的一种简化了的普通程序。

简易程序的特点有三个：一是只能由基层人民法院和它派出的人民法庭审理第一审案件适用；二是只能适用于简易的民事案件；三是必须依法适用，不能因为程序简易而随心所欲。

依据我国《民事诉讼法》的规定，事实清楚、权利义务关系明确、争议不大的简单民事案件，可以适用简易程序进行审理。实践中，以下几类案件可以作为简单民事案件，适用简易程序进行审理：1. 当事人双方结婚时间短，财产争议不大的离婚案件；2. 权利义务关系明确，只是在给付时间和金额上有争议的赡养费、抚养费、抚育费案件；3. 确认或者变更收养、抚养关系，双方争议不大的案件；4. 借贷关系明确、证据充分和金额不大的案件；5. 遗产和继承人范围明确，诉讼遗产数额不大的继承案件；6. 事实清楚、责任明确、赔偿金额不大的损害赔偿案件；7. 事实清楚、情节简单，是非分明，争议焦点明确，争议金额不大的其他案件。

简易程序与普通程序相比，有以下几点不同：1. 起诉方式简便。一般以口头起诉为主，双方同时到法院或人民法庭要求解决争议。2. 受理程序简易。即对起诉可当即审理。3. 传唤方式简易。传唤当事人和证人，在时间上没有法定期限；在方式上灵活多样，用电话、广播、托他人传话等均可。4. 审判组织形式不同。普通程序的审判组织采用合议制和独任制两种形式；而简易程序的审判组织一律采用独任制。5. 开庭审理中的各个阶段程序简易。6. 普通程序的审限6个月，而简易程序的审限为3个月。

什么是督促程序

督促程序，是由我国《民事诉讼法》规定的，债权人请求人民法院以一定的法律文书，督促债务人履行一定给付义务的特别程序。这种程序适用于债权人要求债务人给付金钱、有价证券的案件，具体方式是债权人依法向人民法院申请支付，人民法院经审查后认为，债权人提供的事实清楚，证据充分、债权债务关系明确并合法，可不经审判程序而直接向债务人发出限期支付令所适用的程序。

向人民法院申请支付令，应当具备的条件有二：一是债权人与债务人没有其他债务纠纷；二是支付令能够送达债务人。申请支付令时应当按以下程序进行：

1. 债权人向有管辖权的基层人民法院提出申请。申请书应当写明请求给付金钱或者有价证券的数量和所依据的事实、证据。

2. 人民法院自收到债权人申请后的 5 日内通知债权人是否受理。

3. 人民法院受理的，经审查债权债务关系明确、合法的，应当在受理之日起 15 日内向债务人发出支付令；如果申请不成立，则裁定驳回申请。

4. 债务人自收到支付令之日起 15 日内清偿债务，或者向人民法院提出书面异议。如果债务人在此期间既未履行债务也未提出异议，债权人可以向人民法院申请执行。债务人提出异议的，人民法院应当裁定终结督促程序，支付令自行失效，债权人可以向人民法院提起诉讼。

《民事诉讼法》规定这一程序，是为了适应当前改革开放和发展社会主义商品经济的需要，使有些债权债务关系本来就很明确、合法的案件，不再经复杂烦琐的诉讼程序便很快得到执行。

人民法院怎样合议案件

人民法院审理各类案件，除一审程序中可以适用简易程序进行审理的案件外，在通常情况下都要组成合议庭，集体完成对案件的审理和裁决。这种集体讨论决定案件处理结果的方式，就是我们常说的合议制。

所谓合议制，就是人民法院运用民主集中制原则，发挥合议庭集体智慧审判案件的制度。人民法院合议庭，由三名以上的审判员（一审程序中还可以包括人民陪审员）组成，其中二审程序和再审程序都只能以合议庭集体评议的方式进行。在具体评议案件时，由审判集体共同审理后共同进行评议，并对外以集体的名义负责，在诉讼中以审判集体行使诉讼权利和履行诉讼义务。它是人民法院审判活动的基本形式，对于发挥集体智慧，防止审判人员独断专行，保证办案质量有重要意义。

根据《人民法院组织法》第十条规定，各级人民法院审判第一审案件，由审判员组成合议庭或由审判员和人民陪审员组成合议庭进行。审判上诉和抗诉案件，由审判员组成合议庭进行。一般来说，合议庭由三人组成。由院长或者庭长指定其中一名审判员担任审判长。合议庭成员权力平等，对案件的调查、审理和判决必须共同研究决定。评议案件时，实行少数服从多数原则。合议庭是人民法院行使审判权审理案件的审判组织，它虽然应该服从审判委员会、院长、庭长的领导和监督，但由于它是审判具体案件的主持者和决定者，在它的职权范围内，有权决定并组织某一案件的审判和处理，所以，审判委员会、院长、庭长需要改变合议庭决定时，必须依照法律规定的程序进行。

一审判决或裁定有错误怎么办

当事人对一审人民法院做出的判决或裁定不服，认为一审判决或裁定有错误的，可以在法定上诉期内向上一级人民法院提出上诉。上诉，是指当事人对人民法院尚没发生法律效力的一审判决或裁定，在法定期限内，提请上一级人民法院重新审判的活动。

在诉讼过程中，不论是刑事诉讼还是民事诉讼，当事人不服一审人民法院的判决或者裁定，都有权在法定上诉期限内向上一级人民法院提出上诉。上诉权是当事人依法享有的一种诉讼权利，提起上诉就是这种权利的体现。但上诉权不可以滥用，而应具备一定的条件：

1. 上诉的实质条件。这里所说的实质条件，涉及对哪些裁判不服可以上诉。在刑事诉讼中，当事人对人民法院做出的所有判决、裁定不服，都可以提出上诉；但在民事诉讼中，当事人只能针对按照第一审普通程序、简易程序审理的第一审判决及法律明确规定可以上诉的裁定提出上诉。

2. 上诉的形式要件。这里所说的形式要件，是指提起上诉在形式上所应具备的法定条件。具体包括：(1) 上诉人和被上诉人。提起上诉的人必须是有上诉权的人，如原告、被告、第三人、共同诉讼人、法定代理人、法定代表人等，没有上诉权的人不能提起上诉。(2) 上诉期间。上诉期间就是我们常说的上诉期，是指法律规定的提起上诉的有效期限。在刑事诉讼中，被告人对第一审判决不服提起上诉的期限为10天，对裁定不服的上诉期限为5天；在民事诉讼中，当事人对一审判决不服的上诉期限为15天，对裁定不服的上诉期限为10天。超过了法定的上诉期，一审的判决或者裁定就发生法律效力了。(3) 向人民法院提交上诉状。上诉状，就是当事人表示不服一审人民法院的裁判，而请求上级人民法院变更原审裁判的诉讼文书。当事人同时具备了上述实质要件和形式要件，即可以通过原审人民法院向上一级人民法院提出上诉。

对上诉案件，第二审人民法院应对第一审判决认定的事实和适用法律，进行全面审查，不受上诉理由和范围的限制。对刑事上诉案件，第二审人民法院不得加重对被告人的处罚。

不论是公民还是法人或者其他单位，如果涉及诉讼案件，特别是在二审判决或者裁定已经作出的情况下，对二审判决或者裁定仍然不服，认为其有错误，就可以通过向人民法院提出申诉，请求人民法院对案件重新进行审理。

申诉，是指公民或者企业、事业等单位，认为有关部门对某一问题的处理结果有错误，而向国家的有关机关申述理由，请求重新处理的行为。申诉分两种：一是诉讼上的申诉，是指当事人、被害人及其家属或者知道案件情况的其他公民，认为人民法院已经发生法律效力的判决和裁定有错误，向人民法院或者人民检察院提出要求依法处理，予以纠正的行为。二是非诉讼上的申诉，是指公民或者企业、事业等单位，因本身的合法权益问题不服行政部门的处理、处罚或纪律处分，而向该部门或其上级机关提出要求重新处理，予以纠正的行为。

根据我国《刑事诉讼法》《民事诉讼法》《行政诉讼法》及《律师法》的规定，当事人在进行申诉时，可以委托律师作为申诉代理人，帮助当事人行使申诉程序中的诉讼权利。

人民法院的判决和裁定有什么不同

判决，是指人民法院按照法律规定的程序，经过案件审理，就案件的实体问题所做的决定。

判决书从送达或当事人接到的第二天起，在法定的期限内，当事人不上诉，人民检察院不抗诉，过了上诉和抗诉期限即发生法律效力。二审的判决，宣判后立即生效。人民法院的判决有两个特点：一是具有稳定性。任何机关、团体或个人，都无权变更或撤销，如有错误，只能由人民法院按法律规定的审判监督程序纠正。二是具有强制性。判决生效后，执行部门有按照判决执行的义务，当事人必须坚决服从，不能抗拒。

裁定，是人民法院在审理案件过程中，就解决某一诉讼程序问题和部分实体问题，所做的书面或口头决定。裁定与判决一样，都是人民法院代表国家依法做出的。它与判决有同等的法律效力。

判决和裁定的区别有以下六点：

1. 判决用于解决整个案件的实体问题，如刑事判决，要决定被告人的行为是否构成犯罪、犯了什么罪、是否要判处刑罚以及应判处怎样的刑罚等问题；裁定，虽然也可以用来解决部分实体问题，但主要是用来解决诉讼程序问题，如用裁定驳回上诉等。

2. 判决必须用书面形式，而裁定，既可以是书面的，也可以是口头的。在审判实践中，凡是依法允许当事人上诉的裁定，都使用书面形式。

3. 一起案件的判决，只有一个，而裁定，却可以有若干个。

4. 判决主要依据实体法作出，如依据《刑法》《行政法》《合同法》等；裁定则主要依据程序法作出，如依据《刑事诉讼法》《民事诉讼法》《行政诉讼法》。

5. 判决是对案件的终结决定，而裁定一般不是，它一般在诉讼进行之中使用。

6. 对判决与裁定的上诉期限也不同。

判决与裁定，是人民法院常用的两种文书，有同样的法律效力，生效的判决和裁定，都可强制执行，当事人不得抗拒。

什么是执行，执行分为哪两种

执行，是指执行机构按照法律规定的程序，将已经发生法律效力的判决和裁定等法律文书的内容采取强制的手段加以实现的活动。由于案件的性质不同，执行方法也不同。

执行分刑事执行和民事执行两种。刑事执行是刑事执行机关为了实施已经发生法律效力的判决、裁定所确定的内容而进行的活动，刑事执行机关的主体是人民法院、公安机关和监狱。这里所讲的主要是民事执行，包括刑事判决、裁定中的民事执行部分。

民事执行就是国家执行机关根据生效的法律文书，运用国家强制力强制债务人履行生效法律文书所确定的义务，以实现或满足债权人民事权利的行为。申请人民法院执行的当事人为申请执行人；对方当事人为被执行人。也就是通常讲的债权人与债务人。

民事执行具有以下法律特征：

1. 民事执行权由法律规定的执行机关行使。在我国，只有人民法院执行组织具有民事执行权。

2. 民事执行必须要有执行根据。这个根据就是人民法院生效的判决或者裁定。

3. 民事执行是国家动用强制力的司法行为。所以，民事执行又称民事强制执行。

4. 民事执行主要由当事人申请而启动。

怎样向人民法院申请执行

执行的具体种类有两种：申请执行和移送执行。申请执行是指债权人因为债务人到期限不履行人民法院生效的判决、裁定，在法定期间向人民法院申请强制执行的行为。移送执行是指对赡养费、抚养费、抚育费内容的判决裁定或者刑事附带民事判决、裁定调解，由人民法院内部移送执行。由于申请执行是因债务人在法院判决、裁定指定的期限内拒不履行判决或者裁定的情况下，请求人民法院予以强制执行，因而应当具备一定的条件并按照法定程序进行。

1. 申请执行必须具备的条件

当事人申请执行应当具备以下条件：（1）申请执行必须由法律文书确定的权利人或者继承人、权利承受人提出。（2）申请执行必须在法定的期间提出。《民事诉讼法》第二一九条规定："申请执行的期限，双方或者一方当事人是公民的为一年，双方是法人或者其他组织的为六个月。"超过此期限，视为放弃申请执行权，人民法院不再受理执行。（3）申请执行必须是在对方当事人拒绝履行生效法律文书的情形下提出。拒绝履行的确定日期，就是判决、裁定判明的自动履行的日期，到期仍不履行的，视为拒绝履行。

2. 申请执行的程序要求

当事人申请执行是应向人民法院提交下列文件和证件：（1）申请执行书。申请执行书中应当写明申请执行理由、事项、执行标的，以及申请执行人所了解的被执行人的财产状况。申请执行人书写申请书有困难的，可以口头提出申请，人民法院接待人员应当制作笔录，由申请执行人签章。（2）生效法律文书副本。（3）申请执行人的身份证明。公民个人申请的，应当出示居民身份证明；法人申请的，应当提交法人营业执照副本和法定代表人身份证明；其他组织申请的，应当提交营业执照副本和主要负责人身份证明。（4）继承人或权利承受人申请执行的，应当提交继承权利的证明文件。（5）其他应当提交的文件或者证件。

如果是委托代理人代为申请执行，委托代理人应当向人民法院提交经委托人签字或盖章的授权委托书，写明委托事项和代理人的权限。

哪些生效法律文书可以申请执行

依据《民事诉讼法》第二〇七条及其他有关法律规定，当债务人拒不履行下列作为执行根据的法律文书所确定的义务，债权人可以向人民法院申请强制执行：

1. 人民法院制作生效的、具有给付内容的民事判决书、裁定书和调解书。

2. 人民法院依督促程序发出的支付令。债务人自收到人民法院依督促程序发出的支付令之日起15日内，既不提出书面异议又不履行支付令的，支付令可以作为执行根据，债权人依此向人民法院申请执行。

3. 人民法院已经生效的刑事判决书、裁定书中的财产部分。

4. 仲裁机关对国内合同仲裁所作的发生法律效力的裁决书、调解书。对于依法设立的仲裁机构的裁决，一方当事人拒不履行的，对方当事人可以向有管辖权的人民法院申请执行。

5. 公证机关制作的依法赋予执行效力的债权文书。这种债权文书，是指公证机关依照国家赋予的权力和法律规定的程序，对于追偿债款的文书，经过审查，认为事实清楚，双方并无争议，经当事人申请，依法制作的证明该项文书具有强制执行效力的法律文书。

对于上述生效法律文书，应履行义务的一方当事人在法定期限内不履行义务的，享有权利的一方当事人可以向人民法院申请民事执行。

申请执行应按什么标准缴纳执行费用

根据《人民法院诉讼费收费办法》第八条至第十一条规定：当事人申请执行，应按下列标准缴纳执行费用：

1. 申请执行案件，执行金额或者价额在1万元以下的，每件缴纳50元；超过1万元至50万元的部分，按0.5%缴纳；超过50万元的部分，按百分之0.1%缴纳。

2. 申请诉讼保全措施，保全财产的金额或者价款不满1000元的，每件缴纳30元；超过1000元至10万元的部分，按1%缴纳；超过10万元的部分，按0.5%缴纳。

3. 海事海商案件，申请扣押船舶的，每件缴纳1000元至5000元；申请售权登记的，每件缴纳500元；申请留置货物、燃料的，每件缴纳500元；

申请船东责任限制的，按申请限制数款的0.1%缴纳，但最低不少于500元。

4．勘验费、鉴定费、公告费、翻译费的金额，根据国家有关部门的收费标准计算缴纳。

5．复制庭审记录或者法律文书，按实际成本收费。

6．当事人应当缴纳的其他诉讼费的金额，由人民法院根据国家的有关部门和实际情况决定。

向哪一级人民法院申请执行

当事人申请执行，应当向有执行管辖权的人民法院提出。所谓执行管辖，是指对于当事人申请执行的案件，应由哪一级人民法院或者哪一个人民法院负责办理的具体分工和权限。正确确定法院的执行管辖权，可以防止重复执行或互相推诿。根据《民事诉讼法》和《行政诉讼法》以及最高人民法院的司法解释规定，对执行案件的管辖划分如下：

1．发生法律效力的民事、行政判决、裁定，以及刑事判决、裁定中的财产部分，由第一审人民法院执行。

2．支付令以及先予执行和财产保全的裁定书，由制作该支付令或该裁定的人民法院执行。

3．仲裁裁决书、公证债权书的执行，由被执行人住所地或被执行的财产所在地人民法院管辖。

4．外国法院作出的判决，可以由当事人直接向我国有执行管辖权的中级人民法院申请承认与执行。

5．当事人申请财产保全，经仲裁机构提交人民法院的，由被申请人住所地或被申请人财产所在地人民法院裁定并执行；申请证据保全的，由证据所在地人民法院裁定并执行；其中国内仲裁的，由所在地的基层人民法院管辖；涉外仲裁的，由所在地的中级人民法院管辖。

6．两个以上人民法院都有管辖权的，当事人可以向其中一个人民法院申请执行；当事人向两个以上人民法院申请执行的，由最先立案的人民法院管辖。

7．人民法院之间因执行管辖权发生争议的，由双方协商解决；协商不成的，报请双方共同的上级人民法院指定管辖。

下级人民法院管辖的执行案件，因特殊情况需要由上级人民法院执行的，可以报请上级人民法院执行。

执行前应做好哪些准备工作

人民法院受理申请人的执行申请后，在具体执行以前，应当做好相应的准备工作，以保证合法有效地执行。

1．程序上的准备工作

其一，及时发出执行通知书并送达被执行人。依据《最高人民法院关于人民法院执行工作若干问题的规定（试行）》第二十四条的规定，人民法院决定受理执行案件后，应当在3日内向被执行人发出执行通知书，责令其在指定的期间内履行生效法律文书确定的义务，并承担《民事诉讼法》第二三二条规定的返还履行期间的债务利息或者延迟履行金。将执行通知书送达被执行人，具体的送达方式，就是《民事诉讼法》规定的六种送达方式。

其二，及时采取执行措施。被执行人未按执行通知书指定的期间履行生效法律文书确定的义务的，人民法院应当及时采取执行措施；如果在指定的期间内，被执行人转移、隐匿、变卖、毁损财物的，立即采取执行措施。采取执行措施，人民法院将制作裁定书，送达被执行人。

2．实体上的准备工作

执行前在实体上要做的工作就是查明被执行人财产，具体包括：

其一，申请执行人应当向人民法院提供其所了解的被执行人的财产状况或者线索。被执行人必须如实向人民法院报告其财产状况。

其二，人民法院在执行过程中，有权向有关单位和个人调查了解被执行人的财产状况，并可以传唤被执行人或者被执行单位的法定代表人或负责人到人民法院接受询问。

被执行人拒绝按人民法院的要求提供其有关财产状况的证据材料的，人民法院可以依法搜查，在搜查被执行人的处所、箱柜时，经责令被执行人开启而拒不配合的，可以强制开启。

金钱给付判决的执行措施有哪些

依据我国《民事诉讼法》的规定，对于金钱给付判决的执行措施有以下几种：

1. 冻结、划拨存款

《民事诉讼法》第二二一条规定："被执行人未按执行通知履行法律文书确定的义务，人民法院有权向银行、信用合作社和其他有储蓄业务的单位查询被执行人的存款情况，有权冻结、划拨被执行人的存款。""人民法院决定冻结、划拨存款，应当作出裁定，并发出协助执行通知书，银行、信用合作社和其他有储蓄业务的单位必须办理。"

2. 扣留、提取收入

《民事诉讼法》第二二二条规定："被执行人未按执行通知履行法律文书确定的义务，人民法院有权扣留、提取被执行人应当履行义务部分的收入。""被执行人所在单位、银行、信用合作社和其他有储蓄业务的单位必须办理。"

3. 查封、扣押财产

《民事诉讼法》第二二三条规定："被执行人未按执行通知履行法律文书确定的义务，人民法院有权查封、扣押、冻结、拍卖、变卖被执行人应当履行义务部分的财产。"

4. 禁止转让知识产权

《最高人民法院关于人民法院执行工作若干问题的规定（试行）》（以下简称《执行规定》）第五十条规定："被执行人不履行生效法律文书确定的义务，人民法院有权裁定禁止被执行人转让其专利权、注册商标专用权、著作权（财产权部分）等知识产权。上述权利有登记主管部门的，应当同时向有关部门发出协助执行通知书，要求其不得办理财产权转移手续，必要时可以责令被执行人将产权或使用权证照交人民法院保存。对前款财产权，可以采取拍卖、变卖等执行措施。"

5. 扣押股份凭证、冻结股权

《执行规定》第五十二条规定："对被执行人在其他股份有限公司中持有的股份凭证（股票），人民法院可以扣押，并强制被执行人按照公司法的有关规定转让，也可以直接采取拍卖、变卖的方式进行处分，或直接将股票抵偿给债权人，用于清偿被执行人的债务。"第五十三条规定："对被执行人在有限责任公司、其他法人企业中的投资权益或股权，人民法院可以采取冻结措施。"

交付财产判决的执行

根据我国《民事诉讼法》和最高人民法院的有关司法解释，人民法院对于交付财产判决的执行措施有以下几种：

1. 责令交付财物或票证

《民事诉讼法》第二二八条规定：法律文书指定交付的财物或者票证，由执行员传唤双方当事人当面交付，或者由执行员转交，并由被交付人签收。有关单位持有该项财物或者票证的，应当根据人民法院的协助执行通知书转交，并由被交付人签收。有关公民持有该项财物或者票证的，人民法院通知其交出。拒不交出的，强制执行。

2. 强制迁出房屋或退出土地

《民事诉讼法》第二二九条规定："强制迁出房屋或者强制退出土地，由院长签发公告，责令被执行人在指定期间履行。被执行人逾期不履行的，由执行员强制执行。"第二三〇条规定："在执行中，需要办理有关财产权证照转移手续的，人民法院可以向有关单位发出协助执行通知书，有关单位必须办理。"

3. 对特定物的执行

《最高人民法院关于适用（中华人民共和国民事诉讼法）若干问题的意见》第二八四条规定："执行的标的物为特定物的，应当执行原物。原物确已不存在的，可折价赔偿。"

被执行人的债权可以执行吗

被执行人没有执行能力，但有到期债权的，可以将其债权作为被执行财产。《执行规定》第六十一条规定：“被执行人不能清偿债务，但对本案以外的第三人享有到期债权的，人民法院可以依申请执行人或被执行人的申请，向第三人发出履行到期债务的通知。履行通知必须直接送达第三人。”

第三人在履行通知指定的期间提出异议的，人民法院不得对第三人强制执行。但是第三人提出自己无执行能力，或者说自己与申请执行人无直接法律关系，不属于异议范围。

第三人在履行通知指定的期限内没有提出异议，而又不履行的，人民法院有权裁定对其强制执行。但第三人确无财产可供执行的，不得就第三人对他人享有的到期债权强制执行。

采取执行措施的限制性规定

1. 人民法院在对被执行人的财产采取执行措施时，不得超出被执行人应当履行义务的范围；被执行人是公民的，应当给被执行人及其所抚养的家属保留一定的生活必需品和必要的生活费用。

2. 人民法院查封、扣押财产时，被执行人是公民的，应当通知本人或者其成年家属到场，其工作单位或者财产所在地的基层组织也应当派人参加。被执行人是法人或者其他组织的，应当通知其法定代表人或者主要负责人到场。拒不到场的，不影响执行的进行。

3. 强制迁出房屋被搬出的财物，由人民法院派人运至指定的处所，交给申请执行人；被查封的财产，可以指令由被执行人负责保管，如继续使用被查封的财产对其价值无重大影响，可以允许被执行人继续使用。因被执行人拒绝接收，或因保管使用的过错而造成损失，由被执行人承担。

4. 对于查封、扣押的财产，执行员必须造具清单，由在场的人签名盖章后，交被执行人一份。被执行人是公民的，也可以将清单交给其成年家属。

5. 财产被查封、扣押后，执行员应当先责令被执行人在指定交有关单位拍卖或者变卖。国家禁止自由买卖的物品，交有关单位按照国家规定的价格收购。

执行期间案外人提出执行异议怎么办

人民法院执行期间，被执行人以外的其他公民、法人或者其他单位对被执行的财产主张权利的，就是执行异议。也就是说，被执行的财产是案外人的而不是被执行人的，案外人可以向执行的人民法院提出书面异议。

对案外人的异议，执行的人民法院应当依照《民事诉讼法》第二〇八条的规定进行审查。审查期间可以对财产采取查封、扣押、冻结等保全措施，但不得进行处分，正在实施的处分措施立即停止。

经审查认为案外人的异议理由不成立的，裁定驳回其异议，继续执行；异议成立的，停止对该标的物的执行并交还案外人。异议一时难以确定是否成立，如果案外人提供财产担保，可以解除查封、扣押；如果申请执行人提供财产担保，可以继续执行，因解除或者继续执行有错误，造成对方损失的，应裁定以担保的财产予以赔偿。

变更或追加被执行主体

根据最高人民法院的有关司法解释，人民法院在执行过程中可以根据具体情况，变更或者追加被执行主体：

1. 被执行人为无法人资格的私营独资企业，无执行能力的，人民法院可以裁定执行该独资企业业主的其他财产。（《执行规定》第七十六条）

2. 被执行人为个人合伙组织或合伙型联营企业，无执行能力的，人们法院可以裁定追加该合伙组织的合伙人或参加该联营企业的法人为执行人。（《执行规定》第七十七条）

3. 被执行人为企业法人的分支机构不能清偿债务时，人民法院可以裁定企业法人为被执行人，其直接经营管理的财产仍不能清偿债务的，可以裁定

执行该企业其他分支机构的财产。(《执行规定》第七十八条)

4. 被执行人按法定程序分立为两个或多个具有法人资格的企业，按照分立协议确定的比例承担债务；不符合法定程序分立的，按照各分立企业所分得财产的比例承担债务。(《执行规定》第七十九条)

5. 被执行人无财产清偿债务，如果其开办单位对其开办时投入的注册资金不实，或者抽逃注册资金，可以裁定变更或追加其开办单位为被执行人，在注册资金不实或抽逃注册资金的范围内承担债务。（《执行规定》第八十条）

6. 被执行人被撤销、注销或歇业后，上级主管部门或开办单位无偿接收被执行人的财产，致使被执行人无遗留财产清偿债务或遗留财产不足以清偿的，可以裁定由上级主管部门或开办单位在所接受的财产范围内承担责任。但是，其开办单位已经在注册资金范围内或接受财产的范围内向其他债权人所承担了全部责任的，不能裁定该开办单位重复承担责任。(《执行规定》第八十条、第八十一条)

被执行人提供执行担保的情况处理

1. 被执行人或其担保人以财产向人民法院提供执行担保的，应当按照《中华人民共和国担保法》的有关规定，按照担保物的种类、性质，将担保物移交执行法院，或依法到有关机关办理登记手续。被执行人到期不履行执行通知规定的义务时，人民法院可以执行担保的财产。（《执行规定》第八十四条）

2. 在案件审理期间，保证人为被执行人提供保证，致使人民法院对被执行人的财产采取保全措施，或者解除保全的，案件审结后，被执行人不能清偿债务时，可以执行保证人的财产。(《执行规定》第八十五条)

在执行中，双方当事人可以自愿达成和解协议，变更生效法律文书确定的履行义务主体、标的物及其数额、履行期限和履行方式。和解协议宜采取书面形式。执行人员将和解协议副本附卷，无书面协议的，执行人员将和解协议的内容记入笔录，并由双方当事人签名或盖章。(《执行规定》)第八十六条)

多个债权人对被执行财产应如何分配

1．多个债权人分别向同一被执行人申请执行，各债权人对执行标的物均无担保物权的，按照执行法院采取执行措施的先后顺序受偿，执行的财产不足清偿全部债务的，按照各债权比例受偿。

有担保物权，但债种类不同的，优先金钱债权受偿；有多个担保物权的，按照各担保物权先后顺序清偿。（《执行规定》第八十八条）

2．被执行人为企业法人，其财产不足清偿全部债务的，可告知当事人依法申请被执行人破产。（《执行规定》第八十九条）

3．被执行人的财产已被一个人民法院查封、扣押和冻结的，在该财产被执行完毕前，其他申请执行人可以申请参与分配；取得财产被执行完毕前，其他申请执行人可以申请参与分配；取得财产优先权、担保物权而申请参与分配的债权人，可以主张优先受偿权。（《执行规定》第九十条、第九十三条）

4．被执行人的财产被分配后，对其剩余债务应当继续清偿；债权人发现被执行人还有其他财产的，人民法院可以根据各债权人的申请继续依法执行。（《执行规定》第九十五条）

5．被执行人为企业法人，未经清理或者清算而撤销、注销或歇业，其财产不足清偿全部债务的，按照申请参与分配的各债权人的债权比例清偿。（《执行规定》第九十六条）

对妨害执行的行为应怎样处理

1．对必须到人民法院接受询问的被执行人或者被执行人的法定代表人或负责人，经两次传票传唤，无正当理由拒不到场的，人民法院可以对其拘传到当地人民法院接受询问，时间不得超过24小时，调查询问后不得限制其人身自由。（《执行规定》第九十七条、第九十八条、第九十九条）

2．被执行人或其他人有下列行为之一的，人民法院可以根据情节轻重予以罚款、拘留；构成犯罪的，依法追究刑事责任：（1）隐藏、转移、变更、毁损向人民法院提供担保的财产的；（2）案外人与被执行人恶意串通转移被执行人财产的；（3）故意撕毁人民法院执行公告、封条的；（4）伪造、隐藏、毁灭有关被执行人履行能力的重要证据，妨碍人民法院查明被执行人财产状况的；（5）指使、贿买、胁迫他人对被执行人的财产状况和履行义务的能力问题作伪证的；（6）妨碍人民法院依法搜查的；（7）以暴力、威胁或其他方法妨碍或抗拒执行的；（8）哄闹、冲击执行现场的；（9）对人民法院执行人员或协助执行人员进行侮辱、诽谤、诬陷、围攻、威胁、殴打或者打击报复的；（10）毁损、抢夺执行案件材料、执行公务车辆、其他执行器械、执行人员服装和执行公务证件的。（《执行规定》第一〇〇条）

人民法院应裁定中止执行的情形

中止执行的情况分为两种：

1. 根据《民事诉讼法》第二三四条和《执行规定》第一〇二条规定，有下列情形之一的，人民法院应当裁定中止执行：（1）申请人表示可以延期执行的；（2）案外人对执行标的提出确有理由的异议的；（3）作为一方当事人的公民死亡，需要等待继承人继承权利或者承担义务的；（4）作为一方当事人的法人或者其他组织终止，尚未确定权利义务承受人的；（5）人民法院受理以被执行人为债务人的破产申请的；（6）被执行人确无财产可供执行的；（7）执行的标的物是其他法院或仲裁机构正在审理的案件争议标的物，需要等待该案件审理完毕确定权属的；（8）一方当事人申请执行仲裁裁决，另一方当事人申请撤销仲裁裁决的；（9）仲裁裁决的被申请执行人向人民法院提出不予执行请求，并提供适当担保的；（10）人民法院认为应当中止执行的其他情形。

2. 按照审判监督程序提审或再审的案件，执行机构根据上级人民法院或本院作出的中止执行裁定书中止执行。

人民法院决定中止执行的，应当制作裁定书，裁定书中应当写明中止执行的理由和法律依据。裁定书应送达双方当事人，送达后立即生效；中止执行的情形消失后，执行法院可以根据当事人的申请，或依照职权恢复执行。恢复执行应当书面通知双方当事人；中止执行的期间不计算人民法院的结案时间。

人民法院应裁定终结执行的情形

根据《民事诉讼法》第二三五条和《执行规定》第一〇五条规定，有下列情形之一的，人民法院裁定终结执行：1. 申请人撤销申请的；2. 据以执行的法律文书被撤销的；3. 作为被执行人的公民死亡，无遗产可供执行，又无义务承担人的；4. 追索赡养费、抚养费、抚育费案件的权利人死亡的；5. 作为被执行人的公民因生活困难无力偿还借款，无收入来源，又丧失劳动能力的；6. 在执行中，被执行人被人民法院裁定宣告破产的；7. 人民法院认为应当终结执行的其他情形。

具备上述情形之一的，人民法院应当制作终结执行的裁定书，裁定书中应当写明终结执行的理由和法律依据。终结执行的裁定书送达当事人后立即生效。

拒不执行法院的判决和裁定的法律后果

已经发生法律效力的判决和裁定，都具有强制效力，不管当事人愿意不愿意执行，都得执行。即使认为判决和裁定有错误，并且已经提出了申诉，只要判决和裁定没被法院撤销或中止执行，都得执行。

在刑事案件中，被判处死刑的罪犯，即使不愿被执行死刑，也会被拉到刑场予以枪决；被判处死刑、缓期二年执行和无期徒刑等刑罚的罪犯，不管其本人主观愿望如何，都得按法院的判决予以执行。

在民事案件中，执行首先要靠当事人自觉进行。如不执行，对方当事人可以向人民法院提出申请，要求强制执行；人民法院也可自己决定强制执行。强制执行的方法很多，如查封、扣押、冻结、划拨、变卖、强制搬迁等等。如果当事人以暴力、威胁方法，阻碍执行人员执行职务，或者拒不执行人民法院已经发生法律效力的判决和裁定，则会构成拒不执行判决、裁定罪，根据《刑法》第三一三条规定，将被判处三年以下有期徒刑、拘役或者罚金。

议案说法

车辆抵押借款之诉

案情简介：

王某在2005年一年内三次向赵某借款，还款期限之后，王某拒不向赵某归还借款，而王某除了一辆价值六万元左右的二手小车外，在北京没有其他财产，在讨债无望的情况下，赵某通过讨债公司逼迫王某与其达成一个"车辆抵押协议"（事实如此，但王某没有证据），约定王某将其所有的这辆小车转让给赵某，抵偿其向赵某的第一笔借款28万元。协议签订后，王某将车辆及该车的行驶证交给了赵某，赵某将王某所写的借条原件归还给王某。当双方到车辆管理机关办理过户手续时，被告知该车系改型车辆（该车辆档案中的原始照片上显示该车是方形车头，而该车的现状和王某的机动车行驶证上显示的却是价值较高的圆形车头），不能办理过户手续。协议签订后，赵某的妻子看到王某的一辆破车抵了二十多万元，本来就不高兴，而现在该车又不能办理过户手续，就更加不满了，赵某因此反悔。但在其与王某协商此事时，被王某一口回绝。赵某为此一筹莫展，就咨询了许多律师，其所咨询的律师大都认为该"车辆抵押协议"是无效的，理由是该车辆没有办理抵押登记。

案情分析：

见到赵某与王某所签订的"车辆抵押协议"后发现，该协议虽名为车辆抵押协议，但其实质却是一个以车抵债的协议，而非一个抵押协议。本案中，只有在该协议无效或者解除的情况下才可能恢复到原来的债权债务状态。但是，自《合同法》生效以来主张合同无效是比较难的，如果赵某请求人民法院确认合同无效的主张得不到人民法院的支持，赵某的诉讼请求就要被驳回，其权利就不可能实现。可见以合同无效作为诉讼的理由对赵某是不利的。

通过解除合同来实现自己的权利对赵某更为有利。因为根据《中华人民共和国道路交通安全法》的规定，改型车辆不但不能办理过户手续，而且还有可能被处以罚款和没收车辆的处罚。赵某与王某签订该协议的目的是为了实现自己的债权，不能办理过户手续赵某签订合同的目的就无法实现。根据《中华人民共和国合同法》第九十四条的规定，赵某可以王某根本违约致使合同目的无法实现为由行使合同解除权。在这种情况下，即使人民法院认为该合同无效，法院也可依职权主动审查并予以确认。而这种情况对赵某并无不利。因此，赵某首先通知王某与其解除该车辆抵押协议。之后向人民法院提起诉讼。

案件审理情况：

在方向确定后，赵某即向王某发函通知其解除合同。但王某已经改变了住址，赵某的解除通知因此无法到达被告。给王某打电话，王某不接，发信息不回。无奈，赵某于2006年5月份向北京市某区人民法院提起诉讼，请求人民法院解除该“车辆抵押协议”，并要求被告归还所欠的28万元。

在诉讼过程中，原告为证明自己享有解除权申请人民法院向车辆管理机关调取了相关证据，确认了该车辆属于改型车辆，不能办理过户手续的事实。同时，为了解决解除通知无法到达被告的问题，在第一次开庭时，原告交给被告一份书面通知，并要求法庭记录这一事实，但是法官说，起诉本身就是通知。于是，在法庭辩论时，原告据此认为该协议已经解除，既然该协议已经解除，就应该恢复到债务状态，那么被告自然应当偿还所欠原告的借款。

原本以为本案就这样结束了，不料，该案经法院两次开庭审理后，主审法官认为原告的两项诉讼请求不能一并审理，要原告放弃其他诉讼请求，该案只审理该合同是否应当解除，其他的诉讼请求待该案审结后，根据结果另行起诉。原告争辩说，既然两项请求不能并存，而原告的第一项诉讼请求是在无法通知到被告的情况下才这样写的，而现在解除通知已经到达被告，根据《合同法》第九十六条的规定，该协议已经解除，因此，原告现在放弃第一项诉讼请求，不再要求法院判决解除该合同。法官认为本案只能审理该协议是否应当解除，该项诉讼请求不能放弃，只能放弃第二项诉讼请求。为了维护原告的合法权益，代理人除了在代理词中阐明了观点之外，还给该法院写了一份法律意见书，阐述了原告的这两个诉讼不但不矛盾，而且还应当一并处理的理由。

判决结果：

法院最终采纳了原告代理人的意见，判决解除原被告双方所签订的“车辆抵押协议”，并判决王某于判决生效后十日内偿还所借赵某的28万元，赵某将该车辆归还王某。

现该判决已经生效，原告已经申请人民法院对王某强制执行。

以房抵债纠纷之诉

案情简介：

2002年，王某在张某处购买了一批钢材，欠货款31万元。2003年2月，张某将王某诉至法院，同时请求法院对王某的一套房子诉讼保全。3月24日，经法庭调解双方达成协议：被告同意4月20日前支付原告货款31万元。3月26日，被告通过关系将保全的房屋私自解封。张某几次催要未果。6月2日，双方再次达成还款协议：被告同意将（上述）房屋交付原告抵消所欠债务。7月21日，王某与李某签订了房屋买卖合同，当日李某交给王某购房款30万元，王某把办理房屋过户手续所需所有证件交给了李某。8月，张某不见王某履行协议，便申请法院强制执行。8月19日，法院再次查封该房。8月23日，李某到房产部门办理过户手续时得知此房已被法院查封。至今，王某欠李某购房款30万元无法偿还。

分歧意见：王某的行为如何定性存在不同观点。

第一种观点认为，王某对李某出售房屋的行为构成合同诈骗罪。王某明知出售的房屋是诉讼标的，其抵债协议具有法律效力。王某对李某隐瞒这一事实，采取欺骗手段，将已抵债房屋转卖给李某，其目的是非法占有他人财物。因此，王某的行为符合合同诈骗罪的特征。

第二种观点认为，王某的行为构成拒不执行判决、裁定罪。王某假意达成还款协议，却私下采用规避手段，将法院查封的房屋私下解封并出售给他人，目的是逃避债务抗拒执行。因此，王某主观上具有拒不执行的故意，客观上实施了转卖财产的行为，故构成拒不执行法院判决罪。

第三种观点认为，王某的行为属民事欺诈行为，不构成刑事犯罪。

本案评析：

合同诈骗客观上表现为：行为人采取欺骗手段，虚构事实、隐瞒自己不可能履行合同的真相。王某向李某出售房屋时，虽然隐瞒了抵债协议，但其通过关系将房屋解封后，没有想到法院会再次查封该房屋。假如李某买房后即到房产部门办理过户登记，该买卖合同就会顺利履行。所以，王某在出售房屋时并非不能履行合同，其行为不符合合同诈骗罪的特征。

当然，王某与张某达成的抵债协议，具有法律效力，应受法律保护。王某无视法律，将诉讼中的标的私自解封，转卖他人，主观上有明显逃避债务的故意，但不构成拒不执行判决、裁定罪。拒不执行判决、裁定罪是指对人民法院已经发生法律效力的判决或者裁定有能力执行而拒不执行，情节严重的行为。本案中王某与张某双方自愿达成的抵债协议，不属于法院已经生效的判决或裁定，签订协议时原告没申请执行，且不具有情节严重的行为，故不构成拒不执行判决、裁定罪。

王某的行为属于民事欺诈行为，应为民法调整对象。合同诈骗与民事欺诈，经常相互交织，但两者有本质上的区别：1. 虚构或隐瞒事实的程度不同。合同诈骗罪中行为人无中生有或隐瞒的事实超过一定限度，发生了质的变化而成为刑法调整的对象。2. 对所得财物处理方式和承担责任的表现不同。合同诈骗罪中的行为人拿到财物后，或潜逃或挥霍，不想承担赔偿责任；而民事欺诈行为人在取得财物后，多用于应急，不想无偿占有非法所得，不会逃避责任。

王某与张某达成了抵债协议，又与李某签订了房屋买卖合同，属一房多卖。王某具有欺诈行为，违反了《合同法》中规定的诚实信用原则。对李某造成的30万元损失，可参照最高人民法院《关于审理商品房买卖合同纠纷案件适用法律若干问题的解释》第九条之规定，请求出卖人返还购房款及利息、赔偿损失。

挪用公款作私用引发纠纷案

案情简介：

1999年7月，某地产公司与周某以73.6万元的价格从长林机械厂购买了一台PC200－5型挖掘机，双方各出资20万元，余款33.6万元未付。双方合伙经营了四个月。2000年5月26日，周某与某地产公司签订了《退股协议书》，双方约定该部挖掘机由某地产公司独家经营，周某出资的20万元作为某地产公司向其借款，按年息10%支付利息，至2001年春节前归还周某全部欠款及利息，欠长林机械厂的33.6万元由某地产公司负责偿还。2001年初，因某地产公司经营不善，没有归还所欠周某的本金及利息共计人民币22万元，周某便找到被告人严某要求解决问题，被告人严某告诉周某，因没有业务，某地产公司经集体研究决定将挖掘机转卖，并提出要周某将挖掘机买下。由于周某钱不够，被告人严某和周某二人便商量合伙购买挖掘机共同经营，购机金额不足部分由被告人严某出面向某地产公司担保。

2001年2月14日，周某以个人名义与某地产公司签订了《设备转让协议书》，协议约定挖掘机转让价格为47万元，扣除某地产公司欠周某本金及利息22万元，欠周某工程款3.95万元和周某出资的10万元（其中被告人严某出资5万元），共计35.95万元，余款11.05万元由被告人严某出面担保于2001年底前还清。同年2月16日被告人严某与周某签订了《合作入股协议书》，协议书约定双方先还清所欠某地产公司的购置款，再按双方投资的比例（周某27万元，严某5万元）归还购置成本，还清购置成本之后的收入，双方按

1∶1的比例分红。二人合伙经营期间，被告人严某和周某于2002年2月3日、2月7日分两次归还了某地产公司欠款共计8万元。2002年5月1日，被告人严某和周某终止合伙经营，双方经算账，扣除所有开支和本金、欠款，两人各分红10.92965万元，因当时被告人严某管账，周某管钱，周某共付给被告人严某人民币7.70965万元（此款系严某分红得10.92965万元、本金5万元、某地产公司欠款3.05万元，共计18.97965万元，扣除村民委员会10.6万元和北湖宾馆0.67万元工程款共11.27万元所得）。后双方签订了《挖掘机转让合同》，合同约定：1. 挖掘机转让费32万元；2. 某地产公司3.05万元欠款由被告人严某负责归还；3. 村民委员会10.6万元和北湖宾馆0.67万元债权归被告人严某所有；4. 周某付清被告人严某所有款项后，挖掘机归周某所有。

被告人严某将3.05万元用于其购买挖掘机。2003年1月30日，被告人严某归还某地产公司1.05万元，剩余的2万元至案发前一直未归还。案发后，某区人民检察院反贪污贿赂局追缴赃款2万元人民币，后被由某地产公司领回。

裁判要点：

法院审理后认为，被告人严某利用担任某地产公司经理的职务便利，挪用公款3.05万元用于个人购买挖掘机进行营利活动，数额较大，其行为已构成挪用公款罪。案发后，被告人严某如实供述其犯罪事实，认罪态度较好，且积极退赃，有一定的悔罪表现，依法可酌情从轻处罚。公诉机关指控罪行成立，指控罪名及适用法律正确，应予支持。对于辩护人潘秀鸿提出被告人严某的行为不构成挪用公款罪，本案属转让挖掘机所产生的债权债务纠纷的意见。经查，2002年5月1日被告人严某与周某终止合伙经营，算账时双方约定，周某将欠某地产公司的3.05万元给被告人严某，由被告人严某负责归还，被告人严某却用此款用于购买挖掘机，其行为符合挪用公款罪的特征，构成挪用公款罪，辩护人这一辩护意见与事实、法律规定不符，不予支持。依据《中华人民共和国刑法》第三八四条第一款、第七十二条第一款、第七十三条第二款之规定，该院于2004年10月13日作出如下刑事判决：被告人严某犯挪用公款罪，判处有期徒刑一年，缓刑二年。

宣判后被告人严某未上诉，该判决现已发生法律效力。

本案评析：

对于被告人严某的行为定性和认定数额问题，原告同意一审法院判决，即同意第二种意见。理由如下：我国《刑法》第三八四条第一款规定的挪用公款罪是指，国家工作人员违反国家财政管理制度，利用职务上的便利挪用公款归个人使用，进行非法活动，或者挪用公款数额较大，进行营利活动，或者挪用公款数额较大，超过 3 个月未还的行为。国有公司、企业或者其他国有单位中从事公务的人员和国有公司、企业或者其他国有单位委派到非国有公司、企业以及其他单位从事公务的人员，利用职务上的便利，挪用本单位资金归个人使用，数额较大，超过 3 个月未归还的，或者虽未超过 3 个月，但数额较大，进行营利活动的，或者进行非法活动的，以挪用公款罪追究刑事责任。本案被告人严某属于国有公司从事公务的人员，利用职务上的便利，挪用公款归个人使用，超过 3 个月未归还的情节。

本案中，被告人严某主观上具有明知3.05万元是公款而挪为私用的故意，客观方面上实施了利用担任某地产公司经理职务的便利，将3.05万元公款用于自己购买挖掘机的行为，其行为符合挪用公款罪的构成要件。被告人严某身为某地产公司经理，在与周某终止合伙经营，双方经算账后谈好，周某将欠某地产公司的3.05万元交给严某，由严某负责将该款给某地产公司。这时，被告人严某系以某地产公司经理的身份取得该3.05万元，而被告人严某明知是公款，却利用自己担任某地产公司经理的便利条件，将该笔公款用于自己购买挖掘机进行营利活动，其行为应定挪用公款罪。案发后，被告人严某如实供述其犯罪事实，认罪态度较好，且积极退赃，有一定的悔罪表现，依法可酌情从轻处罚。

综上所述，被告人严某挪用公款3.05万元用于自己购买挖掘机进行营利活动的行为，构成挪用公款罪。

为讨货款非法拘禁案

案情简介：

A 县的王某在 2001 年 10 月 25 日卖了一车大米给 B 县的胡某，货款为 24575 元，由于胡某没现金给付，就向王某出具了欠条，并约定在一个月付清。事后胡某并未兑现，经王某多次向胡某催讨未果。王某经过向律师咨询，被告知要到 B 县去起诉才可以拿到那笔货款。2003 年 5 月 12 日，王某和他的朋友罗某、周某在一起玩时又说起这件事，周某认为到 B 县去打官司不一定能拿到货款，还不如直接把姓胡的捉来，逼他拿钱。罗某也赞成周某的意见。6 月 18 日晚，王某租了一辆桑塔纳轿车，王某、罗某和周某一起到 B 县，由王某将胡某约出来后，罗某和周某强行将胡某塞进轿车带回 A 县，并关押在王某家中。然后王某叫胡某打电话给他的家人，要其家人送 24775 元（其中包括 200 元租车费）钱来赎人，否则就不放人。胡某的家人接到电话后，第二天按要求送了 24775 元给王某。胡某回家后报了警，6 月 20 日，王某、罗某和周某被捕。

本案评析：

首先要区分绑架罪和非法拘禁罪。绑架罪是指以勒索财物为目的，采取暴力、胁迫或者其他的方法绑架他人，或者绑架他人作为人质的行为。非法拘禁罪是指以拘押、禁闭或者其他强制的方法，非法剥夺他人人身自由权利的行为。绑架罪和非法拘禁罪都是侵犯人身自由的犯罪，两者在客观行为上具有相同点，即均可以采取暴力、胁迫等方法非法剥夺他人人身自由权利。现实生活中，也很难明显区分出哪些是绑架罪的行为，哪些是非法拘禁罪的行为。两者一般都要经过两个阶段，一个是暴力或胁迫阶段，将被害人先控制起来；一个是拘押、禁闭阶段，在这一阶段中往往是行为人实现其目的的时候，这一阶段也是区分绑架罪和非法拘禁罪的关键所在。绑架罪的行为人目的很明确，通过绑架来达到其勒索财物的目的，即非法占有被害人的财物。这里的财物包括被害人本人所有的财物，也包括被害人的家人所有的财物。而非法拘禁罪的行为人的目的比较杂，有涉及财物方面的，如索回债权；有涉及其他非财物方面的，如为了报复或为了惩戒的等等，这里涉及的财物，一般是指合法占有被害人的财物。本案三被告人主观上只是索讨自己的债权（除其中200元租车费外），并非勒索胡某的其他财物。对这200元租车费也是情理当中的事，如果以这200元来认定三被告人构成绑架罪也是不对的，因为绑架罪不以勒索的财物来量罪定性的，而是只要行为人实施并完成了绑架行为，将被害人置于自己的实力控制之下，即为绑架罪的既遂。

债务偿还责任纠纷案

案情简介：

2000年12月29日，北京铁路某公司（以下简称铁路公司）与某市人民政府第一招待处（以下简称第一招待处）签订了《煤炭购销协议》。协议中对每月供煤数量、煤的质量、单价，以及付款时间分别做出约定。协议签订后，铁路公司依约履行了供煤义务，但第一招待处未给付煤款。2001年10月，第一招待处在其出资人某市人民政府的主持下欲进行出售，并由会计师事务所出具了整体出售的资产评估报告。2002年12月25日，第一招待处（甲方）与某大酒店（乙方）签订了《产权转让合同》：其中除了确认会计师事务所的资产评估报告的内容外，还约定乙方全部接收甲方的资产、债务和职工；乙方整体接收第一招待处后，要妥善处理好甲方所有的债务（即本合同签订前的所有债务），截止到2002年7月31日，甲方总负债1610万元；除银行贷款以外的其他债务，乙方接收第一招待处后应无条件与债权方联系、沟通，征得债权方同意后，办理有关还款手续。铁路公司知晓此事后表示认可，并于2004年2月25日，向某市人民政府、某宾馆有限公司（以下简称某宾馆）发函催要煤款，某市人民政府副秘书长在这份函上签字批复：情况属实，依据资产评估报告和产权转让合同，某宾馆应与铁路公司办理有关手续。但直到2006年铁路公司也未收到煤款，遂诉至法院。

本案中，2003年12月12日，第一招待处被工商行政管理局吊销营业执照。某大酒店为个人独资企业，投资人为A君。某宾馆是以某大酒店和B君（A君之弟）为股东，于2003年1月3日成立的有限责任公司。某宾馆办理了延用第一招待处相关经营许可证的手续，以及受让第一招待处使用的全部土地使用权的国有土地使用证，并接收了包括房屋等在内的第一招待处的部分资产，在该地上经营。

裁判要点：

一审法院经审理认为，铁路公司与第一招待处签订的《煤炭购销协议》合法有效。虽然铁路公司没有提供其他的欠款证明，但根据铁路公司与第一招待处签订的《煤炭购销协议》及向某市人民政府、某宾馆出具的函件和市政府副秘书长的签字，能够证明第一招待处欠铁路公司货款20万元。根据第一招待处与某大酒店签订的《产权转让合同》，某大酒店整体接收第一招待处资产、债务和职工，属于企业改制行为，应当参照《最高人民法院关于审理与企业改制相关民事纠纷案件若干问题的规定》进行处理，第一招待处的债务应由买受人某大酒店承担。某宾馆并非改制企业的买受人，铁路公司要求其承担民事责任，没有法律依据。第一招待处由于被某大酒店整体接收，不应再承担民事责任，某市人民政府作为第一招待处的出资人也不应当承担第一招待处债务的民事责任。故依照《中华人民共和国合同法》第一〇七条、第一一二条，参照《最高人民法院关于审理与企业改制相关民事纠纷案件若干问题的规定》第二十四条、第二十七条，依照《中华人民共和国民事诉讼法》第一三〇条的规定，判决：

1. 被告某大酒店给付原告铁路公司货款二十万元及其利息损失。

2. 驳回原告铁路公司的其他诉讼请求。

某大酒店不服一审判决，提起上诉。二审法院经过审理，最终调解解决纠纷。

本案评析：

本案是一起典型的买卖合同货款纠纷，但因诉讼主体较多，且涉及国有小企业出售、改制的问题，因此案情显得较为复杂。其所涉的四个被诉主体应否为本案的适格主体、对企业原有债务各应承担什么责任成为本案的焦点。

1. 第一招待处的主体资格及责任

第一招待处作为煤炭购销合同的当事人，负有支付买卖煤炭货款的直接义务。虽然其在2003年12月12日被工商部门吊销了营业执照，丧失了从事经营活动的行为能力，但却并不代表其企业法人人格的消灭。在未办理注销登记的情况下，企业法人终止的形式要件尚未满足，其在法律上的主体资格依然存在。因此，其民事诉讼主体资格依然存续，理论上仍负有偿还债务的可能。第一招待处在接收煤炭后，负有向铁路公司偿还债务的义务，其不因被吊销营业执照而免除承担民事责任的义务。因此，第一招待处是本案的适格主体。但本案审理中又进一步查明，第一招待处在被出售、改制的过程中，通过一定的程序，已将该债务合法地转移给了企业的买受人某大酒店，故其对该债务就不应再负偿还责任。

2. 某大酒店的主体资格及责任

《产权转让合同》中约定，某大酒店作为第一招待处的买受人，全部接收第一招待处的资产、债务和职工。根据该约定，某大酒店作为本案的适格主体和最终承担偿还责任的主体似乎都是顺理成章。但二审法院对此却有不同的意见，认为某大酒店作为适格主体没有疑问，但作为承责主体是要有前提的，即需以其作为买受人，知晓被出售企业第一招待处当时所负债务总额中包含该笔煤款为前提。其理论依据来自于我国《公司法》和最高人民法院的相关规定：《公司法》规定了公司合并时公司应当通知债权人的强制义务；最高人民法院《关于审理与企业改制相关的民事纠纷案件若干问题的规定》中也做了更为详细的司法解释，其中第二十八条规定“出售企业时，参照公司法的有关规定，出卖人公告通知了债权人。企业售出后，债权人就出卖人隐瞒或者遗漏的原企业债务起诉买受人的，如债权人在公告期内申报过该债权，买受人在承担民事责任后，可再行向出卖人追偿。如债权人在公告期内未申报过该债权，则买受人不承担民事责任。人民法院可告知债权人另行起诉出卖人。”也就是说，法律从公平原则出发，兼顾了债权人和买受人的利益，即企业出售中，出卖人虽未履行将被出售企业债权债务情况如实告知买受人的责任或义务，但债权人在一定期限内申报过债权的，民事责任由买受人承担；而对于出卖人既未履行如实告知买受人的责任或义务，债权人又未在一定期限内申报过债权，买受人无从知晓该债务存在的，再由买受人承担民事责任，显然有失公允，因此规定此种情况下由出卖人承担民事责任。同样的法理，具体到本案，某大酒店作为买受人，是否应该承担第一招待处对铁路公司的债务，就要看出售第一招待处时，某大酒店是否知晓第一招待处当时所负债务总额中包含该笔煤款。因此，会计师事务所出具的、被出售企业和买受人均持有的资产评估报告，作为当时被出售企业的资产证明对查明该项事实具有重要作用。铁路公司向一、二审法院申请调取此证据，二审法院在一审法院调取不成的基础上，经过多方查证，终于在某市人民政府处调取到资产评估报告，报告中写明了该笔债务具体金额为177507.50元，发生时间为2000年。由此证明第一招待处对某大酒店并不存在故意隐瞒或者遗漏债务的行为，某大酒店对该笔债务是心知肚明的。因此，某大酒店应承担偿还该笔债务的民事责任。

3. 某宾馆的主体资格及责任

对于某宾馆是否为本案的适格主体，有两种意见：一种意见认为，既然铁路公司于2004年2月25日向某宾馆发出函件催要煤款，某市人民政府副秘书长在这份函上做了“某宾馆应与铁路公司办理有关手续”的批复，所以，某宾馆可以作为本案的被诉主体，但因其并非被出售企业的买受人，故不应承担偿还煤款的责任。另一种意见则认为，某宾馆作为本案的被诉主体是不适格的。笔者同意后一种意见，理由是签订《产权转让协议》的是某大酒店，接收第一招待处资产的也应是某大酒店。而某宾馆仅是某大酒店与B君共同出资成立的有限责任公司，如果某大酒店应承担偿还该笔债务的民事责任的话，说到底，某宾馆与该债务的关系也仅仅是公司与股东的债务的关系，我们知道，公司是不对股东的债务负责的（顶多是在某大酒店和A君的财产不足以偿还债务时，法院可以执行某大酒店在某宾馆中作为股东的权益，但这是另外一个问题）。即便是客观上存在公司（某宾馆）占有股东（某大酒店）资产的事实，如某宾馆已办理了受让第一招待处全部土地使用权的国有土地使用证，并接收了包括房屋等在内的第一招待处的部分资产，也应是公司与股东之间形成的另一个法律关系，应由认为权利被侵害的权利主体在另案中主张，在另案中查明占有的原因和事实，但这些与本案是无关的。因此，某宾馆与本案买卖合同货款纠纷无法律上的联系，作为本案的被诉主体并不适格，更谈不上作为最终承担偿还责任的主体，根据有关指导性意见，法院应先裁定驳回对某宾馆的起诉，待该裁定生效后再作出实体判决。

4. 某市人民政府的主体资格及责任

某市人民政府是第一招待处的出资人，也是第一招待处的实际出卖人，在一定情况下可能成为承担偿还责任的主体，因此，作为被诉主体是适格的。本案中，在出售企业时，某市人民政府与被出售企业已经履行了向买受人如实告知债权债务情况的义务；在出售企业后，又得到债权人铁路公司的认可，实现了债务的合法转移。因此，法院认定某市人民政府不承担民事责任是正确的。

拆迁补偿债权之诉

案情简介：

1999 年，经新沂市人民政府批准，新沂市兴安实业有限公司（以下简称兴安公司）在该市第二农贸市场南侧开发金三角二期工程。同年 9 月 4 日，新沂市拆迁办公室向兴安公司颁发了房屋拆迁许可证，证号为拆许字（99）第 35 号。拆迁过程中，需拆迁索某房屋 10 间，建筑面积248.5m^2（其中临街房屋 193.60m^2），使用面积 194.06m^2，房屋补偿98061.41元，定附物及其他补偿 12492.92 元，各项合计 110554.33 元。

2001 年 5 月 13 日，兴安公司与索某签订房屋拆迁安置协议书（其中一份），协议约定给索某回迁安置北沿街西头第一单元门朝东楼下门向北营业门面房 85m^2，安置价每平方米 680 元，计 57800 元，上房时索某找兴安公司差价款3800元。兴安公司作为甲方，索某作为乙方，新沂市拆迁办公室作为鉴证机关在协议上签字或盖章（其中索某的名字由其子索某忠代签）。

因兴安公司没有房地产开发资质，兴安公司委托新沂市东辰房产开发建筑工程公司（以下简称东辰公司）对金三角二期工程进行房屋开发和销售。2001年11月8日，东辰公司与第三人贺某签订商品房预定合同，将金三角二期商品房1号楼门面1号房（即2001年5月13日协议中约定安置给索某的房屋）以546834.50元的价格出售给贺某。2002年5月10日，双方签订商品房买卖合同，确定价格为499636.36元，贺某交清了该房款。

因兴安公司没有按拆迁协议书的约定进行回迁安置，索某为此于2003年1月30日起诉，要求兴安公司、东辰公司、新沂市房屋拆迁安置综合服务中心（以下简称拆迁安置中心）履行2001年5月13日签订的房屋拆迁协议书，给予安置北沿街楼西头第一单元门朝东楼下门向北营业门面房85m²。在原一审过程中，本院依法通知贺某为第三人参加诉讼。后因索某在原一审诉讼期间死亡，索某的继承人黄某英、索某云、索某忠、索某瑜、索某家、索某侠作为原告参加诉讼。2004年2月2日，本院作出了（2003）新民初字第619号民事判决：一、东辰公司与贺某签订的房屋买卖合同合法有效，位于新沂市新安镇金三角二期商品房1号楼的门面1号营业用房归某梅所有。二、兴安公司赔偿原告损失499636.36元，此款于判决生效后十日内一次付清。三、驳回原告的其他诉讼请求。四、驳回原告对拆迁安置中心、东辰公司的诉讼请求。

六原审原告不服一审判决，提起上诉。江苏省徐州市中级人民法院于2004年8月8日作出了（2004）徐民一终字第1255号终审判决：驳回上诉，维持原判。

本案原一、二审判决生效后，贺某于2004年9月2日办理了房屋所有权证，证号为新沂房权证新安镇字第1017185号。

六原审原告不服一、二审判决，向徐州市中级人民法院申请再审。该院于2005年5月30日作出了（2005）徐民一审监字第068号民事裁定，决定对本案进行再审。同年6月10日，该院又作出（2005）徐民一再终字第063号裁定：撤销该院（2004）徐民一终字第1255号民事判决和本院（2003）新民初字第619号民事判决并将该案发回本院重审。

裁判要点：

江苏省新沂市人民法院经再审后依照《民事诉讼法》第一二八条、第一八四条，《合同法》第四十八条、第五十四条第二款、第一〇七条，最高人民法院《关于审理商品房买卖合同纠纷案件适用法律若干问题的解释》第七条第一款之规定，判决：一、位于新沂市新安镇金三角二期商品房1号楼的门面1号营业用房（即证号为新沂房权证新安镇字第1017185号标明的房屋）归六原审原告所有。二、贺某于本判决生效后30日内将上述房屋返还给兴安公司和东辰公司。三、兴安公司和东辰公司在接收该房屋后立即交付给六原审原告。四、驳回六原审原告对拆迁安置中心的诉讼请求。本案判决后，贺某与东辰公司提起上诉，徐州市中级人民法院于2007年1月22日作出终审判决：驳回上诉，维持原判。判决已发生法律效力。

本案评析：

最高人民法院《关于审理商品房买卖合同纠纷案件适用法律若干问题的解释》（以下简称解释）于2003年4月28日公布，并于同年6月1日起施行。本案是该解释实行后发生的一起较为典型的商品房买卖合同纠纷案件。审理好本案的关键是如何准确把握该解释第七条规定所体现的法律旨意。

1. 涉案拆迁协议的效力及处理

从拆迁法律关系看，拆迁人和被拆迁人在拆迁活动中的法律地位是平等的，但被拆迁人实质上属于弱势群体，所以相关的法律、法规都是侧重于对被拆迁人利益的保护。拆迁补偿安置协议作为一种特殊的买卖合同，是拆迁人以其建造或购买的产权房屋与被拆迁人享有所有权的被拆迁房屋进行互易的协议。被拆迁人丧失的是现存的房屋所有权，而拆迁人提供的补偿安置房屋则是尚未建成或易地购买的房屋，这本身对被拆迁人就是不公平的，也是极为不利的。对于绝大多数的被拆迁人而言，房屋是其安身立命之本，是其最基本的生活资料。被拆迁人失去的是其赖以生存的房屋所有权，享有的是吉凶未卜的期待权，这直接影响其生存的基本人权。因此，解释借鉴国外立法，在第七条第一款规定，“拆迁人与被拆迁人按照所有权调换形式订立拆迁补偿安置协议，明确约定拆迁人以位置、用途特定的房屋对被拆迁人予以补偿安置，如果拆迁人将该补偿安置房屋另行出卖给第三人，被拆迁人请求优先取得补偿安置房屋的，应予支持。”该规定将被拆迁人享有的债权作为一种特种债权，并赋予其物权优先效力，即被拆迁人的债权具有对抗第三人的效力，第三人的物权变动不得对抗被拆迁人的物上请求权。

2001 年 5 月 13 日，兴安公司作为甲方、索某作为乙方、市拆迁安置中心作为鉴证机关签订的拆迁安置协议书，是双方的真实意思表示。该协议不违反有关法律、行政法规的强制性规定，因而是合法有效的。索某忠代为其父索某在拆迁安置协议书上签名，索某在生前没有提出任何异议且以该协议为依据提起诉讼，是对该行为的追认，对索某发生法律效力。该协议约定给索胜芝回迁安置北沿街西头第一单元门朝东楼下门向北营业门面房 $85m^2$，从约定内容看，协议中关于回迁安置房屋的位置及用途均是明确、特定的，因而符合该解释第七条第一款关于标的物特定的前提条件。

该解释第二十八条第二款规定，“《中华人民共和国房地产管理法》施行后订立的商品房买卖合同发生的纠纷案件，本解释公布施行后尚在一审、二审阶段的，适用该解释。”本案在该解释施行后尚在一审、二审阶段，根据该规定，本案应当适用该解释。故依据解释第七条第一款的规定，涉案争议的房屋应归被拆迁人所有。对于贺某办理的房屋所有权登记，因该登记依据的一、二审判决已被撤销，其权利基础已被否定，故原告可依据本生效判决向房产主管部门申请撤销登记。

2. 涉案商品房买卖合同的效力及处理

东辰公司受兴安公司委托对金三角二期工程进行房屋开发和销售，对兴安公司将涉案房屋安置给索某的事实应当处于一种明知的状态，双方共同隐瞒该事实又将该房屋出售给贺某，属欺诈行为，故东辰公司与贺某签订的商品房买卖合同属于可撤销合同，依法应当予以撤销；贺某应当将依据该合同取得的涉案房屋返还给兴安公司和东辰公司。贺某返还房屋后，可依法行使合同撤销权，要求兴安公司和东辰公司返还购房款并赔偿因此遭受的经济损失。

夫妻共同债务分割之诉

案情简介：

高某欠刘某5万元工程款，该欠款系高某（男方）与李某（女方）婚姻关系存续期间所欠，一年中刘某多次向高某催讨，但高某就是不还。2004年春节过后，刘某又找到高家，高妻李某说已与高离婚，要钱直接去找高本人要。刘某找到高某，而此时高某却出示一份离婚判决书，说法院已将该债务判给了女方，自己已无义务还此债务。但该欠款条系有高某出具的。刘某无奈，于2004年5月将高某与李某原夫妻二人起诉到了法院。

本案分歧：

法院在审理过程中，对判决书分割债务的效力、被告主体及如何承担债务问题发生了分歧。

第一种意见认为，被告应为李某个人，该债务应由李某自己承担。理由为：我国《婚姻法》第四十一条规定："离婚时，原为夫妻共同生活所负债务，应当共同偿还，共同财产不足清偿的，或财产归各自所有的，由双方协议清偿；协议不成时，由人民法院判决。"该规定说明，人民法院生效的裁判文书中对债权债务的负担问题作出的处理，对原夫妻双方之间有约束力。该案债务虽系由高某出具的，但在刘某向其催要债款时，其已向刘某出示了该债务由李某承担的法院判决书，符合最高人民法院关于适用《中华人民共和国婚姻法》若干问题的解释（二）第二十四条的规定，即该债务已由法院判决书的形式确认了由李某承担，实际上已变更了债务人，从债权债务关系上说，债务发生了转移，形成了一种新的债权债务关系，故此该债务属李某的个人债务。

第二种意见认为，被告应为高某与李某两人，该债务应由高某与李某连带承担。理由为：最高人民法院关于适用《中华人民共和国婚姻法》若干问题的解释（二）第二十五条规定："当事人的离婚协议或者人民法院的判决书、裁定书、调解属已经对夫妻财产分割问题做出处理的，债权人仍有权就夫妻共同债务向男女双方主张权利。"此处的财产从广义上来说也应包括债务。同时法院的裁判文书对夫妻分担债务的这种债务承担，没有征得债权人同意，此仅系法院在原夫妻二人内部间债务分割的一种方式，其效力不及与债权人。故夫妻共同债务不因离婚而免除。

本案评析：

本案涉及正确解决离婚案件当事人与案外债权人之间的矛盾，保护债权人的合法权益问题。其关键是如何认定人民法院生效裁判文书对共同债务的分割效力问题。其实对此问题，我国最高人民法院关于适用《中华人民共和国婚姻法》若干问题的解释（二）已经有所规定，其二十四条规定："债权人就婚姻关系存续期间夫妻一方以个人名义所负债务主张权利的，应当按夫妻共同债务处理。但夫妻一方能够证明债权人与债务人明确约定为个人债务，或者能够证明属于婚姻法第十九条第三款规定情形的除外。"

首先，我们来分析该案债务的性质问题。该债务系刘某为高某干工程所形成，工程款欠据也系由高某以其个人名义向刘某出具，该债务形成的期间为高某与李某婚姻关系存续期间，根据最高人民法院《关于人民法院审理离婚案件处理财产分割问题的若干具体意见》第二条中规定："夫妻一方或双方在婚姻关系存续期间从事承包、租赁等生产、经营活动的收益为夫妻共同财产。"最高人民法院《关于贯彻执行〈中华人民共和国民法通则〉若干问题的意见》第四十三条明确规定："在夫妻关系存续期间，一方从事个体经营或者承包经营的，其收入为夫妻共有财产，债务亦应以夫妻共有财产清偿。"可见，在婚姻关系存续期间，无论是一方或双方的经营收入，都归夫妻共有，从事经营所欠的债务，也理应为共同债务，故本案债务系夫妻共同债务。而本案中法院的判决书对该债务的处理也是按共同债务进行认定的。

其次，我们来分析一下法院生效判决书对夫妻共同债务的分割产生的效力问题。人民法院生效的法律文书中对债务的负担问题作出的处理，具有不可逆转性，由于离婚案件的当事人，只能是夫妻双方，债权人不是诉讼主体，所以这一处理是在债权人不参与的情况下做出的，无疑是只对原夫妻双方之间产生约束力，对债权人来说不具有对抗效力。一些法律学人士称：法院在司法实践中，对夫妻分担债务的这种债务承担，并没有征得债权人同意，系法院越权代替债权人处分债权，从而侵害了债权人的对债权的处分权。显然，这一观点是不正确的。法院对夫妻共同债务作出处理，对债权人来说并未越权，也未对债权人造成侵权。最高人民法院关于适用《中华人民共和国婚姻法》若干问题的解释（二）第二十五条规定："当事人的离婚协议或者人民法院的判决书、裁定书、调解书已经对夫妻财产分割问题做出处理的，债权人仍有权就夫妻共同债务向男女双方主张权利。一方就共同债务承担连带清偿责任后，基于离婚协议或者人民法院的法律文书向另一方主张追偿的，人民法院应当支持。"从该规定可看出，法院对夫妻共同债务作出处理仅对夫妻双方有法律约束力，对债权人是不适用的。民诉法规定，离婚案件如果有当事人申请，对该案可不公开审理，所以婚姻关系案件的审理是不允许第三人参加诉讼的，故处理夫妻财产、特别是处理对外共同债务的负担问题时，真正的债权人往往处于不知情或者不能表达自己意见的地位，所以最高人民法院关于适用《中华人民共和国婚姻法》若干问题的解释（二）的对离婚债务承担的相关规定，对真正的债权人来说是具有很好的保护意义的，极大地体现出了民法的公平原则，在审判实践中其具有很强的操作性。

综上，按照我国婚姻法的立法精神，夫妻在婚姻关系存续期间，夫妻对共同债务都负有连带清偿责任，对该债务的分割，如不经债权人同意，夫妻共同债务不因离婚而免除，债务人之间无权自行改变其性质，债权人仍然有权就原夫妻所负共同债务向原夫妻双方或者其中任何一方要求偿还。

附　录

《中华人民共和国合同法》

总　则

第一章　一般规定

第一条　为了保护合同当事人的合法权益，维护社会经济秩序，促进社会主义现代化建设，制定本法。

第二条　本法所称合同是平等主体的自然人、法人、其他组织之间设立、变更、终止民事权利义务关系的协议。

婚姻、收养、监护等有关身份关系的协议，适用其他法律的规定。

第三条　合同当事人的法律地位平等，一方不得将自己的意志强加给另一方。

第四条　当事人依法享有自愿订立合同的权利，任何单位和个人不得非法干预。

第五条　当事人应当遵循公平原则确定各方的权利和义务。

第六条　当事人行使权利、履行义务应当遵循诚实信用原则。

第七条　当事人订立、履行合同，应当遵守法律、行政法规，尊重社会公德，不得扰乱社会经济秩序，损害社会公共利益。

第八条　依法成立的合同，对当事人具有法律约束力。当事人应当按照约定履行自己的义务，不得擅自变更或者解除合同。依法成立的合同，受法律保护。

第二章　合同的订立

第九条　当事人订立合同，应当具有相应的民事权利能力和民事行为能力。

当事人依法可以委托代理人订立合同。

第十条　当事人订立合同，有书面形式、口头形式和其他形式。

法律、行政法规规定采用书面形式的，应当采用书面形式。当事人约定采用书面形式的，应当采用书面形式。

第十一条　书面形式是指合同书、信件和数据电文（包括电报、电传、传真、电子数据交换和电子邮件）等可以有形地表现所载内容的形式。

第十二条　合同的内容由当事人约定，一般包括以下条款：

（一）当事人的名称或者姓名和住所；

（二）标的；

（三）数量；

（四）质量；

（五）价款或者报酬；

（六）履行期限、地点和方式；

（七）违约责任；

（八）解决争议的方法。

当事人可以参照各类合同的示范文本订立合同。

第十三条　当事人订立合同，采取要约、承诺方式。

第十四条　要约是希望和他人订立合同的意思表示，该意思表示应当符合下列规定：

（一）内容具体确定；

（二）表明经受要约人承诺，要约人即受该意思表示约束。

第十五条　要约邀请是希望他人向自己发出要约的意思表示。寄送的价目表、拍卖公告、招标公告、招股说明书、商业广告等为要约邀请。

商业广告的内容符合要约规定的，视为要约。

第十六条　要约到达受要约人时生效。

采用数据电文形式订立合同，收件人指定特定系统接收数据电文的，该数据电文进入该特定系统的时间，视为到达时间；未指定特定系统的，该数据电文进入收件人的任何系统的首次时间，视为到达时间。

第十七条 要约可以撤回。撤回要约的通知应当在要约到达受要约人之前或者与要约同时到达受要约人。

第十八条 要约可以撤销。撤销要约的通知应当在受要约人发出承诺通知之前到达受要约人。

第十九条 有下列情形之一的，要约不得撤销：

（一）要约人确定了承诺期限或者以其他形式明示要约不可撤销；

（二）受要约人有理由认为要约是不可撤销的，并已经为履行合同做了准备工作。

第二十条 有下列情形之一的，要约失效：

（一）拒绝要约的通知到达要约人；

（二）要约人依法撤销要约；

（三）承诺期限届满，受要约人未作出承诺；

（四）受要约人对要约的内容作出实质性变更。

第二十一条 承诺是受要约人同意要约的意思表示。

第二十二条 承诺应当以通知的方式作出，但根据交易习惯或者要约表明可以通过行为作出承诺的除外。

第二十三条 承诺应当在要约确定的期限内到达要约人。

要约没有确定承诺期限的，承诺应当依照下列规定到达：

（一）要约以对话方式作出的，应当即时作出承诺，但当事人另有约定的除外；

（二）要约以非对话方式作出的，承诺应当在合理期限内到达。

第二十四条 要约以信件或者电报作出的，承诺期限自信件载明的日期或者电报交发之日开始计算。信件未载明日期的，自投寄该信件的邮戳日期开始计算。要约以电话、传真等快速通讯方式作出的，承诺期限自要约到达受要约人时开始计算。

第二十五条 承诺生效时合同成立。

第二十六条 承诺通知到达要约人时生效。承诺不需要通知的，根据交易习惯或者要约的要求作出承诺的行为时生效。

采用数据电文形式订立合同的，承诺到达的时间适用本法第十六条第二款的规定。

第二十七条 承诺可以撤回。撤回承诺的通知应当在承诺通知到达要约人之前或者与承诺通知同时到达要约人。

第二十八条 受要约人超过承诺期限发出承诺的，除要约人及时通知受要约人该承诺有效的以外，为新要约。

第二十九条 受要约人在承诺期限内发出承诺，按照通常情形能够及时到达要约人，但因其他原因承诺到达要约人时超过承诺期限的，除要约人及时通知受要约人因承诺超过期限不接受该承诺的以外，该承诺有效。

第三十条 承诺的内容应当与要约的内容一致。受要约人对要约的内容作出实质性变更的，为新要约。有关合同标的、数量、质量、价款或者报酬、履行期限、履行地点和方式、违约责任和解决争议方法等的变更，是对要约内容的实质性变更。

第三十一条 承诺对要约的内容作出非实质性变更的，除要约人及时表示反对或者要约表明承诺不得对要约的内容作出任何变更的以外，该承诺有效，合同的内容以承诺的内容为准。

第三十二条 当事人采用合同书形式订立合同的，自双方当事人签字或者盖章时合同成立。

第三十三条 当事人采用信件、数据电文等形式订立合同的，可以在合同成立之前要求签订确认书。签订确认书时合同成立。

第三十四条 承诺生效的地点为合同成立的地点。

采用数据电文形式订立合同的，收件人的主营业地为合同成立的地点；没有主营业地的，其经常居住地为合同成立的地点。当事人另有约定的，按照其约定。

第三十五条 当事人采用合同书形式订立合同的，双方当事人签字或者盖章的地点为合同成立的地点。

第三十六条 法律、行政法规规定或者当事人约定采用书面形式订立合同，当事人未采用书面形式但一方已经履行主要义务，对方接受的，该合同成立。

第三十七条 采用合同书形式订立合同，在签字或者盖章之前，当事人一方已经履行主要义务，对方接受的，该合同成立。

第三十八条 国家根据需要下达指令性任务或者国家订货任务的，有关法人、其他组织之间应当依照有关法律、行政法规规定的权利和义务订立合同。

第三十九条 采用格式条款订立合同的，提供格式条款的一方应当遵循公平原则确定当事人之间的权利和义务，并采取合理的方式提请对方注意免除或者限制其责任的条款，按照对方的要求，对该条款予以说明。

格式条款是当事人为了重复使用而预先拟定，并在订立合同时未与对方协商的条款。

第四十条 格式条款具有本法第五十二条和第五十三条规定情形的，或者提供格式条款一方免除其责任、加重对方责任、排除对方主要权利的，该条款无效。

第四十一条 对格式条款的理解发生争议的，应当按照通常理解予以解释。对格式条款有两种以上解释的，应当作出不利于提供格式条款一方的解释。格式条款和非格式条款不一致的，应当采用非格式条款。

第四十二条 当事人在订立合同过程中有下列情形之一，给对方造成损失的，应当承担损害赔偿责任：

（一）假借订立合同，恶意进行磋商；

（二）故意隐瞒与订立合同有关的重要事实或者提供虚假情况；

（三）有其他违背诚实信用原则的行为。

第四十三条 当事人在订立合同过程中知悉的商业秘密，无论合同是否成立，不得泄露或者不正当地使用。泄露或者不正当地使用该商业秘密给对方造成损失的，应当承担损害赔偿责任。

第三章 合同的效力

第四十四条 依法成立的合同，自成立时生效。

法律、行政法规规定应当办理批准、登记等手续生效的，依照其规定。

第四十五条 当事人对合同的效力可以约定附条件。附生效条件的合同，自条件成就时生效。附解除条件的合同，自条件成就时失效。

当事人为自己的利益不正当地阻止条件成就的，视为条件已成就；不正当地促成条件成就的，视为条件不成就。

第四十六条 当事人对合同的效力可以约定附期限。附生效期限的合同，自期限届至时生效。附终止期限的合同，自期限届满时失效。

第四十七条 限制民事行为能力人订立的合同，经法定代理人追认后，该合同有效，但纯获利益的合同或者与其年龄、智力、精神健康状况相适应而订立的合同，不必经法定代理人追认。

相对人可以催告法定代理人在一个月内予以追认。法定代理人未作表示的，视为拒绝追认。合同被追认之前，善意相对人有撤销的权利。撤销应当以通知的方式作出。

第四十八条 行为人没有代理权、超越代理权或者代理权终止后以被代理人名义订立的合同，未经被代理人追认，对被代理人不发生效力，由行为人承担责任。

相对人可以催告被代理人在一个月内予以追认。被代理人未作表示的，视为拒绝追认。合同被追认之前，善意相对人有撤销的权利。撤销应当以通知的方式作出。

第四十九条 行为人没有代理权、超越代理权或者代理权终止后以被代理人名义订立合同，相对人有理由相信行为人有代理权的，该代理行为有效。

第五十条 法人或者其他组织的法定代表人、负责人超越权限订立的合同，除相对人知道或者应当知道其超越权限的以外，该代表行为有效。

第五十一条 无处分权的人处分他人财产，经权利人追认或者无处分权的人订立合同后取得处分权的，该合同有效。

第五十二条 有下列情形之一的，合同无效：

（一）一方以欺诈、胁迫的手段订立合同，损害国家利益；

（二）恶意串通，损害国家、集体或者第三人利益；

（三）以合法形式掩盖非法目的；

（四）损害社会公共利益；

（五）违反法律、行政法规的强制性规定。

第五十三条 合同中的下列免责条款无效：

（一）造成对方人身伤害的；

（二）因故意或者重大过失造成对方财产损失的。

第五十四条 下列合同，当事人一方有权请求人民法院或者仲裁机构变更或者撤销：

（一）因重大误解订立的；

（二）在订立合同时显失公平的。

一方以欺诈、胁迫的手段或者乘人之危，使对方在违背真实意思的情况下订立的合同，受损害方有权请求人民法院或者仲裁机构变更或者撤销。

当事人请求变更的，人民法院或者仲裁机构不得撤销。

第五十五条 有下列情形之一的，撤销权消灭：

（一）具有撤销权的当事人自知道或者应当知道撤销事由之日起一年内没有行使撤销权；

（二）具有撤销权的当事人知道撤销事由后明确表示或者以自己的行为放弃撤销权。

第五十六条 无效的合同或者被撤销的合同自始没有法律约束力。合同部分无效，不影响其他部分效力的，其他部分仍然有效。

第五十七条 合同无效、被撤销或者终止的，不影响合同中独立存在的有关解决争议方法的条款的效力。

第五十八条 合同无效或者被撤销后，因该合同取得的财产，应当予以返还；不能返还或者没有必要返还的，应当折价补偿。有过错的一方应当赔偿对方因此所受到的损失，双方都有过错的，应当各自承担相应的责任。

第五十九条 当事人恶意串通，损害国家、集体或者第三人利益的，因此取得的财产收归国家所有或者返还集体、第三人。

第四章 合同的履行

第六十条 当事人应当按照约定全面履行自己的义务。

当事人应当遵循诚实信用原则，根据合同的性质、目的和交易习惯履行通知、协助、保密等义务。

第六十一条 合同生效后，当事人就质量、价款或者报酬、履行地点等内容没有约定或者约定不明确的，可以协议补充；不能达成补充协议的，按照合同有关条款或者交易习惯确定。

第六十二条 当事人就有关合同内容约定不明确，依照本法第六十一条的规定仍不能确定的，适用下列规定：

（一）质量要求不明确的，按照国家标准、行业标准履行；没有国家标准、行业标准的，按照通常标准或者符合合同目的的特定标准履行。

（二）价款或者报酬不明确的，按照订立合同时履行地的市场价格履行；依法应当执行政府定价或者政府指导价的，按照规定履行。

（三）履行地点不明确，给付货币的，在接受货币一方所在地履行；交付不动产的，在不动产所在地履行；其他标的，在履行义务一方所在地履行。

（四）履行期限不明确的，债务人可以随时履行，债权人也可以随时要求履行，但应当给对方必要的准备时间。

（五）履行方式不明确的，按照有利于实现合同目的的方式履行。

（六）履行费用的负担不明确的，由履行义务一方负担。

第六十三条 执行政府定价或者政府指导价的，在合同约定的交付期限内政府价格调整时，按照交付时的价格计价。逾期交付标的物的，遇价格上涨时，按照原价格执行；价格下降时，按照新价格执行。逾期提取标的物或者逾期付款的，遇价格上涨时，按照新价格执行；价格下降时，按照原价格执行。

第六十四条 当事人约定由债务人向第三人履行债务的，债务人未向第三人履行债务或者履行债务不符合约定，应当向债权人承担违约责任。

第六十五条 当事人约定由第三人向债权人履行债务的，第三人不履行债务或者履行债务不符合约定，债务人应当向债权人承担违约责任。

第六十六条 当事人互负债务，没有先后履行顺序的，应当同时履行。一方在对方履行之前有权拒绝其履行要求。一方在对方履行债务不符合约定时，有权拒绝其相应的履行要求。

第六十七条 当事人互负债务，有先后履行顺序，先履行一方未履行的，后履行一方有权拒绝其履行要求。先履行一方履行债务不符合约定的，后履行一方有权拒绝其相应的履行要求。

第六十八条 应当先履行债务的当事人，有确切证据证明对方有下列情形之一的，可以中止履行：

（一）经营状况严重恶化；

（二）转移财产、抽逃资金，以逃避债务；

（三）丧失商业信誉；

（四）有丧失或者可能丧失履行债务能力的其他情形。

当事人没有确切证据中止履行的，应当承担违约责任。

第六十九条 当事人依照本法第六十八条的规定中止履行的，应当及时通知对方。对方提供适当担保时，应当恢复履行。中止履行后，对方在合理期限内未恢复履行能力并且未提供适当担保的，中止履行的一方可以解除合同。

第七十条 债权人分立、合并或者变更住所没有通知债务人，致使履行债务发生困难的，债务人可以中止履行或者将标的物提存。

第七十一条 债权人可以拒绝债务人提前履行债务，但提前履行不损害债权人利益的除外。

债务人提前履行债务给债权人增加的费用，由债务人负担。

第七十二条 债权人可以拒绝债务人部分履行债务，但部分履行不损害债权人利益的除外。

债务人部分履行债务给债权人增加的费用，由债务人负担。

第七十三条 因债务人怠于行使其到期债权，对债权人造成损害的，债权人可以向人民法院请求以自己的名义代位行使债务人的债权，但该债权专属于债务人自身的除外。

代位权的行使范围以债权人的债权为限。债权人行使代位权的必要费用，由债务人负担。

第七十四条 因债务人放弃其到期债权或者无偿转让财产，对债权人造成损害的，债权人可以请求人民法院撤销债务人的行为。债务人以明显不合理的低价转让财产，对债权人造成损害，并且受让人知道该情形的，债权人也可以请求人民法院撤销债务人的行为。

撤销权的行使范围以债权人的债权为限。债权人行使撤销权的必要费用，由债务人负担。

第七十五条 撤销权自债权人知道或者应当知道撤销事由之日起一年内行使。自债务人的行为发生之日起五年内没有行使撤销权的，该撤销权消灭。

第七十六条 合同生效后，当事人不得因姓名、名称的变更或者法定代表人、负责人、承办人的变动而不履行合同义务。

第五章 合同的变更和转让

第七十七条 当事人协商一致，可以变更合同。

法律、行政法规规定变更合同应当办理批准、登记等手续的，依照其规定。

第七十八条 当事人对合同变更的内容约定不明确的，推定为未变更。

第七十九条 债权人可以将合同的权利全部或者部分转让给第三人，但有下列情形之一的除外：

（一）根据合同性质不得转让；

（二）按照当事人约定不得转让；

（三）依照法律规定不得转让。

第八十条 债权人转让权利的，应当通知债务人。未经通知，该转让对债务人不发生效力。

债权人转让权利的通知不得撤销，但经受让人同意的除外。

第八十一条 债权人转让权利的，受让人取得与债权有关的从权利，但该从权利专属于债权人自身的除外。

第八十二条 债务人接到债权转让通知后，债务人对让与人的抗辩，可以向受让人主张。

第八十三条 债务人接到债权转让通知时，债务人对让与人享有债权，并且债务人的债权先于转让的债权到期或者同时到期的，债务人可以向受让人主张抵销。

第八十四条 债务人将合同的义务全部或者部分转移给第三人的，应当经债权人同意。

第八十五条 债务人转移义务的，新债务人可以主张原债务人对债权人的抗辩。

第八十六条 债务人转移义务的，新债务人应当承担与主债务有关的从债务，但该从债务专属于原债务人自身的除外。

第八十七条 法律、行政法规规定转让权利或者转移义务应当办理批准、登记等手续的，依照其规定。

第八十八条 当事人一方经对方同意，可以将自己在合同中的权利和义务一并转让给第三人。

第八十九条 权利和义务一并转让的，适用本法第七十九条、第八十一条至第八十三条、第八十五条至第八十七条的规定。

第九十条 当事人订立合同后合并的，由合并后的法人或者其他组织行使合同权利，履行合同义务。当事人订立合同后分立的，除债权人和债务人另有约定的以外，由分立的法人或者其他组织对合同的权利和义务享有连带债权，承担连带债务。

第六章 合同的权利义务终止

第九十一条 有下列情形之一的，合同的权利义务终止：

（一）债务已经按照约定履行；

（二）合同解除；

（三）债务相互抵销；

（四）债务人依法将标的物提存；

（五）债权人免除债务；

（六）债权债务同归于一人；

（七）法律规定或者当事人约定终止的其他情形。

第九十二条 合同的权利义务终止后，当事人应当遵循诚实信用原则，根据交易习惯履行通知、协助、保密等义务。

第九十三条 当事人协商一致，可以解除合同。

当事人可以约定一方解除合同的条件。解除合同的条件成就时，解除权人可以解除合同。

第九十四条 有下列情形之一的，当事人可以解除合同：

（一）因不可抗力致使不能实现合同目的；

（二）在履行期限届满之前，当事人一方明确表示或者以自己的行为表明不履行主要债务；

（三）当事人一方迟延履行主要债务，经催告后在合理期限内仍未履行；

（四）当事人一方迟延履行债务或者有其他违约行为致使不能实现合同目的；

（五）法律规定的其他情形。

第九十五条 法律规定或者当事人约定解除权行使期限，期限届满当事人不行使的，该权利消灭。

法律没有规定或者当事人没有约定解除权行使期限，经对方催告后在合理期限内不行使的，该权利消灭。

第九十六条 当事人一方依照本法第九十三条第二款、第九十四条的规定主张解除合同的，应当通知对方。合同自通知到达对方时解除。对方有异议的，可以请求人民法院或者仲裁机构确认解除合同的效力。

法律、行政法规规定解除合同应当办理批准、登记等手续的，依照其规定。

第九十七条 合同解除后，尚未履行的，终止履行；已经履行的，根据履行情况和合同性质，当事人可以要求恢复原状、采取其他补救措施，并有权要求赔偿损失。

第九十八条 合同的权利义务终止，不影响合同中结算和清理条款的效力。

第九十九条 当事人互负到期债务，该债务的标的物种类、品质相同的，任何一方可以将自己的债务与对方的债务抵销，但依照法律规定或者按照合同性质不得抵销的除外。

当事人主张抵销的，应当通知对方。通知自到达对方时生效。抵销不得附条件或者附期限。

第一〇〇条 当事人互负债务，标的物种类、品质不相同的，经双方协商一致，也可以抵销。

第一〇一条 有下列情形之一，难以履行债务的，债务人可以将标的物提存：

（一）债权人无正当理由拒绝受领；

（二）债权人下落不明；

（三）债权人死亡未确定继承人或者丧失民事行为能力未确定监护人；

（四）法律规定的其他情形。

标的物不适于提存或者提存费用过高的，债务人依法可以拍卖或者变卖标的物，提存所得的价款。

第一〇二条 标的物提存后，除债权人下落不明的以外，债务人应当及时通知债权人或者债权人的继承人、监护人。

第一〇三条 标的物提存后，毁损、灭失的风险由债权人承担。提存期间，标的物的孳息归债权人所有。提存费用由债权人负担。

第一〇四条 债权人可以随时领取提存物，但债权人对债务人负有到期债务的，在债权人未履行债务或者提供担保之前，提存部门根据债务人的要求应当拒绝其领取提存物。

债权人领取提存物的权利，自提存之日起五年内不行使而消灭，提存物扣除提存费用后归国家所有。

第一〇五条 债权人免除债务人部分或者全部债务的，合同的权利义务部分或者全部终止。

第一〇六条 债权和债务同归于一人的，合同的权利义务终止，但涉及第三人利益的除外。

第七章 违约责任

第一〇七条 当事人一方不履行合同义务或者履行合同义务不符合约定的，应当承担继续履行、采取补救措施或者赔偿损失等违约责任。

第一〇八条 当事人一方明确表示或者以自己的行为表明不履行合同义务的，对方可以在履行期限届满之前要求其承担违约责任。

第一〇九条 当事人一方未支付价款或者报酬的，对方可以要求其支付价款或者报酬。

第一一〇条 当事人一方不履行非金钱债务或者履行非金钱债务不符合约定的，对方可以要求履行，但有下列情形之一的除外：

（一）法律上或者事实上不能履行；

（二）债务的标的不适于强制履行或者履行费用过高；

（三）债权人在合理期限内未要求履行。

第一一一条 质量不符合约定的，应当按照当事人的约定承担违约责任。对违约责任没有约定或者约定不明确，依照本法第六十一条的规定仍不能确定的，受损害方根据标的的性质以及损失的大小，可以合理选择要求对方承担修理、更换、重作、退货、减少价款或者报酬等违约责任。

第一一二条 当事人一方不履行合同义务或者履行合同义务不符合约定的，在履行义务或者采取补救措施后，对方还有其他损失的，应当赔偿损失。

第一一三条 当事人一方不履行合同义务或者履行合同义务不符合约定，给对方造成损失的，损失赔偿额应当相当于因违约所造成的损失，包括合同履行后可以获得的利益，但不得超过违反合同一方订立合同时预见到或者应当预见到的因违反合同可能造成的损失。

经营者对消费者提供商品或者服务有欺诈行为的，依照《中华人民共和国消费者权益保护法》的规定承担损害赔偿责任。

第一一四条 当事人可以约定一方违约时应当根据违约情况向对方支付一定数额的违约金，也可以约定因违约产生的损失赔偿额的计算方法。

约定的违约金低于造成的损失的，当事人可以请求人民法院或者仲裁机构予以增加；约定的违约金过分高于造成的损失的，当事人可以请求人民法院或者仲裁机构予以适当减少。

当事人就迟延履行约定违约金的，违约方支付违约金后，还应当履行债务。

第一一五条 当事人可以依照《中华人民共和国担保法》约定一方向对方给付定金作为债权的担保。债务人履行债务后，定金应当抵作价款或者收回。给付定金的一方不履行约定的债务的，无权要求返还定金；收受定金的一方不履行约定的债务的，应当双倍返还定金。

第一一六条 当事人既约定违约金，又约定定金的，一方违约时，对方可以选择适用违约金或者定金条款。

第一一七条 因不可抗力不能履行合同的，根据不可抗力的影响，部分或者全部免除责任，但法律另有规定的除外。当事人迟延履行后发生不可抗力的，不能免除责任。

本法所称不可抗力，是指不能预见、不能避免并不能克服的客观情况。

第一一八条 当事人一方因不可抗力不能履行合同的，应当及时通知对方，以减轻可能给对方造成的损失，并应当在合理期限内提供证明。

第一一九条 当事人一方违约后，对方应当采取适当措施防止损失的扩大；没有采取适当措施致使损失扩大的，不得就扩大的损失要求赔偿。

当事人因防止损失扩大而支出的合理费用，由违约方承担。

第一二〇条 当事人双方都违反合同的，应当各自承担相应的责任。

第一二一条 当事人一方因第三人的原因造成违约的，应当向对方承担违约责任。当事人一方和第三人之间的纠纷，依照法律规定或者按照约定解决。

第一二二条 因当事人一方的违约行为，侵害对方人身、财产权益的，受损害方有权选择依照本法要求其承担违约责任或者依照其他法律要求其承担侵权责任。

第八章 其他规定

第一二三条 其他法律对合同另有规定的，依照其规定。

第一二四条 本法分则或者其他法律没有明文规定的合同，适用本法总则的规定，并可以参照本法分则或者其他法律最相类似的规定。

第一二五条 当事人对合同条款的理解有争议的，应当按照合同所使用的词句、合同的有关条款、合同的目的、交易习惯以及诚实信用原则，确定该条款的真实意思。

合同文本采用两种以上文字订立并约定具有同等效力的，对各文本使用的词句推定具有相同含义。各文本使用的词句不一致的，应当根据合同的目的予以解释。

第一二六条 涉外合同的当事人可以选择处理合同争议所适用的法律，但法律另有规定的除外。涉外合同的当事人没有选择的，适用与合同有最密切联系的国家的法律。

在中华人民共和国境内履行的中外合资经营企业合同、中外合作经营企业合同、中外合作勘探开发自然资源合同，适用中华人民共和国法律。

第一二七条 工商行政管理部门和其他有关行政主管部门在各自的职权范围内，依照法律、行政法规的规定，对利用合同危害国家利益、社会公共利益的违法行为，负责监督处理；构成犯罪的，依法追究刑事责任。

第一二八条 当事人可以通过和解或者调解解决合同争议。

当事人不愿和解、调解或者和解、调解不成的，可以根据仲裁协议向仲裁机构申请仲裁。涉外合同的当事人可以根据仲裁协议向中国仲裁机构或者其他仲裁机构申请仲裁。当事人没有订立仲裁协议或者仲裁协议无效的，可以向人民法院起诉。当事人应当履行发生法律效力的判决、仲裁裁决、调解书；拒不履行的，对方可以请求人民法院执行。

第一二九条 因国际货物买卖合同和技术进出口合同争议提起诉讼或者申请仲裁的期限为四年，自当事人知道或者应当知道其权利受到侵害之日起计算。因其他合同争议提起诉讼或者申请仲裁的期限，依照有关法律的规定。

分　　则

第九章　买卖合同

第一三〇条 买卖合同是出卖人转移标的物的所有权于买受人，买受人支付价款的合同。

第一三一条 买卖合同的内容除依照本法第十二条的规定以外，还可以包括包装方式、检验标准和方法、结算方式、合同使用的文字及其效力等条款。

第一三二条 出卖的标的物，应当属于出卖人所有或者出卖人有权处分。

法律、行政法规禁止或者限制转让的标的物，依照其规定。

第一三三条 标的物的所有权自标的物交付时起转移，但法律另有规定或者当事人另有约定的除外。

第一三四条 当事人可以在买卖合同中约定买受人未履行支付价款或者其他义务的，标的物的所有权属于出卖人。

第一三五条 出卖人应当履行向买受人交付标的物或者交付提取标的物的单证，并转移标的物所有权的义务。

第一三六条 出卖人应当按照约定或者交易习惯向买受人交付提取标的物单证以外的有关单证和资料。

第一三七条 出卖具有知识产权的计算机软件等标的物的，除法律另有规定或者当事人另有约定的以外，该标的物的知识产权不属于买受人。

第一三八条 出卖人应当按照约定的期限交付标的物。约定交付期间的，出卖人可以在该交付期间内的任何时间交付。

第一三九条 当事人没有约定标的物的交付期限或者约定不明确的，适用本法第六十一条、第六十二条第四项的规定。

第一四〇条 标的物在订立合同之前已为买受人占有的，合同生效的时间为交付时间。

第一四一条 出卖人应当按照约定的地点交付标的物。

当事人没有约定交付地点或者约定不明确，依照本法第六十一条的规定仍不能确定的，适用下列规定：

（一）标的物需要运输的，出卖人应当将标的物交付给第一承运人以运交给买受人；

（二）标的物不需要运输，出卖人和买受人订立合同时知道标的物在某一地点的，出卖人应当在该地点交付标的物；不知道标的物在某一地点的，应当在出卖人订立合同时的营业地交付标的物。

第一四二条 标的物毁损、灭失的风险，在标的物交付之前由出卖人承担，交付之后由买受人承担，但法律另有规定或者当事人另有约定的除外。

第一四三条 因买受人的原因致使标的物不能按照约定的期限交付的，买受人应当自违反约定之日起承担标的物毁损、灭失的风险。

第一四四条 出卖人出卖交由承运人运输的在途标的物，除当事人另有约定的以外，毁损、灭失的风险自合同成立时起由买受人承担。

第一四五条 当事人没有约定交付地点或者约定不明确，依照本法第一百四十一条第二款第一项的规定标的物需要运输的，出卖人将标的物交付给第一承运人后，标的物毁损、灭失的风险由买受人承担。

第一四六条 出卖人按照约定或者依照本法第一四一条第二款第二项的规定将标的物置于交付地点，买受人违反约定没有收取的，标的物毁损、灭失的风险自违反约定之日起由买受人承担。

第一四七条 出卖人按照约定未交付有关标的物的单证和资料的，不影响标的物毁损、灭失风险的转移。

第一四八条 因标的物质量不符合质量要求，致使不能实现合同目的的，买受人可以拒绝接受标的物或者解除合同。买受人拒绝接受标的物或者解除合同的，标的物毁损、灭失的风险由出卖人承担。

第一四九条 标的物毁损、灭失的风险由买受人承担的，不影响因出卖人履行债务不符合约定，买受人要求其承担违约责任的权利。

第一五〇条 出卖人就交付的标的物，负有保证第三人不得向买受人主张任何权利的义务，但法律另有规定的除外。

第一五一条 买受人订立合同时知道或者应当知道第三人对买卖的标的物享有权利的，出卖人不承担本法第一五〇条规定的义务。

第一五二条 买受人有确切证据证明第三人可能就标的物主张权利的，可以中止支付相应的价款，但出卖人提供适当担保的除外。

第一五三条 出卖人应当按照约定的质量要求交付标的物。出卖人提供有关标的物质量说明的，交付的标的物应当符合该说明的质量要求。

第一五四条 当事人对标的物的质量要求没有约定或者约定不明确，依照本法第六十一条的规定仍不能确定的，适用本法第六十二条第一项的规定。

第一五五条 出卖人交付的标的物不符合质量要求的，买受人可以依照本法第一一一条的规定要求承担违约责任。

第一五六条 出卖人应当按照约定的包装方式交付标的物。对包装方式没有约定或者约定不明确，依照本法第六十一条的规定仍不能确定的，应当按照通用的方式包装，没有通用方式的，应当采取足以保护标的物的包装方式。

第一五七条 买受人收到标的物时应当在约定的检验期间内检验。没有约定检验期间的，应当及时检验。

第一五八条 当事人约定检验期间的，买受人应当在检验期间内将标的物的数量或者质量不符合约定的情形通知出卖人。买受人怠于通知的，视为标的物的数量或者质量符合约定。

当事人没有约定检验期间的，买受人应当在发现或者应当发现标的物的数量或者质量不符合约定的合理期间内通知出卖人。买受人在合理期间内未通知或者自标的物收到之日起两年内未通知出卖人的，视为标的物的数量或者质量符合约定，但对标的物有质量保证期的，适用质量保证期，不适用该两年的规定。

出卖人知道或者应当知道提供的标的物不符合约定的，买受人不受前两款规定的通知时间的限制。

第一五九条 买受人应当按照约定的数额支付价款。对价款没有约定或者约定不明确的，适用本法第六十一条、第六十二条第二项的规定。

第一六〇条 买受人应当按照约定的地点支付价款。对支付地点没有约定或者约定不明确，依照本法第六十一条的规定仍不能确定的，买受人应当在出卖人的营业地支付，但约定支付价款以交付标的物或者交付提取标的物单证为条件的，在交付标的物或者交付提取标的物单证的所在地支付。

第一六一条 买受人应当按照约定的时间支付价款。对支付时间没有约定或者约定不明确，依照本法第六十一条的规定仍不能确定的，买受人应当在收到标的物或者提取标的物单证的同时支付。

第一六二条 出卖人多交标的物的，买受人可以接收或者拒绝接收多交的部分。买受人接收多交部分的，按照合同的价格支付价款；买受人拒绝接收多交部分的，应当及时通知出卖人。

第一六三条 标的物在交付之前产生的孳息，归出卖人所有，交付之后产生的孳息，归买受人所有。

第一六四条 因标的物的主物不符合约定而解除合同的，解除合同的效力及于从物。因标的物的从物不符合约定被解除的，解除的效力不及于主物。

第一六五条 标的物为数物，其中一物不符合约定的，买受人可以就该物解除，但该物与他物分离使标的物的价值显受损害的，当事人可以就数物解除合同。

第一六六条 出卖人分批交付标的物的，出卖人对其中一批标的物不交付或者交付不符合约定，致使该批标的物不能实现合同目的的，买受人可以就该批标的物解除。

出卖人不交付其中一批标的物或者交付不符合约定，致使今后其他各批标的物的交付不能实现合同目的的，买受人可以就该批以及今后其他各批标的物解除。

买受人如果就其中一批标的物解除，该批标的物与其他各批标的物相互依存的，可以就已经交付和未交付的各批标的物解除。

第一六七条 分期付款的买受人未支付到期价款的金额达到全部价款的五分之一的，出卖人可以要求买受人支付全部价款或者解除合同。

出卖人解除合同的，可以向买受人要求支付该标的物的使用费。

第一六八条 凭样品买卖的当事人应当封存样品，并可以对样品质量予以说明。出卖人交付的标的物应当与样品及其说明的质量相同。

第一六九条 凭样品买卖的买受人不知道样品有隐蔽瑕疵的，即使交付的标的物与样品相同，出卖人交付的标的物的质量仍然应当符合同种物的通常标准。

第一七〇条 试用买卖的当事人可以约定标的物的试用期间。对试用期间没有约定或者约定不明确，依照本法第六十一条的规定仍不能确定的，由出卖人确定。

第一七一条 试用买卖的买受人在试用期内可以购买标的物，也可以拒绝购买。试用期间届满，买受人对是否购买标的物未作表示的，视为购买。

第一七二条 招标投标买卖的当事人的权利和义务以及招标投标程序等，依照有关法律、行政法规的规定。

第一七三条 拍卖的当事人的权利和义务以及拍卖程序等，依照有关法律、行政法规的规定。

第一七四条　法律对其他有偿合同有规定的，依照其规定；没有规定的，参照买卖合同的有关规定。

第一七五条　当事人约定易货交易，转移标的物的所有权的，参照买卖合同的有关规定。

第十章　供用电、水、气、热力合同

第一七六条　供用电合同是供电人向用电人供电，用电人支付电费的合同。

第一七七条　供用电合同的内容包括供电的方式、质量、时间，用电容量、地址、性质，计量方式，电价、电费的结算方式，供用电设施的维护责任等条款。

第一七八条　供用电合同的履行地点，按照当事人约定；当事人没有约定或者约定不明确的，供电设施的产权分界处为履行地点。

第一七九条　供电人应当按照国家规定的供电质量标准和约定安全供电。供电人未按照国家规定的供电质量标准和约定安全供电，造成用电人损失的，应当承担损害赔偿责任。

第一八〇条　供电人因供电设施计划检修、临时检修、依法限电或者用电人违法用电等原因，需要中断供电时，应当按照国家有关规定事先通知用电人。未事先通知用电人中断供电，造成用电人损失的，应当承担损害赔偿责任。

第一八一条　因自然灾害等原因断电，供电人应当按照国家有关规定及时抢修。未及时抢修，造成用电人损失的，应当承担损害赔偿责任。

第一八二条　用电人应当按照国家有关规定和当事人的约定及时交付电费。用电人逾期不交付电费的，应当按照约定支付违约金。经催告用电人在合理期限内仍不交付电费和违约金的，供电人可以按照国家规定的程序中止供电。

第一八三条　用电人应当按照国家有关规定和当事人的约定安全用电。用电人未按照国家有关规定和当事人的约定安全用电，造成供电人损失的，应当承担损害赔偿责任。

第一八四条 供用水、供用气、供用热力合同，参照供用电合同的有关规定。

第十一章 赠予合同

第一八五条 赠予合同是赠予人将自己的财产无偿给予受赠人，受赠人表示接受赠予的合同。

第一八六条 赠予人在赠予财产的权利转移之前可以撤销赠予。

具有救灾、扶贫等社会公益、道德义务性质的赠予合同或者经过公证的赠予合同，不适用前款规定。

第一八七条 赠予的财产依法需要办理登记等手续的，应当办理有关手续。

第一八八条 具有救灾、扶贫等社会公益、道德义务性质的赠予合同或者经过公证的赠予合同，赠予人不交付赠予的财产的，受赠人可以要求交付。

第一八九条 因赠予人故意或者重大过失致使赠予的财产毁损、灭失的，赠予人应当承担损害赔偿责任。

第一九〇条 赠予可以附义务。

赠予附义务的，受赠人应当按照约定履行义务。

第一九一条 赠予的财产有瑕疵的，赠予人不承担责任。附义务的赠与，赠予的财产有瑕疵的，赠予人在附义务的限度内承担与出卖人相同的责任。

赠予人故意不告知瑕疵或者保证无瑕疵，造成受赠人损失的，应当承担损害赔偿责任。

第一九二条 受赠人有下列情形之一的，赠予人可以撤销赠予：

（一）严重侵害赠予人或者赠予人的近亲属；

（二）对赠予人有抚养义务而不履行；

（三）不履行赠予合同约定的义务。

赠予人的撤销权，自知道或者应当知道撤销原因之日起一年内行使。

第一九三条 因受赠人的违法行为致使赠予人死亡或者丧失民事行为能力的，赠予人的继承人或者法定代理人可以撤销赠予。

赠予人的继承人或者法定代理人的撤销权，自知道或者应当知道撤销原因之日起六个月内行使。

第一九四条 撤销权人撤销赠予的，可以向受赠人要求返还赠予的财产。

第一九五条 赠予人的经济状况显著恶化，严重影响其生产经营或者家庭生活的，可以不再履行赠予义务。

第十二章 借款合同

第一九六条 借款合同是借款人向贷款人借款，到期返还借款并支付利息的合同。

第一九七条 借款合同采用书面形式，但自然人之间借款另有约定的除外。

借款合同的内容包括借款种类、币种、用途、数额、利率、期限和还款方式等条款。

第一九八条 订立借款合同，贷款人可以要求借款人提供担保。担保依照《中华人民共和国担保法》的规定。

第一九九条 订立借款合同，借款人应当按照贷款人的要求提供与借款有关的业务活动和财务状况的真实情况。

第二〇〇条 借款的利息不得预先在本金中扣除。利息预先在本金中扣除的，应当按照实际借款数额返还借款并计算利息。

第二〇一条 贷款人未按照约定的日期、数额提供借款，造成借款人损失的，应当赔偿损失。

借款人未按照约定的日期、数额收取借款的，应当按照约定的日期、数额支付利息。

第二〇二条 贷款人按照约定可以检查、监督借款的使用情况。借款人应当按照约定向贷款人定期提供有关财务会计报表等资料。

第二〇三条 借款人未按照约定的借款用途使用借款的，贷款人可以停止发放借款、提前收回借款或者解除合同。

第二〇四条 办理贷款业务的金融机构贷款的利率，应当按照中国人民银行规定的贷款利率的上下限确定。

第二〇五条 借款人应当按照约定的期限支付利息。对支付利息的期限没有约定或者约定不明确，依照本法第六十一条的规定仍不能确定，借款期间不满一年的，应当在返还借款时一并支付；借款期间一年以上的，应当在每届满一年时支付，剩余期间不满一年的，应当在返还借款时一并支付。

第二〇六条 借款人应当按照约定的期限返还借款。对借款期限没有约定或者约定不明确，依照本法第六十一条的规定仍不能确定的，借款人可以随时返还；贷款人可以催告借款人在合理期限内返还。

第二〇七条 借款人未按照约定的期限返还借款的，应当按照约定或者国家有关规定支付逾期利息。

第二〇八条 借款人提前偿还借款的，除当事人另有约定的以外，应当按照实际借款的期间计算利息。

第二〇九条 借款人可以在还款期限届满之前向贷款人申请展期。贷款人同意的，可以展期。

第二一〇条 自然人之间的借款合同，自贷款人提供借款时生效。

第二一一条 自然人之间的借款合同对支付利息没有约定或者约定不明确的，视为不支付利息。

自然人之间的借款合同约定支付利息的，借款的利率不得违反国家有关限制借款利率的规定。

第十三章　租赁合同

第二一二条 租赁合同是出租人将租赁物交付承租人使用、收益，承租人支付租金的合同。

第二一三条 租赁合同的内容包括租赁物的名称、数量、用途、租赁期限、租金及其支付期限和方式、租赁物维修等条款。

第二一四条 租赁期限不得超过二十年。超过二十年的，超过部分无效。

租赁期间届满，当事人可以续订租赁合同，但约定的租赁期限自续订之日起不得超过二十年。

第二一五条 租赁期限六个月以上的，应当采用书面形式。当事人未采用书面形式的，视为不定期租赁。

第二一六条 出租人应当按照约定将租赁物交付承租人，并在租赁期间保持租赁物符合约定的用途。

第二一七条 承租人应当按照约定的方法使用租赁物。对租赁物的使用方法没有约定或者约定不明确，依照本法第六十一条的规定仍不能确定的，应当按照租赁物的性质使用。

第二一八条 承租人按照约定的方法或者租赁物的性质使用租赁物，致使租赁物受到损耗的，不承担损害赔偿责任。

第二一九条 承租人未按照约定的方法或者租赁物的性质使用租赁物，致使租赁物受到损失的，出租人可以解除合同并要求赔偿损失。

第二二〇条 出租人应当履行租赁物的维修义务，但当事人另有约定的除外。

第二二一条 承租人在租赁物需要维修时可以要求出租人在合理期限内维修。出租人未履行维修义务的，承租人可以自行维修，维修费用由出租人负担。因维修租赁物影响承租人使用的，应当相应减少租金或者延长租期。

第二二二条 承租人应当妥善保管租赁物，因保管不善造成租赁物毁损、灭失的，应当承担损害赔偿责任。

第二二三条 承租人经出租人同意，可以对租赁物进行改善或者增设他物。

承租人未经出租人同意，对租赁物进行改善或者增设他物的，出租人可以要求承租人恢复原状或者赔偿损失。

第二二四条 承租人经出租人同意，可以将租赁物转租给第三人。承租人转租的，承租人与出租人之间的租赁合同继续有效，第三人对租赁物造成损失的，承租人应当赔偿损失。

承租人未经出租人同意转租的，出租人可以解除合同。

第二二五条 在租赁期间因占有、使用租赁物获得的收益，归承租人所有，但当事人另有约定的除外。

第二二六条 承租人应当按照约定的期限支付租金。对支付期限没有约定或者约定不明确，依照本法第六十一条的规定仍不能确定，租赁期间不满一年的，应当在租赁期间届满时支付；租赁期间一年以上的，应当在每届满一年时支付，剩余期间不满一年的，应当在租赁期间届满时支付。

第二二七条 承租人无正当理由未支付或者迟延支付租金的，出租人可以要求承租人在合理期限内支付。承租人逾期不支付的，出租人可以解除合同。

第二二八条 因第三人主张权利，致使承租人不能对租赁物使用、收益的，承租人可以要求减少租金或者不支付租金。

第三人主张权利的，承租人应当及时通知出租人。

第二二九条 租赁物在租赁期间发生所有权变动的，不影响租赁合同的效力。

第二三〇条 出租人出卖租赁房屋的，应当在出卖之前的合理期限内通知承租人，承租人享有以同等条件优先购买的权利。

第二三一条 因不可归责于承租人的事由，致使租赁物部分或者全部毁损、灭失的，承租人可以要求减少租金或者不支付租金；因租赁物部分或者全部毁损、灭失，致使不能实现合同目的的，承租人可以解除合同。

第二三二条 当事人对租赁期限没有约定或者约定不明确，依照本法第六十一条的规定仍不能确定的，视为不定期租赁。当事人可以随时解除合同，但出租人解除合同应当在合理期限之前通知承租人。

第二三三条 租赁物危及承租人的安全或者健康的，即使承租人订立合同时明知该租赁物质量不合格，承租人仍然可以随时解除合同。

第二三四条 承租人在房屋租赁期间死亡的，与其生前共同居住的人可以按照原租赁合同租赁该房屋。

第二三五条 租赁期间届满，承租人应当返还租赁物。返还的租赁物应当符合按照约定或者租赁物的性质使用后的状态。

第二三六条 租赁期间届满，承租人继续使用租赁物，出租人没有提出异议的，原租赁合同继续有效，但租赁期限为不定期。

第十四章　融资租赁合同

第二三七条 融资租赁合同是出租人根据承租人对出卖人、租赁物的选择，向出卖人购买租赁物，提供给承租人使用，承租人支付租金的合同。

第二三八条 融资租赁合同的内容包括租赁物名称、数量、规格、技术性能、检验方法、租赁期限、租金构成及其支付期限和方式、币种、租赁期间届满租赁物的归属等条款。

融资租赁合同应当采用书面形式。

第二三九条 出租人根据承租人对出卖人、租赁物的选择订立的买卖合同，出卖人应当按照约定向承租人交付标的物，承租人享有与受领标的物有关的买受人的权利。

第二四〇条 出租人、出卖人、承租人可以约定，出卖人不履行买卖合同义务的，由承租人行使索赔的权利。承租人行使索赔权利的，出租人应当协助。

第二四一条 出租人根据承租人对出卖人、租赁物的选择订立的买卖合同，未经承租人同意，出租人不得变更与承租人有关的合同内容。

第二四二条 出租人享有租赁物的所有权。承租人破产的，租赁物不属于破产财产。

第二四三条 融资租赁合同的租金，除当事人另有约定的以外，应当根据购买租赁物的大部分或者全部成本以及出租人的合理利润确定。

第二四四条 租赁物不符合约定或者不符合使用目的的，出租人不承担责任，但承租人依赖出租人的技能确定租赁物或者出租人干预选择租赁物的除外。

第二四五条 出租人应当保证承租人对租赁物的占有和使用。

第二四六条 承租人占有租赁物期间，租赁物造成第三人的人身伤害或者财产损害的，出租人不承担责任。

第二四七条 承租人应当妥善保管、使用租赁物。

承租人应当履行占有租赁物期间的维修义务。

第二四八条 承租人应当按照约定支付租金。承租人经催告后在合理期限内仍不支付租金的，出租人可以要求支付全部租金；也可以解除合同，收回租赁物。

第二四九条 当事人约定租赁期间届满租赁物归承租人所有，承租人已经支付大部分租金，但无力支付剩余租金，出租人因此解除合同收回租赁物的，收回的租赁物的价值超过承租人欠付的租金以及其他费用的，承租人可以要求部分返还。

第二五〇条 出租人和承租人可以约定租赁期间届满租赁物的归属。对租赁物的归属没有约定或者约定不明确，依照本法第六十一条的规定仍不能确定的，租赁物的所有权归出租人。

第十五章 承揽合同

第二五一条 承揽合同是承揽人按照定作人的要求完成工作，交付工作成果，定作人给付报酬的合同。

承揽包括加工、定作、修理、复制、测试、检验等工作。

第二五二条 承揽合同的内容包括承揽的标的、数量、质量、报酬、承揽方式、材料的提供、履行期限、验收标准和方法等条款。

第二五三条 承揽人应当以自己的设备、技术和劳力，完成主要工作，但当事人另有约定的除外。

承揽人将其承揽的主要工作交由第三人完成的，应当就该第三人完成的工作成果向定作人负责；未经定作人同意的，定作人也可以解除合同。

第二五四条 承揽人可以将其承揽的辅助工作交由第三人完成。承揽人将其承揽的辅助工作交由第三人完成的，应当就该第三人完成的工作成果向定作人负责。

第二五五条 承揽人提供材料的，承揽人应当按照约定选用材料，并接受定作人检验。

第二五六条 定作人提供材料的，定作人应当按照约定提供材料。承揽人对定作人提供的材料，应当及时检验，发现不符合约定时，应当及时通知定作人更换、补齐或者采取其他补救措施。

承揽人不得擅自更换定作人提供的材料，不得更换不需要修理的零部件。

第二五七条 承揽人发现定作人提供的图纸或者技术要求不合理的，应当及时通知定作人。因定作人怠于答复等原因造成承揽人损失的，应当赔偿损失。

第二五八条 定作人中途变更承揽工作的要求，造成承揽人损失的，应当赔偿损失。

第二五九条 承揽工作需要定作人协助的，定作人有协助的义务。

定作人不履行协助义务致使承揽工作不能完成的，承揽人可以催告定作人在合理期限内履行义务，并可以顺延履行期限；定作人逾期不履行的，承揽人可以解除合同。

第二六〇条 承揽人在工作期间，应当接受定作人必要的监督检验。定作人不得因监督检验妨碍承揽人的正常工作。

第二六一条 承揽人完成工作的，应当向定作人交付工作成果，并提交必要的技术资料和有关质量证明。定作人应当验收该工作成果。

第二六二条 承揽人交付的工作成果不符合质量要求的，定作人可以要求承揽人承担修理、重做、减少报酬、赔偿损失等违约责任。

第二六三条 定作人应当按照约定的期限支付报酬。对支付报酬的期限没有约定或者约定不明确，依照本法第六十一条的规定仍不能确定的，定作人应当在承揽人交付工作成果时支付；工作成果部分交付的，定作人应当相应支付。

第二六四条 定作人未向承揽人支付报酬或者材料费等价款的，承揽人对完成的工作成果享有留置权，但当事人另有约定的除外。

第二六五条 承揽人应当妥善保管定作人提供的材料以及完成的工作成果，因保管不善造成毁损、灭失的，应当承担损害赔偿责任。

第二六六条 承揽人应当按照定作人的要求保守秘密，未经定作人许可，不得留存复制品或者技术资料。

第二六七条 共同承揽人对定作人承担连带责任，但当事人另有约定的除外。

第二六八条 定作人可以随时解除承揽合同，造成承揽人损失的，应当赔偿损失。

第十六章　建设工程合同

第二六九条 建设工程合同是承包人进行工程建设，发包人支付价款的合同。

建设工程合同包括工程勘察、设计、施工合同。

第二七〇条 建设工程合同应当采用书面形式。

第二七一条 建设工程的招标投标活动，应当依照有关法律的规定公开、公平、公正进行。

第二七二条 发包人可以与总承包人订立建设工程合同，也可以分别与勘察人、设计人、施工人订立勘察、设计、施工承包合同。发包人不得将应当由一个承包人完成的建设工程肢解成若干部分发包给几个承包人。

总承包人或者勘察、设计、施工承包人经发包人同意，可以将自己承包的部分工作交由第三人完成。第三人就其完成的工作成果与总承包人或者勘察、设计、施工承包人向发包人承担连带责任。承包人不得将其承包的全部建设工程转包给第三人或者将其承包的全部建设工程肢解以后以分包的名义分别转包给第三人。

禁止承包人将工程分包给不具备相应资质条件的单位。禁止分包单位将其承包的工程再分包。建设工程主体结构的施工必须由承包人自行完成。

第二七三条 国家重大建设工程合同，应当按照国家规定的程序和国家批准的投资计划、可行性研究报告等文件订立。

第二七四条 勘察、设计合同的内容包括提交有关基础资料和文件（包括概预算）的期限、质量要求、费用以及其他协作条件等条款。

第二七五条 施工合同的内容包括工程范围、建设工期、中间交工工程的开工和竣工时间、工程质量、工程造价、技术资料交付时间、材料和设备供应责任、拨款和结算、竣工验收、质量保修范围和质量保证期、双方相互协作等条款。

第二七六条 建设工程实行监理的，发包人应当与监理人采用书面形式订立委托监理合同。发包人与监理人的权利和义务以及法律责任，应当依照本法委托合同以及其他有关法律、行政法规的规定。

第二七七条 发包人在不妨碍承包人正常作业的情况下，可以随时对作业进度、质量进行检查。

第二七八条 隐蔽工程在隐蔽以前，承包人应当通知发包人检查。发包人没有及时检查的，承包人可以顺延工程日期，并有权要求赔偿停工、窝工等损失。

第二七九条 建设工程竣工后，发包人应当根据施工图纸及说明书、国家颁发的施工验收规范和质量检验标准及时进行验收。验收合格的，发包人应当按照约定支付价款，并接收该建设工程。

建设工程竣工经验收合格后，方可交付使用；未经验收或者验收不合格的，不得交付使用。

第二八〇条 勘察、设计的质量不符合要求或者未按照期限提交勘察、设计文件拖延工期，造成发包人损失的，勘察人、设计人应当继续完善勘察、设计，减收或者免收勘察、设计费并赔偿损失。

第二八一条 因施工人的原因致使建设工程质量不符合约定的，发包人有权要求施工人在合理期限内无偿修理或者返工、改建。经过修理或者返工、改建后，造成逾期交付的，施工人应当承担违约责任。

第二八二条 因承包人的原因致使建设工程在合理使用期限内造成人身和财产损害的，承包人应当承担损害赔偿责任。

第二八三条 发包人未按照约定的时间和要求提供原材料、设备、场地、资金、技术资料的，承包人可以顺延工程日期，并有权要求赔偿停工、窝工等损失。

第二八四条 因发包人的原因致使工程中途停建、缓建的，发包人应当采取措施弥补或者减少损失，赔偿承包人因此造成的停工、窝工、倒运、机械设备调迁、材料和构件积压等损失和实际费用。

第二八五条 因发包人变更计划，提供的资料不准确，或者未按照期限提供必需的勘察、设计工作条件而造成勘察、设计的返工、停工或者修改设计，发包人应当按照勘察人、设计人实际消耗的工作量增付费用。

第二八六条 发包人未按照约定支付价款的，承包人可以催告发包人在合理期限内支付价款。发包人逾期不支付的，除按照建设工程的性质不宜折价、拍卖的以外，承包人可以与发包人协议将该工程折价，也可以申请人民法院将该工程依法拍卖。建设工程的价款就该工程折价或者拍卖的价款优先受偿。

第二八七条 本章没有规定的，适用承揽合同的有关规定。

第十七章　运输合同

第二八八条　运输合同是承运人将旅客或者货物从起运地点运输到约定地点，旅客、托运人或者收货人支付票款或者运输费用的合同。

第二八九条　从事公共运输的承运人不得拒绝旅客、托运人通常、合理的运输要求。

第二九〇条　承运人应当在约定期间或者合理期间内将旅客、货物安全运输到约定地点。

第二九一条　承运人应当按照约定的或者通常的运输路线将旅客、货物运输到约定地点。

第二九二条　旅客、托运人或者收货人应当支付票款或者运输费用。承运人未按照约定路线或者通常路线运输增加票款或者运输费用的，旅客、托运人或者收货人可以拒绝支付增加部分的票款或者运输费用。

第二九三条　客运合同自承运人向旅客交付客票时成立，但当事人另有约定或者另有交易习惯的除外。

第二九四条　旅客应当持有效客票乘运。旅客无票乘运、超程乘运、越级乘运或者持失效客票乘运的，应当补交票款，承运人可以按照规定加收票款。旅客不交付票款的，承运人可以拒绝运输。

第二九五条　旅客因自己的原因不能按照客票记载的时间乘坐的，应当在约定的时间内办理退票或者变更手续。逾期办理的，承运人可以不退票款，并不再承担运输义务。

第二九六条　旅客在运输中应当按照约定的限量携带行李。超过限量携带行李的，应当办理托运手续。

第二九七条　旅客不得随身携带或者在行李中夹带易燃、易爆、有毒、有腐蚀性、有放射性以及有可能危及运输工具上人身和财产安全的危险物品或者其他违禁物品。

旅客违反前款规定的，承运人可以将违禁物品卸下、销毁或者送交有关部门。旅客坚持携带或者夹带违禁物品的，承运人应当拒绝运输。

第二九八条　承运人应当向旅客及时告知有关不能正常运输的重要事由

和安全运输应当注意的事项。

第二九九条　承运人应当按照客票载明的时间和班次运输旅客。承运人迟延运输的，应当根据旅客的要求安排改乘其他班次或者退票。

第三〇〇条　承运人擅自变更运输工具而降低服务标准的，应当根据旅客的要求退票或者减收票款；提高服务标准的，不应当加收票款。

第三〇一条　承运人在运输过程中，应当尽力救助患有急病、分娩、遇险的旅客。

第三〇二条　承运人应当对运输过程中旅客的伤亡承担损害赔偿责任，但伤亡是旅客自身健康原因造成的或者承运人证明伤亡是旅客故意、重大过失造成的除外。

前款规定适用于按照规定免票、持优待票或者经承运人许可搭乘的无票旅客。

第三〇三条　在运输过程中旅客自带物品毁损、灭失，承运人有过错的，应当承担损害赔偿责任。

旅客托运的行李毁损、灭失的，适用货物运输的有关规定。

第三〇四条　托运人办理货物运输，应当向承运人准确表明收货人的名称或者姓名或者凭指示的收货人，货物的名称、性质、重量、数量，收货地点等有关货物运输的必要情况。

因托运人申报不实或者遗漏重要情况，造成承运人损失的，托运人应当承担损害赔偿责任。

第三〇五条　货物运输需要办理审批、检验等手续的，托运人应当将办理完有关手续的文件提交承运人。

第三〇六条　托运人应当按照约定的方式包装货物。对包装方式没有约定或者约定不明确的，适用本法第一五六条的规定。

托运人违反前款规定的，承运人可以拒绝运输。

第三〇七条　托运人托运易燃、易爆、有毒、有腐蚀性、有放射性等危险物品的，应当按照国家有关危险物品运输的规定对危险物品妥善包装，作出危险物标志和标签，并将有关危险物品的名称、性质和防范措施的书面材料提交承运人。

托运人违反前款规定的，承运人可以拒绝运输，也可以采取相应措施以避免损失的发生，因此产生的费用由托运人承担。

第三〇八条 在承运人将货物交付收货人之前，托运人可以要求承运人中止运输、返还货物、变更到达地或者将货物交给其他收货人，但应当赔偿承运人因此受到的损失。

第三〇九条 货物运输到达后，承运人知道收货人的，应当及时通知收货人，收货人应当及时提货。收货人逾期提货的，应当向承运人支付保管费等费用。

第三一〇条 收货人提货时应当按照约定的期限检验货物。对检验货物的期限没有约定或者约定不明确，依照本法第六十一条的规定仍不能确定的，应当在合理期限内检验货物。收货人在约定的期限或者合理期限内对货物的数量、毁损等未提出异议的，视为承运人已经按照运输单证的记载交付的初步证据。

第三一一条 承运人对运输过程中货物的毁损、灭失承担损害赔偿责任，但承运人证明货物的毁损、灭失是因不可抗力、货物本身的自然性质或者合理损耗以及托运人、收货人的过错造成的，不承担损害赔偿责任。

第三一二条 货物的毁损、灭失的赔偿额，当事人有约定的，按照其约定；没有约定或者约定不明确，依照本法第六十一条的规定仍不能确定的，按照交付或者应当交付时货物到达地的市场价格计算。法律、行政法规对赔偿额的计算方法和赔偿限额另有规定的，依照其规定。

第三一三条 两个以上承运人以同一运输方式联运的，与托运人订立合同的承运人应当对全程运输承担责任。损失发生在某一运输区段的，与托运人订立合同的承运人和该区段的承运人承担连带责任。

第三一四条 货物在运输过程中因不可抗力灭失，未收取运费的，承运人不得要求支付运费；已收取运费的，托运人可以要求返还。

第三一五条 托运人或者收货人不支付运费、保管费以及其他运输费用的，承运人对相应的运输货物享有留置权，但当事人另有约定的除外。

第三一六条 收货人不明或者收货人无正当理由拒绝受领货物的，依照本法第一〇一条的规定，承运人可以提存货物。

第三一七条 多式联运经营人负责履行或者组织履行多式联运合同，对全程运输享有承运人的权利，承担承运人的义务。

第三一八条 多式联运经营人可以与参加多式联运的各区段承运人就多式联运合同的各区段运输约定相互之间的责任，但该约定不影响多式联运经营人对全程运输承担的义务。

第三一九条 多式联运经营人收到托运人交付的货物时，应当签发多式联运单据。按照托运人的要求，多式联运单据可以是可转让单据，也可以是不可转让单据。

第三二〇条 因托运人托运货物时的过错造成多式联运经营人损失的，即使托运人已经转让多式联运单据，托运人仍然应当承担损害赔偿责任。

第三二一条 货物的毁损、灭失发生于多式联运的某一运输区段的，多式联运经营人的赔偿责任和责任限额，适用调整该区段运输方式的有关法律规定。货物毁损、灭失发生的运输区段不能确定的，依照本章规定承担损害赔偿责任。

第十八章 技术合同

第三二二条 技术合同是当事人就技术开发、转让、咨询或者服务订立的确立相互之间权利和义务的合同。

第三二三条 订立技术合同，应当有利于科学技术的进步，加速科学技术成果的转化、应用和推广。

第三二四条 技术合同的内容由当事人约定，一般包括以下条款：

（一）项目名称；

（二）标的的内容、范围和要求；

（三）履行的计划、进度、期限、地点、地域和方式；

（四）技术情报和资料的保密；

（五）风险责任的承担；

（六）技术成果的归属和收益的分成办法；

（七）验收标准和方法；

（八）价款、报酬或者使用费及其支付方式；

（九）违约金或者损失赔偿的计算方法；

（十）解决争议的方法；

（十一）名词和术语的解释。

与履行合同有关的技术背景资料、可行性论证和技术评价报告、项目任务书和计划书、技术标准、技术规范、原始设计和工艺文件，以及其他技术文档，按照当事人的约定可以作为合同的组成部分。

技术合同涉及专利的，应当注明发明创造的名称、专利申请人和专利权人、申请日期、申请号、专利号以及专利权的有效期限。

第三二五条 技术合同价款、报酬或者使用费的支付方式由当事人约定，可以采取一次总算一次总付或者一次总算分期支付，也可以采取提成支付或者提成支付附加预付入门费的方式。

约定提成支付的，可以按照产品价格、实施专利和使用技术秘密后新增的产值、利润或者产品销售额的一定比例提成，也可以按照约定的其他方式计算。提成支付的比例可以采取固定比例、逐年递增比例或者逐年递减比例。

约定提成支付的，当事人应当在合同中约定查阅有关会计账目的办法。

第三二六条 职务技术成果的使用权、转让权属于法人或者其他组织的，法人或者其他组织可以就该项职务技术成果订立技术合同。法人或者其他组织应当从使用和转让该项职务技术成果所取得的收益中提取一定比例，对完成该项职务技术成果的个人给予奖励或者报酬。法人或者其他组织订立技术合同转让职务技术成果时，职务技术成果的完成人享有以同等条件优先受让的权利。

职务技术成果是执行法人或者其他组织的工作任务，或者主要是利用法人或者其他组织的物质技术条件所完成的技术成果。

第三二七条 非职务技术成果的使用权、转让权属于完成技术成果的个人，完成技术成果的个人可以就该项非职务技术成果订立技术合同。

第三二八条 完成技术成果的个人有在有关技术成果文件上写明自己是技术成果完成者的权利和取得荣誉证书、奖励的权利。

第三二九条 非法垄断技术、妨碍技术进步或者侵害他人技术成果的技术合同无效。

第三三〇条 技术开发合同是指当事人之间就新技术、新产品、新工艺或者新材料及其系统的研究开发所订立的合同。

技术开发合同包括委托开发合同和合作开发合同。

技术开发合同应当采用书面形式。

当事人之间就具有产业应用价值的科技成果实施转化订立的合同，参照技术开发合同的规定。

第三三一条 委托开发合同的委托人应当按照约定支付研究开发经费和报酬；提供技术资料、原始数据；完成协作事项；接受研究开发成果。

第三三二条 委托开发合同的研究开发人应当按照约定制定和实施研究开发计划；合理使用研究开发经费；按期完成研究开发工作，交付研究开发成果，提供有关的技术资料和必要的技术指导，帮助委托人掌握研究开发成果。

第三三三条 委托人违反约定造成研究开发工作停滞、延误或者失败的，应当承担违约责任。

第三三四条 研究开发人违反约定造成研究开发工作停滞、延误或者失败的，应当承担违约责任。

第三三五条 合作开发合同的当事人应当按照约定进行投资，包括以技术进行投资；分工参与研究开发工作；协作配合研究开发工作。

第三三六条 合作开发合同的当事人违反约定造成研究开发工作停滞、延误或者失败的，应当承担违约责任。

第三三七条 因作为技术开发合同标的的技术已经由他人公开，致使技术开发合同的履行没有意义的，当事人可以解除合同。

第三三八条 在技术开发合同履行过程中，因出现无法克服的技术困难，致使研究开发失败或者部分失败的，该风险责任由当事人约定。没有约定或者约定不明确，依照本法第六十一条的规定仍不能确定的，风险责任由当事人合理分担。

当事人一方发现前款规定的可能致使研究开发失败或者部分失败的情形时，应当及时通知另一方并采取适当措施减少损失。没有及时通知并采取适当措施，致使损失扩大的，应当就扩大的损失承担责任。

第三三九条 委托开发完成的发明创造，除当事人另有约定的以外，申请专利的权利属于研究开发人。研究开发人取得专利权的，委托人可以免费实施该专利。

研究开发人转让专利申请权的，委托人享有以同等条件优先受让的权利。

第三四〇条 合作开发完成的发明创造，除当事人另有约定的以外，申请专利的权利属于合作开发的当事人共有。当事人一方转让其共有的专利申请权的，其他各方享有以同等条件优先受让的权利。

合作开发的当事人一方声明放弃其共有的专利申请权的，可以由另一方单独申请或者由其他各方共同申请。申请人取得专利权的，放弃专利申请权的一方可以免费实施该专利。

合作开发的当事人一方不同意申请专利的，另一方或者其他各方不得申请专利。

第三四一条 委托开发或者合作开发完成的技术秘密成果的使用权、转让权以及利益的分配办法，由当事人约定。没有约定或者约定不明确，依照本法第六十一条的规定仍不能确定的，当事人均有使用和转让的权利，但委托开发的研究开发人不得在向委托人交付研究开发成果之前，将研究开发成果转让给第三人。

第三四二条 技术转让合同包括专利权转让、专利申请权转让、技术秘密转让、专利实施许可合同。

技术转让合同应当采用书面形式。

第三四三条 技术转让合同可以约定让与人和受让人实施专利或者使用技术秘密的范围，但不得限制技术竞争和技术发展。

第三四四条 专利实施许可合同只在该专利权的存续期间内有效。专利权有效期限届满或者专利权被宣布无效的，专利权人不得就该专利与他人订立专利实施许可合同。

第三四五条 专利实施许可合同的让与人应当按照约定许可受让人实施专利，交付实施专利有关的技术资料，提供必要的技术指导。

第三四六条 专利实施许可合同的受让人应当按照约定实施专利，不得许可约定以外的第三人实施该专利；并按照约定支付使用费。

第三四七条 技术秘密转让合同的让与人应当按照约定提供技术资料，进行技术指导，保证技术的实用性、可靠性，承担保密义务。

第三四八条 技术秘密转让合同的受让人应当按照约定使用技术，支付使用费，承担保密义务。

第三四九条 技术转让合同的让与人应当保证自己是所提供的技术的合法拥有者，并保证所提供的技术完整、无误、有效，能够达到约定的目标。

第三五〇条 技术转让合同的受让人应当按照约定的范围和期限，对让与人提供的技术中尚未公开的秘密部分，承担保密义务。

第三五一条 让与人未按照约定转让技术的，应当返还部分或者全部使用费，并应当承担违约责任；实施专利或者使用技术秘密超越约定的范围的，违反约定擅自许可第三人实施该项专利或者使用该项技术秘密的，应当停止违约行为，承担违约责任；违反约定的保密义务的，应当承担违约责任。

第三五二条 受让人未按照约定支付使用费的，应当补交使用费并按照约定支付违约金；不补交使用费或者支付违约金的，应当停止实施专利或者使用技术秘密，交还技术资料，承担违约责任；实施专利或者使用技术秘密超越约定的范围的，未经让与人同意擅自许可第三人实施该专利或者使用该技术秘密的，应当停止违约行为，承担违约责任；违反约定的保密义务的，应当承担违约责任。

第三五三条 受让人按照约定实施专利、使用技术秘密侵害他人合法权益的，由让与人承担责任，但当事人另有约定的除外。

第三五四条 当事人可以按照互利的原则，在技术转让合同中约定实施专利、使用技术秘密后续改进的技术成果的分享办法。没有约定或者约定不明确，依照本法第六十一条的规定仍不能确定的，一方后续改进的技术成果，其他各方无权分享。

第三五五条 法律、行政法规对技术进出口合同或者专利、专利申请合同另有规定的，依照其规定。

第三五六条 技术咨询合同包括就特定技术项目提供可行性论证、技术预测、专题技术调查、分析评价报告等合同。

技术服务合同是指当事人一方以技术知识为另一方解决特定技术问题所

订立的合同，不包括建设工程合同和承揽合同。

第三五七条 技术咨询合同的委托人应当按照约定阐明咨询的问题，提供技术背景材料及有关技术资料、数据；接受受托人的工作成果，支付报酬。

第三五八条 技术咨询合同的受托人应当按照约定的期限完成咨询报告或者解答问题；提出的咨询报告应当达到约定的要求。

第三五九条 技术咨询合同的委托人未按照约定提供必要的资料和数据，影响工作进度和质量，不接受或者逾期接受工作成果的，支付的报酬不得追回，未支付的报酬应当支付。

技术咨询合同的受托人未按期提出咨询报告或者提出的咨询报告不符合约定的，应当承担减收或者免收报酬等违约责任。

技术咨询合同的委托人按照受托人符合约定要求的咨询报告和意见做出决策所造成的损失，由委托人承担，但当事人另有约定的除外。

第三六〇条 技术服务合同的委托人应当按照约定提供工作条件，完成配合事项；接受工作成果并支付报酬。

第三六一条 技术服务合同的受托人应当按照约定完成服务项目，解决技术问题，保证工作质量，并传授解决技术问题的知识。

第三六二条 技术服务合同的委托人不履行合同义务或者履行合同义务不符合约定，影响工作进度和质量，不接受或者逾期接受工作成果的，支付的报酬不得追回，未支付的报酬应当支付。

技术服务合同的受托人未按照合同约定完成服务工作的，应当承担免收报酬等违约责任。

第三六三条 在技术咨询合同、技术服务合同履行过程中，受托人利用委托人提供的技术资料和工作条件完成的新的技术成果，属于受托人。委托人利用受托人的工作成果完成的新的技术成果，属于委托人。当事人另有约定的，按照其约定。

第三六四条 法律、行政法规对技术中介合同、技术培训合同另有规定的，依照其规定。

第十九章 保管合同

第三六五条 保管合同是保管人保管寄存人交付的保管物，并返还该物的合同。

第三六六条 寄存人应当按照约定向保管人支付保管费。

当事人对保管费没有约定或者约定不明确，依照本法第六十一条的规定仍不能确定的，保管是无偿的。

第三六七条 保管合同自保管物交付时成立，但当事人另有约定的除外。

第三六八条 寄存人向保管人交付保管物的，保管人应当给付保管凭证，但另有交易习惯的除外。

第三六九条 保管人应当妥善保管保管物。

当事人可以约定保管场所或者方法。除紧急情况或者为了维护寄存人利益的以外，不得擅自改变保管场所或者方法。

第三七〇条 寄存人交付的保管物有瑕疵或者按照保管物的性质需要采取特殊保管措施的，寄存人应当将有关情况告知保管人。寄存人未告知，致使保管物受损失的，保管人不承担损害赔偿责任；保管人因此受损失的，除保管人知道或者应当知道并且未采取补救措施的以外，寄存人应当承担损害赔偿责任。

第三七一条 保管人不得将保管物转交第三人保管，但当事人另有约定的除外。

保管人违反前款规定，将保管物转交第三人保管，对保管物造成损失的，应当承担损害赔偿责任。

第三七二条 保管人不得使用或者许可第三人使用保管物，但当事人另有约定的除外。

第三七三条 第三人对保管物主张权利的，除依法对保管物采取保全或者执行的以外，保管人应当履行向寄存人返还保管物的义务。

第三人对保管人提起诉讼或者对保管物申请扣押的，保管人应当及时通知寄存人。

第三七四条 保管期间，因保管人保管不善造成保管物毁损、灭失的，保管人应当承担损害赔偿责任，但保管是无偿的，保管人证明自己没有重大过失的，不承担损害赔偿责任。

第三七五条 寄存人寄存货币、有价证券或者其他贵重物品的，应当向保管人声明，由保管人验收或者封存。寄存人未声明的，该物品毁损、灭失后，保管人可以按照一般物品予以赔偿。

第三七六条 寄存人可以随时领取保管物。

当事人对保管期间没有约定或者约定不明确的，保管人可以随时要求寄存人领取保管物；约定保管期间的，保管人无特别事由，不得要求寄存人提前领取保管物。

第三七七条 保管期间届满或者寄存人提前领取保管物的，保管人应当将原物及其孳息归还寄存人。

第三七八条 保管人保管货币的，可以返还相同种类、数量的货币。保管其他可替代物的，可以按照约定返还相同种类、品质、数量的物品。

第三七九条 有偿的保管合同，寄存人应当按照约定的期限向保管人支付保管费。

当事人对支付期限没有约定或者约定不明确，依照本法第六十一条的规定仍不能确定的，应当在领取保管物的同时支付。

第三八〇条 寄存人未按照约定支付保管费以及其他费用的，保管人对保管物享有留置权，但当事人另有约定的除外。

第二十章　仓储合同

第三八一条 仓储合同是保管人储存存货人交付的仓储物，存货人支付仓储费的合同。

第三八二条 仓储合同自成立时生效。

第三八三条 储存易燃、易爆、有毒、有腐蚀性、有放射性等危险物品或者易变质物品，存货人应当说明该物品的性质，提供有关资料。

存货人违反前款规定的，保管人可以拒收仓储物，也可以采取相应措施以避免损失的发生，因此产生的费用由存货人承担。

保管人储存易燃、易爆、有毒、有腐蚀性、有放射性等危险物品的，应当具备相应的保管条件。

第三八四条 保管人应当按照约定对入库仓储物进行验收。保管人验收时发现入库仓储物与约定不符合的，应当及时通知存货人。保管人验收后，发生仓储物的品种、数量、质量不符合约定的，保管人应当承担损害赔偿责任。

第三八五条 存货人交付仓储物的，保管人应当给付仓单。

第三八六条 保管人应当在仓单上签字或者盖章。仓单包括下列事项：

（一）存货人的名称或者姓名和住所；

（二）仓储物的品种、数量、质量、包装、件数和标记；

（三）仓储物的损耗标准；

（四）储存场所；

（五）储存期间；

（六）仓储费；

（七）仓储物已经办理保险的，其保险金额、期间以及保险人的名称；

（八）填发人、填发地和填发日期。

第三八七条 仓单是提取仓储物的凭证。存货人或者仓单持有人在仓单上背书并经保管人签字或者盖章的，可以转让提取仓储物的权利。

第三八八条 保管人根据存货人或者仓单持有人的要求，应当同意其检查仓储物或者提取样品。

第三八九条 保管人对入库仓储物发现有变质或者其他损坏的，应当及时通知存货人或者仓单持有人。

第三九〇条 保管人对入库仓储物发现有变质或者其他损坏，危及其他仓储物的安全和正常保管的，应当催告存货人或者仓单持有人做出必要的处置。因情况紧急，保管人可以作出必要的处置，但事后应当将该情况及时通知存货人或者仓单持有人。

第三九一条 当事人对储存期间没有约定或者约定不明确的，存货人或者仓单持有人可以随时提取仓储物，保管人也可以随时要求存货人或者仓单持有人提取仓储物，但应当给予必要的准备时间。

第三九二条 储存期间届满，存货人或者仓单持有人应当凭仓单提取仓储物。存货人或者仓单持有人逾期提取的，应当加收仓储费；提前提取的，不减收仓储费。

第三九三条 储存期间届满，存货人或者仓单持有人不提取仓储物的，保管人可以催告其在合理期限内提取，逾期不提取的，保管人可以提存仓储物。

第三九四条 储存期间，因保管人保管不善造成仓储物毁损、灭失的，保管人应当承担损害赔偿责任。

因仓储物的性质、包装不符合约定或者超过有效储存期造成仓储物变质、损坏的，保管人不承担损害赔偿责任。

第三九五条 本章没有规定的，适用保管合同的有关规定。

第二十一章 委托合同

第三九六条 委托合同是委托人和受托人约定，由受托人处理委托人事务的合同。

第三九七条 委托人可以特别委托受托人处理一项或者数项事务，也可以概括委托受托人处理一切事务。

第三九八条 委托人应当预付处理委托事务的费用。受托人为处理委托事务垫付的必要费用，委托人应当偿还该费用及其利息。

第三九九条 受托人应当按照委托人的指示处理委托事务。需要变更委托人指示的，应当经委托人同意；因情况紧急，难以和委托人取得联系的，受托人应当妥善处理委托事务，但事后应当将该情况及时报告委托人。

第四〇〇条 受托人应当亲自处理委托事务。经委托人同意，受托人可以转委托。转委托经同意的，委托人可以就委托事务直接指示转委托的第三人，受托人仅就第三人的选任及其对第三人的指示承担责任。转委托未经同意的，受托人应当对转委托的第三人的行为承担责任，但在紧急情况下受托人为维护委托人的利益需要转委托的除外。

第四〇一条 受托人应当按照委托人的要求，报告委托事务的处理情况。委托合同终止时，受托人应当报告委托事务的结果。

第四〇二条 受托人以自己的名义，在委托人的授权范围内与第三人订立的合同，第三人在订立合同时知道受托人与委托人之间的代理关系的，该合同直接约束委托人和第三人，但有确切证据证明该合同只约束受托人和第三人的除外。

第四〇三条 受托人以自己的名义与第三人订立合同时，第三人不知道受托人与委托人之间的代理关系的，受托人因第三人的原因对委托人不履行义务，受托人应当向委托人披露第三人，委托人因此可以行使受托人对第三人的权利，但第三人与受托人订立合同时如果知道该委托人就不会订立合同的除外。

受托人因委托人的原因对第三人不履行义务，受托人应当向第三人披露委托人，第三人因此可以选择受托人或者委托人作为相对人主张其权利，但第三人不得变更选定的相对人。

委托人行使受托人对第三人的权利的，第三人可以向委托人主张其对受托人的抗辩。

第三人选定委托人作为其相对人的，委托人可以向第三人主张其对受托人的抗辩以及受托人对第三人的抗辩。

第四〇四条 受托人处理委托事务取得的财产，应当转交给委托人。

第四〇五条 受托人完成委托事务的，委托人应当向其支付报酬。因不可归责于受托人的事由，委托合同解除或者委托事务不能完成的，委托人应当向受托人支付相应的报酬。当事人另有约定的，按照其约定。

第四〇六条 有偿的委托合同，因受托人的过错给委托人造成损失的，委托人可以要求赔偿损失。无偿的委托合同，因受托人的故意或者重大过失给委托人造成损失的，委托人可以要求赔偿损失。

受托人超越权限给委托人造成损失的，应当赔偿损失。

第四〇七条 受托人处理委托事务时，因不可归责于自己的事由受到损失的，可以向委托人要求赔偿损失。

第四〇八条 委托人经受托人同意，可以在受托人之外委托第三人处理委托事务。因此给受托人造成损失的，受托人可以向委托人要求赔偿损失。

第四〇九条 两个以上的受托人共同处理委托事务的，对委托人承担连带责任。

第四一〇条 委托人或者受托人可以随时解除委托合同。因解除合同给对方造成损失的，除不可归责于该当事人的事由以外，应当赔偿损失。

第四一一条 委托人或者受托人死亡、丧失民事行为能力或者破产的，委托合同终止，但当事人另有约定或者根据委托事务的性质不宜终止的除外。

第四一二条 因委托人死亡、丧失民事行为能力或者破产，致使委托合同终止将损害委托人利益的，在委托人的继承人、法定代理人或者清算组织承受委托事务之前，受托人应当继续处理委托事务。

第四一三条 因受托人死亡、丧失民事行为能力或者破产，致使委托合同终止的，受托人的继承人、法定代理人或者清算组织应当及时通知委托人。因委托合同终止将损害委托人利益的，在委托人做出善后处理之前，受托人的继承人、法定代理人或者清算组织应当采取必要措施。

第二十二章 行纪合同

第四一四条 行纪合同是行纪人以自己的名义为委托人从事贸易活动，委托人支付报酬的合同。

第四一五条 行纪人处理委托事务支出的费用，由行纪人负担，但当事人另有约定的除外。

第四一六条 行纪人占有委托物的，应当妥善保管委托物。

第四一七条 委托物交付给行纪人时有瑕疵或者容易腐烂、变质的，经委托人同意，行纪人可以处分该物；和委托人不能及时取得联系的，行纪人可以合理处分。

第四一八条 行纪人低于委托人指定的价格卖出或者高于委托人指定的价格买入的，应当经委托人同意。未经委托人同意，行纪人补偿其差额的，该买卖对委托人发生效力。

行纪人高于委托人指定的价格卖出或者低于委托人指定的价格买入的，可以按照约定增加报酬。没有约定或者约定不明确，依照本法第六十一条的规定仍不能确定的，该利益属于委托人。

委托人对价格有特别指示的，行纪人不得违背该指示卖出或者买入。

第四一九条 行纪人卖出或者买入具有市场定价的商品，除委托人有相反的意思表示的以外，行纪人自己可以作为买受人或者出卖人。

行纪人有前款规定情形的，仍然可以要求委托人支付报酬。

第四二〇条 行纪人按照约定买入委托物，委托人应当及时受领。经行纪人催告，委托人无正当理由拒绝受领的，行纪人依照本法第一〇一条的规定可以提存委托物。

委托物不能卖出或者委托人撤回出卖，经行纪人催告，委托人不取回或者不处分该物的，行纪人依照本法第一〇一条的规定可以提存委托物。

第四二一条 行纪人与第三人订立合同的，行纪人对该合同直接享有权利、承担义务。

第三人不履行义务致使委托人受到损害的，行纪人应当承担损害赔偿责任，但行纪人与委托人另有约定的除外。

第四二二条 行纪人完成或者部分完成委托事务的，委托人应当向其支付相应的报酬。委托人逾期不支付报酬的，行纪人对委托物享有留置权，但当事人另有约定的除外。

第四二三条 本章没有规定的，适用委托合同的有关规定。

第二十三章 居间合同

第四二四条 居间合同是居间人向委托人报告订立合同的机会或者提供订立合同的媒介服务，委托人支付报酬的合同。

第四二五条 居间人应当就有关订立合同的事项向委托人如实报告。

居间人故意隐瞒与订立合同有关的重要事实或者提供虚假情况，损害委托人利益的，不得要求支付报酬并应当承担损害赔偿责任。

第四二六条 居间人促成合同成立的，委托人应当按照约定支付报酬。对居间人的报酬没有约定或者约定不明确，依照本法第六十一条的规定仍不能确定的，根据居间人的劳务合理确定。因居间人提供订立合同的媒介服务而促成合同成立的，由该合同的当事人平均负担居间人的报酬。

居间人促成合同成立的，居间活动的费用，由居间人负担。

第四二七条 居间人未促成合同成立的，不得要求支付报酬，但可以要求委托人支付从事居间活动支出的必要费用。

附 则

第四二八条 本法自 1999 年 10 月 1 日起施行，《中华人民共和国经济合同法》《中华人民共和国涉外经济合同法》《中华人民共和国技术合同法》同时废止。

《中华人民共和国担保法》

第一章 总 则

第一条 为促进资金融通和商品流通，保障债权的实现，发展社会主义市场经济，制定本法。

第二条 在借贷、买卖、货物运输、加工承揽等经济活动中，债权人需要以担保方式保障其债权实现的，可以依照本法规定设定担保。本法规定的担保方式为保证、抵押、质押、留置和定金。

第三条 担保活动应当遵循平等、自愿、公平、诚实信用的原则。

第四条 第三人为债务人向债权人提供担保时，可以要求债务人提供反担保。反担保适用本法担保的规定。

第五条 担保合同是主合同的从合同，主合同无效，担保合同无效。担保合同另有约定的，按照约定。担保合同被确认无效后，债务人、担保人、债权人有过错的，应当根据其过错各自承担相应的民事责任。

第二章 保 证

第六条 本法所称保证，是指保证人和债权人约定，当债务人不履行债务时，保证人按照约定履行债务或者承担责任的行为。

第七条 具有代为清偿债务能力的法人、其他组织或者公民，可以作保证人。

第八条 国家机关不得为保证人，但经国务院批准为使用外国政府或者国际经济组织贷款进行转贷的除外。

第九条 学校、幼儿园、医院等以公益为目的的事业单位、社会团体不得为保证人。

第十条 企业法人的分支机构、职能部门不得为保证人。企业法人的分支机构有法人书面授权的，可以在授权范围内提供保证。

第十一条 任何单位和个人不得强令银行等金融机构或者企业为他人提供保证；银行等金融机构或者企业对强令其为他人提供保证的行为，有权拒绝。

第十二条 同一债务有两个以上保证人的，保证人应当按照保证合同约定的保证份额，承担保证责任。没有约定保证份额的，保证人承担连带责任，债权人可以要求任何一个保证人承担全部保证责任，保证人都负有担保全部债权实现的义务。已经承担保证责任的保证人，有权向债务人追偿，或者要求承担连带责任的其他保证人清偿其应当承担的份额。

第十三条 保证人与债权人应当以书面形式订立保证合同。

第十四条 保证人与债权人可以就单个主合同分别订立保证合同，也可以协议在最高债权额限度内就一定期间连续发生的借款合同或者某项商品交易合同订立一个保证合同。

第十五条 保证合同应当包括以下内容：

（一）被保证的主债权种类、数额；

（二）债务人履行债务的期限；

（三）保证的方式；

（四）保证担保的范围；

（五）保证的期间；

（六）双方认为需要约定的其他事项。

保证合同不完全具备前款规定内容的，可以补正。

第十六条 保证的方式有：

（一）一般保证；

（二）连带责任保证。

第十七条 当事人在保证合同中约定，债务人不能履行债务时，由保证人承担保证责任的，为一般保证。

一般保证的保证人在主合同纠纷未经审判或者仲裁，并就债务人财产依法强制执行仍不能履行债务前，对债权人可以拒绝承担保证责任。

有下列情形之一的，保证人不得行使前款规定的权利：

（一）债务人住所变更，致使债权人要求其履行债务发生重大困难的；

（二）人民法院受理债务人破产案件，中止执行程序的；

（三）保证人以书面形式放弃前款规定的权利的。

第十八条 当事人在保证合同中约定保证人与债务人对债务承担连带责任的，为连带责任保证。

连带责任保证的债务人在主合同规定的债务履行期届满没有履行债务的，债权人可以要求债务人履行债务，也可以要求保证人在其保证范围内承担保证责任。

第十九条 当事人对保证方式没有约定或者约定不明确的，按照连带责任保证承担保证责任。

第二十条 一般保证和连带责任保证的保证人享有债务人的抗辩权。债务人放弃对债务的抗辩权的，保证人仍有权抗辩。

抗辩权是指债权人行使债权时，债务人根据法定事由，对抗债权人行使请求权的权利。

第二十一条 保证担保的范围包括主债权及利息、违约金、损害赔偿金和实现债权的费用。保证合同另有约定的，按照约定。

当事人对保证担保的范围没有约定或者约定不明确的，保证人应当对全部债务承担责任。

第二十二条 保证期间，债权人依法将主债权转让给第三人的，保证人在原保证担保的范围内继续承担保证责任。保证合同另有约定的，按照约定。

第二十三条 保证期间，债权人许可债务人转让债务的，应当取得保证人书面同意，保证人对未经其同意转让的债务，不再承担保证责任。

第二十四条 债权人与债务人协议变更主合同的，应当取得保证人书面同意，未经保证人书面同意的，保证人不再承担保证责任。保证合同另有约定的，按照约定。

第二十五条 一般保证的保证人与债权人未约定保证期间的，保证期间为主债务履行期届满之日起六个月。

在合同约定的保证期间和前款规定的保证期间，债权人未对债务人提起诉讼或者申请仲裁的，保证人免除保证责任；债权人已提起诉讼或者申请仲裁的，保证期间适用诉讼时效中断的规定。

第二十六条 连带责任保证的保证人与债权人未约定保证期间的，债权人有权自主债务履行期届满之日起六个月内要求保证人承担保证责任。

在合同约定的保证期间和前款规定的保证期间，债权人未要求保证人承担保证责任的，保证人免除保证责任。

第二十七条 保证人依照本法第十四条规定就连续发生的债权作保证，未约定保证期间的，保证人可以随时书面通知债权人终止保证合同，但保证人对于通知到债权人前所发生的债权，承担保证责任。

第二十八条 同一债权既有保证又有物的担保的，保证人对物的担保以外的债权承担保证责任。

债权人放弃物的担保的，保证人在债权人放弃权利的范围内免除保证责任。

第二十九条 企业法人的分支机构未经法人书面授权或者超出授权范围与债权人订立保证合同的，该合同无效或者超出授权范围的部分无效，债权人和企业法人有过错的，应当根据其过错各自承担相应的民事责任；债权人无过错的，由企业法人承担民事责任。

第三十条 有下列情形之一的，保证人不承担民事责任：

（一）主合同当事人双方串通，骗取保证人提供保证的；

（二）主合同债权人采取欺诈、胁迫等手段，使保证人在违背真实意思的情况下提供保证的。

第三十一条 保证人承担保证责任后，有权向债务人追偿。

第三十二条 人民法院受理债务人破产案件后，债权人未申报债权的，保证人可以参加破产财产分配，预先行使追偿权。

第三章　抵　押

第三十三条 本法所称抵押，是指债务人或者第三人不转移对本法第三十四条所列财产的占有，将该财产作为债权的担保。债务人不履行债务时，债权人有权依照本法规定以该财产折价或者以拍卖、变卖该财产的价款优先受偿。

前款规定的债务人或者第三人为抵押人，债权人为抵押权人，提供担保的财产为抵押物。

第三十四条　下列财产可以抵押：

（一）抵押人所有的房屋和其他地上定着物；

（二）抵押人所有的机器、交通运输工具和其他财产；

（三）抵押人依法有权处分的国有的土地使用权、房屋和其他地上定着物；

（四）抵押人依法有权处分的国有的机器、交通运输工具和其他财产；

（五）抵押人依法承包并经发包方同意抵押的荒山、荒沟、荒丘、荒滩等荒地的土地使用权；

（六）依法可以抵押的其他财产。

抵押人可以将前款所列财产一并抵押。

第三十五条　抵押人所担保的债权不得超出其抵押物的价值。

财产抵押后，该财产的价值大于所担保债权的余额部分，可以再次抵押，但不得超出其余额部分。

第三十六条　以依法取得的国有土地上的房屋抵押的，该房屋占用范围内的国有土地使用权同时抵押。

以出让方式取得的国有土地使用权抵押的，应当将抵押时该国有土地上的房屋同时抵押。

乡（镇）、村企业的土地使用权不得单独抵押。以乡（镇）、村企业的厂房等建筑物抵押的，其占用范围内的土地使用权同时抵押。

第三十七条　下列财产不得抵押：

（一）土地所有权；

（二）耕地、宅基地、自留地、自留山等集体所有的土地使用权，但本法第三十四条第（五）项、第三十六条第三款规定的除外；

（三）学校、幼儿园、医院等以公益为目的的事业单位、社会团体的教育设施、医疗卫生设施和其他社会公益设施；

（四）所有权、使用权不明或者有争议的财产；

（五）依法被查封、扣押、监管的财产；

（六）依法不得抵押的其他财产。

第三十八条 抵押人和抵押权人应当以书面形式订立抵押合同。

第三十九条 抵押合同应当包括以下内容：

（一）被担保的主债权种类、数额；

（二）债务人履行债务的期限；

（三）抵押物的名称、数量、质量、状况、所在地、所有权权属或者使用权权属；

（四）抵押担保的范围；

（五）当事人认为需要约定的其他事项。

抵押合同不完全具备前款规定内容的，可以补正。

第四十条 订立抵押合同时，抵押权人和抵押人在合同中不得约定在债务履行期届满抵押权人未受清偿时，抵押物的所有权转移为债权人所有。

第四十一条 当事人以本法第四十二条规定的财产抵押的，应当办理抵押物登记，抵押合同自登记之日起生效。

第四十二条 办理抵押物登记的部门如下：

（一）以无地上定着物的土地使用权抵押的，为核发土地使用权证书的土地管理部门；

（二）以城市房地产或者乡（镇）、村企业的厂房等建筑物抵押的，为县级以上地方人民政府规定的部门；

（三）以林木抵押的，为县级以上林木主管部门；

（四）以航空器、船舶、车辆抵押的，为运输工具的登记部门；

（五）以企业的设备和其他动产抵押的，为财产所在地的工商行政管理部门。

第四十三条 当事人以其他财产抵押的，可以自愿办理抵押物登记，抵押合同自签订之日起生效。

当事人未办理抵押物登记的，不得对抗第三人。当事人办理抵押物登记的，登记部门为抵押人所在地的公证部门。

第四十四条 办理抵押物登记，应当向登记部门提供下列文件或者其复印件：

（一）主合同和抵押合同；

（二）抵押物的所有权或者使用权证书。

第四十五条 登记部门登记的资料，应当允许查阅、抄录或者复印。

第四十六条 抵押担保的范围包括主债权及利息、违约金、损害赔偿金和实现抵押权的费用。抵押合同另有约定的，按照约定。

第四十七条 债务履行期届满，债务人不履行债务致使抵押物被人民法院依法扣押的，自扣押之日起抵押权人有权收取由抵押物分离的天然孳息以及抵押人就抵押物可以收取的法定孳息。抵押权人未将扣押抵押物的事实通知应当清偿法定孳息的义务人的，抵押权的效力不及于该孳息。

前款孳息应当先充抵收取孳息的费用。

第四十八条 抵押人将已出租的财产抵押的，应当书面告知承租人，原租赁合同继续有效。

第四十九条 抵押期间，抵押人转让已办理登记的抵押物的，应当通知抵押权人并告知受让人转让物已经抵押的情况；抵押人未通知抵押权人或者未告知受让人的，转让行为无效。

转让抵押物的价款明显低于其价值的，抵押权人可以要求抵押人提供相应的担保；抵押人不提供的，不得转让抵押物。

抵押人转让抵押物所得的价款，应当向抵押权人提前清偿所担保的债权或者向与抵押权人约定的第三人提存。超过债权数额的部分，归抵押人所有，不足部分由债务人清偿。

第五十条 抵押权不得与债权分离而单独转让或者作为其他债权的担保。

第五十一条 抵押人的行为足以使抵押物价值减少的，抵押权人有权要求抵押人停止其行为。抵押物价值减少时，抵押权人有权要求抵押人恢复抵押物的价值，或者提供与减少的价值相当的担保。

抵押人对抵押物价值减少无过错的，抵押权人只能在抵押人因损害而得到的赔偿范围内要求提供担保。抵押物价值未减少的部分，仍作为债权的担保。

第五十二条 抵押权与其担保的债权同时存在，债权消灭的，抵押权也消灭。

第五十三条 债务履行期届满抵押权人未受清偿的，可以与抵押人协议以抵押物折价或者以拍卖、变卖该抵押物所得的价款受偿；协议不成的，抵押权人可以向人民法院提起诉讼。

抵押物折价或者拍卖、变卖后，其价款超过债权数额的部分归抵押人所有，不足部分由债务人清偿。

第五十四条 同一财产向两个以上债权人抵押的，拍卖、变卖抵押物所得的价款按照以下规定清偿：

（一）抵押合同以登记生效的，按照抵押物登记的先后顺序清偿；顺序相同的，按照债权比例清偿；

（二）抵押合同自签订之日起生效的，该抵押物已登记的，按照本条第（一）项规定清偿；未登记的，按照合同生效时间的先后顺序清偿，顺序相同的，按照债权比例清偿。抵押物已登记的先于未登记的受偿。

第五十五条 城市房地产抵押合同签订后，土地上新增的房屋不属于抵押物。需要拍卖该抵押的房地产时，可以依法将该土地上新增的房屋与抵押物一同拍卖，但对拍卖新增房屋所得，抵押权人无权优先受偿。

依照本法规定以承包的荒地的土地使用权抵押的，或者以乡（镇）、村企业的厂房等建筑物占用范围内的土地使用权抵押的，在实现抵押权后，未经法定程序不得改变土地集体所有和土地用途。

第五十六条 拍卖划拨的国有土地使用权所得的价款，在依法缴纳相当于应缴纳的土地使用权出让金的款额后，抵押权人有优先受偿权。

第五十七条 为债务人抵押担保的第三人，在抵押权人实现抵押权后，有权向债务人追偿。

第五十八条 抵押权因抵押物灭失而消灭。因灭失所得的赔偿金，应当作为抵押财产。

第五十九条 本法所称最高额抵押，是指抵押人与抵押权人协议，在最高债权额限度内，以抵押物对一定期间内连续发生的债权作担保。

第六十条 借款合同可以附最高额抵押合同。

债权人与债务人就某项商品在一定期间内连续发生交易而签订的合同，可以附最高额抵押合同。

第六十一条 最高额抵押的主合同债权不得转让。

第六十二条 最高额抵押除适用本节规定外，适用本章其他规定。

第四章 质 押

第六十三条 本法所称动产质押，是指债务人或者第三人将其动产移交债权人占有，将该动产作为债权的担保。债务人不履行债务时，债权人有权依照本法规定以该动产折价或者以拍卖、变卖该动产的价款优先受偿。

前款规定的债务人或者第三人为出质人，债权人为质权人，移交的动产为质物。

第六十四条 出质人和质权人应当以书面形式订立质押合同。

质押合同自质物移交于质权人占有时生效。

第六十五条 质押合同应当包括以下内容：

（一）被担保的主债权种类、数额；

（二）债务人履行债务的期限；

（三）质物的名称、数量、质量、状况；

（四）质押担保的范围；

（五）质物移交的时间；

（六）当事人认为需要约定的其他事项。

质押合同不完全具备前款规定内容的，可以补正。

第六十六条 出质人和质权人在合同中不得约定在债务履行期届满质权人未受清偿时，质物的所有权转移为质权人所有。

第六十七条 质押担保的范围包括主债权及利息、违约金、损害赔偿金、质物保管费用和实现质权的费用。质押合同另有约定的，按照约定。

第六十八条 质权人有权收取质物所生的孳息。质押合同另有约定的，按照约定。

前款孳息应当先充抵收取孳息的费用。

第六十九条 质权人负有妥善保管质物的义务。因保管不善致使质物灭失或者毁损的，质权人应当承担民事责任。

质权人不能妥善保管质物可能致使其灭失或者毁损的，出质人可以要求质权人将质物提存，或者要求提前清偿债权而返还质物。

第七十条 质物有损坏或者价值明显减少的可能，足以危害质权人权利的，质权人可以要求出质人提供相应的担保。出质人不提供的，质权人可以拍卖或者变卖质物，并与出质人协议将拍卖或者变卖所得的价款用于提前清偿所担保的债权或者向与出质人约定的第三人提存。

第七十一条 债务履行期届满债务人履行债务的，或者出质人提前清偿所担保的债权的，质权人应当返还质物。

债务履行期届满质权人未受清偿的，可以与出质人协议以质物折价，也可以依法拍卖、变卖质物。

质物折价或者拍卖、变卖后，其价款超过债权数额的部分归出质人所有，不足部分由债务人清偿。

第七十二条 为债务人质押担保的第三人，在质权人实现质权后，有权向债务人追偿。

第七十三条 质权因质物灭失而消灭。因灭失所得的赔偿金，应当作为出质财产。

第七十四条 质权与其担保的债权同时存在，债权消灭的，质权也消灭。

第七十五条 下列权利可以质押：

（一）汇票、支票、本票、债券、存款单、仓单、提单；

（二）依法可以转让的股份、股票；

（三）依法可以转让的商标专用权，专利权、著作权中的财产权；

（四）依法可以质押的其他权利。

第七十六条 以汇票、支票、本票、债券、存款单、仓单、提单出质的，应当在合同约定的期限内将权利凭证交付质权人。质押合同自权利凭证交付之日起生效。

第七十七条 以载明兑现或者提货日期的汇票、支票、本票、债券、存款单、仓单、提单出质的，汇票、支票、本票、债券、存款单、仓单、提单兑现或者提货日期先于债务履行期的，质权人可以在债务履行期届满前兑现或者提货，并与出质人协议将兑现的价款或者提取的货物用于提前清偿所担保的债权或者向与出质人约定的第三人提存。

第七十八条 以依法可以转让的股票出质的，出质人与质权人应当订立书面合同，并向证券登记机构办理出质登记。质押合同自登记之日起生效。

股票出质后，不得转让，但经出质人与质权人协商同意的可以转让。出质人转让股票所得的价款应当向质权人提前清偿所担保的债权或者向与质权人约定的第三人提存。

以有限责任公司的股份出质的，适用公司法股份转让的有关规定。质押合同自股份出质记载于股东名册之日起生效。

第七十九条 以依法可以转让的商标专用权，专利权、著作权中的财产权出质的，出质人与质权人应当订立书面合同，并向其管理部门办理出质登记。质押合同自登记之日起生效。

第八十条 本法第七十九条规定的权利出质后，出质人不得转让或者许可他人使用，但经出质人与质权人协商同意的可以转让或者许可他人使用。出质人所得的转让费、许可费应当向质权人提前清偿所担保的债权或者向与质权人约定的第三人提存。

第八十一条 权利质押除适用本节规定外，适用本章动产质押的规定。

第五章 留 置

第八十二条 本法所称留置，是指依照本法第八十四条的规定，债权人按照合同约定占有债务人的动产，债务人不按照合同约定的期限履行债务的，债权人有权依照本法规定留置该财产，以该财产折价或者以拍卖、变卖该财产的价款优先受偿。

第八丨三条 留置担保的范围包括主债权及利息、违约金、损害赔偿金，留置物保管费用和实现留置权的费用。

第八十四条 因保管合同、运输合同、加工承揽合同发生的债权，债务人不履行债务的，债权人有留置权。

法律规定可以留置的其他合同，适用前款规定。

当事人可以在合同中约定不得留置的物。

第八十五条 留置的财产为可分物的，留置物的价值应当相当于债务的金额。

第八十六条 留置权人负有妥善保管留置物的义务。因保管不善致使留置物灭失或者毁损的，留置权人应当承担民事责任。

第八十七条 债权人与债务人应当在合同中约定，债权人留置财产后，债务人应当在不少于两个月的期限内履行债务。债权人与债务人在合同中未约定的，债权人留置债务人财产后，应当确定两个月以上的期限，通知债务人在该期限内履行债务。

债务人逾期仍不履行的，债权人可以与债务人协议以留置物折价，也可以依法拍卖、变卖留置物。

留置物折价或者拍卖、变卖后，其价款超过债权数额的部分归债务人所有，不足部分由债务人清偿。

第八十八条 留置权因下列原因消灭：

（一）债权消灭的；

（二）债务人另行提供担保并被债权人接受的。

第六章　定　金

第八十九条 当事人可以约定一方向对方给付定金作为债权的担保。债务人履行债务后，定金应当抵作价款或者收回。给付定金的一方不履行约定的债务的，无权要求返还定金；收受定金的一方不履行约定的债务的，应当双倍返还定金。

第九十条 定金应当以书面形式约定。当事人在定金合同中应当约定交付定金的期限。定金合同从实际交付定金之日起生效。

第九十一条 定金的数额由当事人约定，但不得超过主合同标的额的百分之二十。

第七章　附　则

第九十二条 本法所称不动产是指土地以及房屋、林木等地上定着物。

本法所称动产是指不动产以外的物。

第九十三条 本法所称保证合同、抵押合同、质押合同、定金合同可以是单独订立的书面合同，包括当事人之间的具有担保性质的信函、传真等，也可以是主合同中的担保条款。

第九十四条 抵押物、质物、留置物折价或者变卖，应当参照市场价格。

第九十五条 海商法等法律对担保有特别规定的，依照其规定。

第九十六条 本法自 1995 年 10 月 1 日起施行。

最高人民法院《关于适用〈中华人民共和国合同法〉若干问题的解释（一）》

为了正确审理合同纠纷案件，根据《中华人民共和国合同法》（以下简称《合同法》）的规定，对人民法院适用《合同法》的有关问题作出如下解释：

一　法律适用范围

第一条　《合同法》实施以后成立的合同发生纠纷起诉到人民法院的，适用《合同法》的规定；《合同法》实施以前成立的合同发生纠纷起诉到人民法院的，除本解释另有规定的以外，适用当时的法律规定，当时没有法律规定的，可以适用《合同法》的有关规定。

第二条　合同成立于《合同法》实施之前，但合同约定的履行期限跨越《合同法》实施之日或者履行期限在《合同法》实施之后，因履行合同发生的纠纷，适用《合同法》第四章的有关规定。

第三条　人民法院确认合同效力时，对《合同法》实施以前成立的合同，适用当时的法律合同无效而适用《合同法》合同有效的，则适用《合同法》。

第四条　《合同法》实施以后，人民法院确认合同无效，应当以全国人大及其常委会制定的法律和国务院制定的行政法规为依据，不得以地方性法规、行政规章为依据。

第五条　人民法院对《合同法》实施以前已经作出终审裁决的案件进行再审，不适用《合同法》。

二　诉讼时效

第六条　技术合同争议当事人的权利受到侵害的事实发生在《合同法》实施之前，自当事人知道或者应当知道其权利受到侵害之日起至《合同法》实施之日超过一年的，人民法院不予保护；尚未超过一年的，其提起诉讼的时效期间为二年。

第七条 技术进出口合同争议当事人的权利受到侵害的事实发生在《合同法》实施之前，自当事人知道或者应当知道其权利受到侵害之日起至《合同法》施行之日超过二年的，人民法院不予保护；尚未超过二年的，其提起诉讼的时效期间为四年。

第八条 《合同法》第五十五条规定的一年、第七十五条和第一〇四条第二款规定的五年为不变期间，不适用诉讼时效中止、中断或者延长的规定。

三 合同效力

第九条 依照《合同法》第四十四条第二款的规定，法律、行政法规规定合同应当办理批准手续，或者办理批准、登记等手续才生效，在一审法庭辩论终结前当事人仍未办理批准手续的，或者仍未办理批准、登记等手续的，人民法院应当认定该合同未生效；法律、行政法规规定合同应当办理登记手续，但未规定登记后生效的，当事人未办理登记手续不影响合同的效力，合同标的物所有权及其他物权不能转移。

《合同法》第七十七条第二款、第八十七条、第九十六条第二款所列合同变更、转让、解除等情形，依照前款规定处理。

第十条 当事人超越经营范围订立合同，人民法院不因此认定合同无效。但违反国家限制经营、特许经营以及法律、行政法规禁止经营规定的除外。

四 代位权

第十一条 债权人依照《合同法》第七十三条的规定提起代位权诉讼，应当符合下列条件：

（一）债权人对债务人的债权合法；

（二）债务人怠于行使其到期债权，对债权人造成损害；

（三）债务人的债权已到期；

（四）债务人的债权不是专属于债务人自身的债权。

第十二条 《合同法》第七十三条第一款规定的专属于债务人自身的债权，是指基于扶养关系、抚养关系、赡养关系、继承关系产生的给付请求权和劳动报酬、退休金、养老金、抚恤金、安置费、人寿保险、人身伤害赔偿请求权等权利。

第十三条 《合同法》第七十三条规定的“债务人怠于行使其到期债权，对债权人造成损害的”，是指债务人不履行其对债权人的到期债务，又不以诉讼方式或者仲裁方式向其债务人主张其享有的具有金钱给付内容的到期债权，致使债权人的到期债权未能实现。

次债务人（即债务人的债务人）不认为债务人有怠于行使其到期债权情况的，应当承担举证责任。

第十四条 债权人依照《合同法》第七十三条的规定提起代位权诉讼的，由被告住所地人民法院管辖。

第十五条 债权人向人民法院起诉债务人以后，又向同一人民法院对次债务人提起代位权诉讼，符合本解释第十三条的规定和《中华人民共和国民事诉讼法》第一〇八条规定的起诉条件的，应当立案受理；不符合本解释第十三条规定的，告知债权人向次债务人住所地人民法院另行起诉。

受理代位权诉讼的人民法院在债权人起诉债务人的诉讼裁决发生法律效力以前，应当依照《中华人民共和国民事诉讼法》第一三六条第（五）项的规定中止代位权诉讼。

第十六条 债权人以次债务人为被告向人民法院提起代位权诉讼，未将债务人列为第三人的，人民法院可以追加债务人为第三人。

两个或者两个以上债权人以同一次债务人为被告提起代位权诉讼的，人民法院可以合并审理。

第十七条 在代位权诉讼中，债权人请求人民法院对次债务人的财产采取保全措施的，应当提供相应的财产担保。

第十八条 在代位权诉讼中，次债务人对债务人的抗辩，可以向债权人主张。

债务人在代位权诉讼中对债权人的债权提出异议，经审查异议成立的，人民法院应当裁定驳回债权人的起诉。

第十九条 在代位权诉讼中，债权人胜诉的，诉讼费由次债务人负担，从实现的债权中优先支付。

第二十条 债权人向次债务人提起的代位权诉讼经人民法院审理后认定代位权成立的，由次债务人向债权人履行清偿义务，债权人与债务人、债务人与次债务人之间相应的债权债务关系即予消灭。

第二十一条 在代位权诉讼中，债权人行使代位权的请求数额超过债务人所负债务额或者超过次债务人对债务人所负债务额的，对超出部分人民法院不予支持。

第二十二条 债务人在代位权诉讼中，对超过债权人代位请求数额的债权部分起诉次债务人的，人民法院应当告知其向有管辖权的人民法院另行起诉。

债务人的起诉符合法定条件的，人民法院应当受理；受理债务人起诉的人民法院在代位权诉讼裁决发生法律效力以前，应当依法中止。

五 撤销权

第二十三条 债权人依照《合同法》第七十四条的规定提起撤销权诉讼的，由被告住所地人民法院管辖。

第二十四条 债权人依照《合同法》第七十四条的规定提起撤销权诉讼时只以债务人为被告，未将受益人或者受让人列为第三人的，人民法院可以追加该受益人或者受让人为第三人。

第二十五条 债权人依照《合同法》第七十四条的规定提起撤销权诉讼，请求人民法院撤销债务人放弃债权或转让财产的行为，人民法院应当就债权人主张的部分进行审理，依法撤销的，该行为自始无效。

两个或者两个以上债权人以同一债务人为被告，就同一标的提起撤销权诉讼的，人民法院可以合并审理。

第二十六条 债权人行使撤销权所支付的律师代理费、差旅费等必要费用，由债务人负担；第三人有过错的，应当适当分担。

六 合同转让中的第三人

第二十七条 债权人转让合同权利后，债务人与受让人之间因履行合同发生纠纷诉至人民法院，债务人对债权人的权利提出抗辩的，可以将债权人列为第三人。

第二十八条 经债权人同意，债务人转移合同义务后，受让人与债权人之间因履行合同发生纠纷诉至人民法院，受让人就债务人对债权人的权利提出抗辩的，可以将债务人列为第三人。

第二十九条 合同当事人一方经对方同意将其在合同中的权利义务一并转让给受让人，对方与受让人因履行合同发生纠纷诉至人民法院，对方就合同权利义务提出抗辩的，可以将出让方列为第三人。

七 请求权竞合

第三十条 债权人依照《合同法》第一二二条的规定向人民法院起诉时作出选择后，在一审开庭以前又变更诉讼请求的，人民法院应当准许。对方当事人提出管辖权异议，经审查异议成立的，人民法院应当驳回起诉。

最高人民法院《关于适用〈中华人民共和国担保法〉若干问题的解释》

为了正确适用《中华人民共和国担保法》（以下简称《担保法》），结合审判实践经验，对人民法院审理担保纠纷案件适用法律问题作出如下解释。

一　关于总则部分的解释

第一条　当事人对由民事关系产生的债权，在不违反法律、法规强制性规定的情况下，以担保法规定的方式设定担保的，可以认定为有效。

第二条　反担保人可以是债务人，也可以是债务人之外的其他人。

反担保方式可以是债务人提供的抵押或者质押，也可以是其他人提供的保证、抵押或者质押。

第三条　国家机关和以公益为目的的事业单位、社会团体违反法律规定提供担保的，担保合同无效。因此给债权人造成损失的，应当根据《担保法》第五条第二款的规定处理。

第四条　董事、经理违反《中华人民共和国公司法》第六十条的规定，以公司资产为本公司的股东或者其他个人债务提供担保的，担保合同无效。除债权人知道或者应当知道的外，债务人、担保人应当对债权人的损失承担连带赔偿责任。

第五条　以法律、法规禁止流通的财产或者不可转让的财产设定担保的，担保合同无效。

以法律、法规限制流通的财产设定担保的，在实现债权时，人民法院应当按照有关法律、法规的规定对该财产进行处理。

第六条　有下列情形之一的，对外担保合同无效：

（一）未经国家有关主管部门批准或者登记对外担保的；

（二）未经国家有关主管部门批准或者登记，为境外机构向境内债权人提供担保的；

（三）为外商投资企业注册资本、外商投资企业中的外方投资部分的对外债务提供担保的；

（四）无权经营外汇担保业务的金融机构、无外汇收入的非金融性质的企业法人提供外汇担保的；

（五）主合同变更或者债权人将对外担保合同项下的权利转让，未经担保人同意和国家有关主管部门批准的，担保人不再承担担保责任。但法律、法规另有规定的除外。

第七条 主合同有效而担保合同无效，债权人无过错的，担保人与债务人对主合同债权人的经济损失，承担连带赔偿责任；债权人、担保人有过错的，担保人承担民事责任的部分，不应超过债务人不能清偿部分的二分之一。

第八条 主合同无效而导致担保合同无效，担保人无过错的，担保人不承担民事责任；担保人有过错的，担保人承担民事责任的部分，不应超过债务人不能清偿部分的三分之一。

第九条 担保人因无效担保合同向债权人承担赔偿责任后，可以向债务人追偿，或者在承担赔偿责任的范围内，要求有过错的反担保人承担赔偿责任。

担保人可以根据承担赔偿责任的事实对债务人或者反担保人另行提起诉讼。

第十条 主合同解除后，担保人对债务人应当承担的民事责任仍应承担担保责任。但是，担保合同另有约定的除外。

第十一条 法人或者其他组织的法定代表人、负责人超越权限订立的担保合同，除相对人知道或者应当知道其超越权限的以外，该代表行为有效。

第十二条 当事人约定的或者登记部门要求登记的担保期间，对担保物权的存续不具有法律约束力。

担保物权所担保的债权的诉讼时效结束后，担保权人在诉讼时效结束后的二年内行使担保物权的，人民法院应当予以支持。

二　关于保证部分的解释

第十三条 保证合同中约定保证人代为履行非金钱债务的，如果保证人不能实际代为履行，对债权人因此造成的损失，保证人应当承担赔偿责任。

第十四条　不具有完全代偿能力的法人、其他组织或者自然人，以保证人身份订立保证合同后，又以自己没有代偿能力要求免除保证责任的，人民法院不予支持。

第十五条　《担保法》第七条规定的其他组织主要包括：

（一）依法登记领取营业执照的独资企业、合伙企业；

（二）依法登记领取营业执照的联营企业；

（三）依法登记领取营业执照的中外合作经营企业；

（四）经民政部门核准登记的社会团体；

（五）经核准登记领取营业执照的乡镇、街道、村办企业。

第十六条　从事经营活动的事业单位、社会团体为保证人的，如无其他导致保证合同无效的情况，其所签订的保证合同应当认定为有效。

第十七条　企业法人的分支机构未经法人书面授权提供保证的，保证合同无效。因此给债权人造成损失的，应当根据《担保法》第五条第二款的规定处理。

企业法人的分支机构经法人书面授权提供保证的，如果法人的书面授权范围不明，法人的分支机构应当对保证合同约定的全部债务承担保证责任。

企业法人的分支机构经营管理的财产不足以承担保证责任的，由企业法人承担民事责任。

企业法人的分支机构提供的保证无效后应当承担赔偿责任的，由分支机构经营管理的财产承担。企业法人有过错的，按照《担保法》第二十九条的规定处理。

第十八条　企业法人的职能部门提供保证的，保证合同无效。债权人知道或者应当知道保证人为企业法人的职能部门的，因此造成的损失由债权人自行承担。

债权人不知保证人为企业法人的职能部门，因此造成的损失，可以参照《担保法》第五条第二款的规定和第二十九条的规定处理。

第十九条　两个以上保证人对同一债务同时或者分别提供保证时，各保证人与债权人没有约定保证份额的，应当认定为连带共同保证。

连带共同保证的保证人以其相互之间约定各自承担的份额对抗债权人的，人民法院不予支持。

第二十条 连带共同保证的债务人在主合同规定的债务履行期届满没有履行债务的，债权人可以要求债务人履行债务，也可以要求任何一个保证人承担全部保证责任。

连带共同保证的保证人承担保证责任后，向债务人不能追偿的部分，由各连带保证人按其内部约定的比例分担。没有约定的，平均分担。

第二十一条 按份共同保证的保证人按照保证合同约定的保证份额承担保证责任后，在其履行保证责任的范围内对债务人行使追偿权。

第二十二条 第三人单方以书面形式向债权人出具担保书，债权人接受且未提出异议的，保证合同成立。

主合同中虽然没有保证条款，但是，保证人在主合同上以保证人的身份签字或者盖章的，保证合同成立。

第二十三条 最高额保证合同的不特定债权确定后，保证人应当对在最高债权额限度内就一定期间连续发生的债权余额承担保证责任。

第二十四条 一般保证的保证人在主债权履行期间届满后，向债权人提供了债务人可供执行财产的真实情况的，债权人放弃或者怠于行使权利致使该财产不能被执行，保证人可以请求人民法院在其提供可供执行财产的实际价值范围内免除保证责任。

第二十五条 《担保法》第十七条第三款第（一）项规定的债权人要求债务人履行债务发生的重大困难情形，包括债务人下落不明、移居境外，且无财产可供执行。

第二十六条 第三人向债权人保证监督支付专款专用的，在履行了监督支付专款专用的义务后，不再承担责任。未尽监督义务造成资金流失的，应当对流失的资金承担补充赔偿责任。

第二十七条 保证人对债务人的注册资金提供保证的，债务人的实际投资与注册资金不符，或者抽逃转移注册资金的，保证人在注册资金不足或者抽逃转移注册资金的范围内承担连带保证责任。

第二十八条 保证期间，债权人依法将主债权转让给第三人的，保证债权同时转让，保证人在原保证担保的范围内对受让人承担保证责任。但是保证人与债权人事先约定仅对特定的债权人承担保证责任或者禁止债权转让的，保证人不再承担保证责任。

第二十九条 保证期间，债权人许可债务人转让部分债务未经保证人书面同意的，保证人对未经其同意转让部分的债务，不再承担保证责任。但是，保证人仍应当对未转让部分的债务承担保证责任。

第三十条 保证期间，债权人与债务人对主合同数量、价款、币种、利率等内容作了变动，未经保证人同意的，如果减轻债务人的债务的，保证人仍应当对变更后的合同承担保证责任；如果加重债务人的债务的，保证人对加重的部分不承担保证责任。

债权人与债务人对主合同履行期限作了变动，未经保证人书面同意的，保证期间为原合同约定的或者法律规定的期间。

债权人与债务人协议变动主合同内容，但并未实际履行的，保证人仍应当承担保证责任。

第三十一条 保证期间不因任何事由发生中断、中止、延长的法律后果。

第三十二条 保证合同约定的保证期间早于或者等于主债务履行期限的，视为没有约定，保证期间为主债务履行期届满之日起六个月。

保证合同约定保证人承担保证责任直至主债务本息还清时为止等类似内容的，视为约定不明，保证期间为主债务履行期届满之日起二年。

第三十三条 主合同对主债务履行期限没有约定或者约定不明的，保证期间自债权人要求债务人履行义务的宽限期届满之日起计算。

第三十四条 一般保证的债权人在保证期间届满前对债务人提起诉讼或者申请仲裁的，从判决或者仲裁裁决生效之日起，开始计算保证合同的诉讼时效。

连带责任保证的债权人在保证期间届满前要求保证人承担保证责任的，从债权人要求保证人承担保证责任之日起，开始计算保证合同的诉讼时效。

第三十五条 保证人对已经超过诉讼时效期间的债务承担保证责任或者提供保证的，又以超过诉讼时效为由抗辩的，人民法院不予支持。

第三十六条 一般保证中，主债务诉讼时效中断，保证债务诉讼时效中断；连带责任保证中，主债务诉讼时效中断，保证债务诉讼时效不中断。

一般保证和连带责任保证中，主债务诉讼时效中止的，保证债务的诉讼时效同时中止。

第三十七条 最高额保证合同对保证期间没有约定或者约定不明的，如最高额保证合同约定有保证人清偿债务期限的，保证期间为清偿期限届满之日起六个月。没有约定债务清偿期限的，保证期间自最高额保证终止之日或自债权人收到保证人终止保证合同的书面通知到达之日起六个月。

第三十八条 同一债权既有保证又有第三人提供物的担保的，债权人可以请求保证人或者物的担保人承担担保责任。当事人对保证担保的范围或者物的担保的范围没有约定或者约定不明的，承担了担保责任的担保人，可以向债务人追偿，也可以要求其他担保人清偿其应当分担的份额。

同一债权既有保证又有物的担保的，物的担保合同被确认无效或者被撤销，或者担保物因不可抗力的原因灭失而没有代位物的，保证人仍应当按合同的约定或者法律的规定承担保证责任。

债权人在主合同履行期届满后怠于行使担保物权，致使担保物的价值减少或者毁损、灭失的，视为债权人放弃部分或者全部物的担保。保证人在债权人放弃权利的范围内减轻或者免除保证责任。

第三十九条 主合同当事人双方协议以新贷偿还旧贷，除保证人知道或者应当知道的外，保证人不承担民事责任。

新贷与旧贷系同一保证人的，不适用前款的规定。

第四十条 主合同债务人采取欺诈、胁迫等手段，使保证人在违背真实意思的情况下提供保证的，债权人知道或者应当知道欺诈、胁迫事实的，按照《担保法》第三十条的规定处理。

第四十一条 债务人与保证人共同欺骗债权人，订立主合同和保证合同的，债权人可以请求人民法院予以撤销。因此给债权人造成损失的，由保证人与债务人承担连带赔偿责任。

第四十二条 人民法院判决保证人承担保证责任或者赔偿责任的，应当在判决书主文中明确保证人享有《担保法》第三十一条规定的权利。判决书中未予明确追偿权的，保证人只能按照承担责任的事实，另行提起诉讼。

保证人对债务人行使追偿权的诉讼时效，自保证人向债权人承担责任之日起开始计算。

第四十三条 保证人自行履行保证责任时，其实际清偿额大于主债权范围的，保证人只能在主债权范围内对债务人行使追偿权。

第四十四条 保证期间，人民法院受理债务人破产案件的，债权人既可以向人民法院申报债权，也可以向保证人主张权利。

债权人申报债权后在破产程序中未受清偿的部分，保证人仍应当承担保证责任。债权人要求保证人承担保证责任的，应当在破产程序终结后六个月内提出。

第四十五条 债权人知道或者应当知道债务人破产，既未申报债权也未通知保证人，致使保证人不能预先行使追偿权的，保证人在该债权在破产程序中可能受偿的范围内免除保证责任。

第四十六条 人民法院受理债务人破产案件后，债权人未申报债权的，各连带共同保证的保证人应当作为一个主体申报债权，预先行使追偿权。

三 关于抵押部分的解释

第四十七条 以依法获准尚未建造的或者正在建造中的房屋或者其他建筑物抵押的，当事人办理了抵押物登记，人民法院可以认定抵押有效。

第四十八条 以法定程序确认为违法、违章的建筑物抵押的，抵押无效。

第四十九条 以尚未办理权属证书的财产抵押的，在第一审法庭辩论终结前能够提供权利证书或者补办登记手续的，可以认定抵押有效。

当事人未办理抵押物登记手续的，不得对抗第三人。

第五十条 以《担保法》第三十四条第一款所列财产一并抵押的，抵押财产的范围应当以登记的财产为准。抵押财产的价值在抵押权实现时予以确定。

第五十一条 抵押人所担保的债权超出其抵押物价值的，超出的部分不具有优先受偿的效力。

第五十二条 当事人以农作物和与其尚未分离的土地使用权同时抵押的，土地使用权部分的抵押无效。

第五十三条 学校、幼儿园、医院等以公益为目的的事业单位、社会团体，以其教育设施、医疗卫生设施和其他社会公益设施以外的财产为自身债务设定抵押的，人民法院可以认定抵押有效。

第五十四条 按份共有人以其共有财产中享有的份额设定抵押的，抵押有效。

共同共有人以其共有财产设定抵押，未经其他共有人的同意，抵押无效。但是，其他共有人知道或者应当知道而未提出异议的视为同意，抵押有效。

第五十五条 已经设定抵押的财产被采取查封、扣押等财产保全或者执行措施的，不影响抵押权的效力。

第五十六条 抵押合同对被担保的主债权种类、抵押财产没有约定或者约定不明，根据主合同和抵押合同不能补正或者无法推定的，抵押不成立。

法律规定登记生效的抵押合同签订后，抵押人违背诚实信用原则拒绝办理抵押登记致使债权人受到损失的，抵押人应当承担赔偿责任。

第五十七条 当事人在抵押合同中约定，债务履行期届满抵押权人未受清偿时，抵押物的所有权转移为债权人所有的内容无效。该内容的无效不影响抵押合同其他部分内容的效力。

债务履行期届满后抵押权人未受清偿时，抵押权人和抵押人可以协议以抵押物折价取得抵押物。但是，损害顺序在后的担保物权人和其他债权人利益的，人民法院可以适用《合同法》第七十四条、第七十五条的有关规定。

第五十八条 当事人同一天在不同的法定登记部门办理抵押物登记的，视为顺序相同。

因登记部门的原因致使抵押物进行连续登记的，抵押物第一次登记的日期，视为抵押登记的日期，并依此确定抵押权的顺序。

第五十九条 当事人办理抵押物登记手续时，因登记部门的原因致使其无法办理抵押物登记，抵押人向债权人交付权利凭证的，可以认定债权人对该财产有优先受偿权。但是，未办理抵押物登记的，不得对抗第三人。

第六十条 以《担保法》第四十二条第（二）项规定的不动产抵押的，县级以上地方人民政府对登记部门未作规定，当事人在土地管理部门或者房产管理部门办理了抵押物登记手续，人民法院可以确认其登记的效力。

第六十一条 抵押物登记记载的内容与抵押合同约定的内容不一致的，以登记记载的内容为准。

第六十二条 抵押物因附合、混合或者加工使抵押物的所有权为第三人所有的，抵押权的效力及于补偿金；抵押物所有人为附合物、混合物或者加工物的所有人的，抵押权的效力及于附合物、混合物或者加工物；第三人与抵押物所有人为附合物、混合物或者加工物的共有人的，抵押权的效力及于抵押人对共有物享有的份额。

第六十三条 抵押权设定前为抵押物的从物的，抵押权的效力及于抵押物的从物。但是，抵押物与其从物为两个以上的人分别所有时，抵押权的效力不及于抵押物的从物。

第六十四条 债务履行期届满，债务人不履行债务致使抵押物被人民法院依法扣押的，自扣押之日起抵押权人收取的由抵押物分离的天然孳息和法定孳息，按照下列顺序清偿：

（一）收取孳息的费用；

（二）主债权的利息；

（三）主债权。

第六十五条 抵押人将已出租的财产抵押的，抵押权实现后，租赁合同在有效期内对抵押物的受让人继续有效。

第六十六条 抵押人将已抵押的财产出租的，抵押权实现后，租赁合同对受让人不具有约束力。

抵押人将已抵押的财产出租时，如果抵押人未书面告知承租人该财产已抵押的，抵押人对出租抵押物造成承租人的损失承担赔偿责任；如果抵押人已书面告知承租人该财产已抵押的，抵押权实现造成承租人的损失，由承租人自己承担。

第六十七条 抵押权存续期间，抵押人转让抵押物未通知抵押权人或者未告知受让人的，如果抵押物已经登记的，抵押权人仍可以行使抵押权；取得抵押物所有权的受让人，可以代替债务人清偿其全部债务，使抵押权消灭。受让人清偿债务后可以向抵押人追偿。

如果抵押物未经登记的，抵押权不得对抗受让人，因此给抵押权人造成损失的，由抵押人承担赔偿责任。

第六十八条 抵押物依法被继承或者赠与的，抵押权不受影响。

第六十九条 债务人有多个普通债权人的，在清偿债务时，债务人与其中一个债权人恶意串通，将其全部或者部分财产抵押给该债权人，因此丧失了履行其他债务的能力，损害了其他债权人的合法权益，受损害的其他债权人可以请求人民法院撤销该抵押行为。

第七十条 抵押人的行为足以使抵押物价值减少的，抵押权人请求抵押人恢复原状或提供担保遭到拒绝时，抵押权人可以请求债务人履行债务，也可以请求提前行使抵押权。

第七十一条 主债权未受全部清偿的，抵押权人可以就抵押物的全部行使其抵押权。

抵押物被分割或者部分转让的，抵押权人可以就分割或者转让后的抵押物行使抵押权。

第七十二条 主债权被分割或者部分转让的，各债权人可以就其享有的债权份额行使抵押权。

主债务被分割或者部分转让的，抵押人仍以其抵押物担保数个债务人履行债务。但是，第三人提供抵押的，债权人许可债务人转让债务未经抵押人书面同意的，抵押人对未经其同意转让的债务，不再承担担保责任。

第七十三条 抵押物折价或者拍卖、变卖该抵押物的价款低于抵押权设定时约定价值的，应当按照抵押物实现的价值进行清偿。不足清偿的剩余部分，由债务人清偿。

第七十四条 抵押物折价或者拍卖、变卖所得的价款，当事人没有约定的，按下列顺序清偿：

（一）实现抵押权的费用；

（二）主债权的利息；

（三）主债权。

第七十五条 同一债权有两个以上抵押人的，债权人放弃债务人提供的抵押担保的，其他抵押人可以请求人民法院减轻或者免除其应当承担的担保责任。

同一债权有两个以上抵押人的，当事人对其提供的抵押财产所担保的债权份额或者顺序没有约定或者约定不明的，抵押权人可以就其中任一或者各个财产行使抵押权。

抵押人承担担保责任后，可以向债务人追偿，也可以要求其他抵押人清偿其应当承担的份额。

第七十六条 同一动产向两个以上债权人抵押的，当事人未办理抵押物登记，实现抵押权时，各抵押权人按照债权比例受偿。

第七十七条 同一财产向两个以上债权人抵押的，顺序在先的抵押权与该财产的所有权归属一人时，该财产的所有权人可以以其抵押权对抗顺序在后的抵押权。

第七十八条 同一财产向两个以上债权人抵押的，顺序在后的抵押权所担保的债权先到期的，抵押权人只能就抵押物价值超出顺序在先的抵押担保债权的部分受偿。

顺序在先的抵押权所担保的债权先到期的，抵押权实现后的剩余价款应予提存，留待清偿顺序在后的抵押担保债权。

第七十九条 同一财产法定登记的抵押权与质权并存时，抵押权人优先于质权人受偿。

同一财产抵押权与留置权并存时，留置权人优先于抵押权人受偿。

第八十条 在抵押物灭失、毁损或者被征用的情况下，抵押权人可以就该抵押物的保险金、赔偿金或者补偿金优先受偿。

抵押物灭失、毁损或者被征用的情况下，抵押权所担保的债权未届清偿期的，抵押权人可以请求人民法院对保险金、赔偿金或补偿金等采取保全措施。

第八十一条 最高额抵押权所担保的债权范围，不包括抵押物因财产保全或者执行程序被查封后或债务人、抵押人破产后发生的债权。

第八十二条 当事人对最高额抵押合同的最高限额、最高额抵押期间进行变更，以其变更对抗顺序在后的抵押权人的，人民法院不予支持。

第八十三条 最高额抵押权所担保的不特定债权，在特定后，债权已届清偿期的，最高额抵押权人可以根据普通抵押权的规定行使其抵押权。

抵押权人实现最高额抵押权时，如果实际发生的债权余额高于最高限额的，以最高限额为限，超过部分不具有优先受偿的效力；如果实际发生的债权余额低于最高限额的，以实际发生的债权余额为限对抵押物优先受偿。

四　关于质押部分的解释

第八十四条　出质人以其不具有所有权但合法占有的动产出质的，不知出质人无处分权的质权人行使质权后，因此给动产所有人造成损失的，由出质人承担赔偿责任。

第八十五条　债务人或者第三人将其金钱以特户、封金、保证金等形式特定化后，移交债权人占有作为债权的担保，债务人不履行债务时，债权人可以以该金钱优先受偿。

第八十六条　债务人或者第三人未按质押合同约定的时间移交质物的，因此给质权人造成损失的，出质人应当根据其过错承担赔偿责任。

第八十七条　出质人代质权人占有质物的，质押合同不生效；质权人将质物返还于出质人后，以其质权对抗第三人的，人民法院不予支持。

因不可归责于质权人的事由而丧失对质物的占有，质权人可以向不当占有人请求停止侵害、恢复原状、返还质物。

第八十八条　出质人以间接占有的财产出质的，质押合同自书面通知送达占有人时视为移交。占有人收到出质通知后，仍接受出质人的指示处分出质财产的，该行为无效。

第八十九条　质押合同中对质押的财产约定不明，或者约定的出质财产与实际移交的财产不一致的，以实际交付占有的财产为准。

第九十条　质物有隐蔽瑕疵造成质权人其他财产损害的，应由出质人承担赔偿责任。但是，质权人在质物移交时明知质物有瑕疵而予以接受的除外。

第九十一条　动产质权的效力及于质物的从物。但是，从物未随同质物移交质权人占有的，质权的效力不及于从物。

第九十二条　按照《担保法》第六十九条的规定将质物提存的，质物提存费用由质权人负担；出质人提前清偿债权的，应当扣除未到期部分的利息。

第九十三条　质权人在质权存续期间，未经出质人同意，擅自使用、出租、处分质物，因此给出质人造成损失的，由质权人承担赔偿责任。

第九十四条 质权人在质权存续期间，为担保自己的债务，经出质人同意，以其所占有的质物为第三人设定质权的，应当在原质权所担保的债权范围之内，超过的部分不具有优先受偿的效力。转质权的效力优于原质权。

质权人在质权存续期间，未经出质人同意，为担保自己的债务，在其所占有的质物上为第三人设定质权的无效。质权人对因转质而发生的损害承担赔偿责任。

第九十五条 债务履行期届满质权人未受清偿的，质权人可以继续留置质物，并以质物的全部行使权利。出质人清偿所担保的债权后，质权人应当返还质物。

债务履行期届满，出质人请求质权人及时行使权利，而质权人怠于行使权利致使质物价格下跌的，由此造成的损失，质权人应当承担赔偿责任。

第九十六条 本解释第五十七条、第六十二条、第六十四条、第七十一条、第七十二条、第七十三条、第七十四条、第八十条之规定，适用于动产质押。

第九十七条 以公路桥梁、公路隧道或者公路渡口等不动产收益权出质的，按照《担保法》第七十五条第（四）项的规定处理。

第九十八条 以汇票、支票、本票出质，出质人与质权人没有背书记载“质押”字样，以票据出质对抗善意第三人的，人民法院不予支持。

第九十九条 以公司债券出质的，出质人与质权人没有背书记载“质押”字样，以债券出质对抗公司和第三人的，人民法院不予支持。

第一〇〇条 以存款单出质的，签发银行核押后又受理挂失并造成存款流失的，应当承担民事责任。

第一〇一条 以票据、债券、存款单、仓单、提单出质的，质权人再转让或者质押的无效。

第一〇二条 以载明兑现或者提货日期的汇票、支票、本票、债券、存款单、仓单、提单出质的，其兑现或者提货日期后于债务履行期的，质权人只能在兑现或者提货日期届满时兑现款项或者提取货物。

第一〇三条 以股份有限公司的股份出质的，适用《中华人民共和国公司法》有关股份转让的规定。

以上市公司的股份出质的，质押合同自股份出质向证券登记机构办理出质登记之日起生效。

以非上市公司的股份出质的，质押合同自股份出质记载于股东名册之日起生效。

第一〇四条 以依法可以转让的股份、股票出质的，质权的效力及于股份、股票的法定孳息。

第一〇五条 以依法可以转让的商标专用权，专利权、著作权中的财产权出质的，出质人未经质权人同意而转让或者许可他人使用已出质权利的，应当认定为无效。因此给质权人或者第三人造成损失的，由出质人承担民事责任。

第一〇六条 质权人向出质人、出质债权的债务人行使质权时，出质人、出质债权的债务人拒绝的，质权人可以起诉出质人和出质债权的债务人，也可以单独起诉出质债权的债务人。

五　关于留置部分的解释

第一〇七条 当事人在合同中约定排除留置权，债务履行期届满，债权人行使留置权的，人民法院不予支持。

第一〇八条 债权人合法占有债务人交付的动产时，不知债务人无处分该动产的权利，债权人可以按照《担保法》第八十二条的规定行使留置权。

第一〇九条 债权人的债权已届清偿期，债权人对动产的占有与其债权的发生有牵连关系，债权人可以留置其所占有的动产。

第一一〇条 留置权人在债权未受全部清偿前，留置物为不可分物的，留置权人可以就其留置物的全部行使留置权。

第一一一条 债权人行使留置权与其承担的义务或者合同的特殊约定相抵触的，人民法院不予支持。

第一一二条 债权人的债权未届清偿期，其交付占有标的物的义务已届履行期的，不能行使留置权。但是，债权人能够证明债务人无支付能力的除外。

第一一三条 债权人未按《担保法》第八十七条规定的期限通知债务人履行义务，直接变价处分留置物的，应当对此造成的损失承担赔偿责任。债权人与债务人按照《担保法》第八十七条的规定在合同中约定宽限期的，债权人可以不经通知，直接行使留置权。

第一一四条 本解释第六十四条、第八十条、第八十七条、第九十一条、第九十三条的规定，适用于留置。

六 关于定金部分的解释

第一一五条 当事人约定以交付定金作为订立主合同担保的，给付定金的一方拒绝订立主合同的，无权要求返还定金；收受定金的一方拒绝订立合同的，应当双倍返还定金。

第一一六条 当事人约定以交付定金作为主合同成立或者生效要件的，给付定金的一方未支付定金，但主合同已经履行或者已经履行主要部分的，不影响主合同的成立或者生效。

第一一七条 定金交付后，交付定金的一方可以按照合同的约定以丧失定金为代价而解除主合同，收受定金的一方可以双倍返还定金为代价而解除主合同。对解除主合同后责任的处理，适用《中华人民共和国合同法》的规定。

第一一八条 当事人交付留置金、担保金、保证金、订约金、押金或者订金等，但没有约定定金性质的，当事人主张定金权利的，人民法院不予支持。

第一一九条 实际交付的定金数额多于或者少于约定数额，视为变更定金合同；收受定金一方提出异议并拒绝接受定金的，定金合同不生效。

第一二〇条 因当事人一方迟延履行或者其他违约行为，致使合同目的不能实现，可以适用定金罚则。但法律另有规定或者当事人另有约定的除外。

当事人一方不完全履行合同的，应当按照未履行部分所占合同约定内容的比例，适用定金罚则。

第一二一条 当事人约定的定金数额超过主合同标的额百分之二十的，超过的部分，人民法院不予支持。

第一二二条 因不可抗力、意外事件致使主合同不能履行的，不适用定金罚则。因合同关系以外第三人的过错，致使主合同不能履行的，适用定金罚则。受定金处罚的一方当事人，可以依法向第三人追偿。

七　关于其他问题的解释

第一二三条 同一债权上数个担保物权并存时，债权人放弃债务人提供的物的担保的，其他担保人在其放弃权利的范围内减轻或者免除担保责任。

第一二四条 企业法人的分支机构为他人提供保证的，人民法院在审理保证纠纷案件中可以将该企业法人作为共同被告参加诉讼。但是商业银行、保险公司的分支机构提供保证的除外。

第一二五条 一般保证的债权人向债务人和保证人一并提起诉讼的，人民法院可以将债务人和保证人列为共同被告参加诉讼。但是，应当在判决书中明确在对债务人财产依法强制执行后仍不能履行债务时，由保证人承担保证责任。

第一二六条 连带责任保证的债权人可以将债务人或者保证人作为被告提起诉讼，也可以将债务人和保证人作为共同被告提起诉讼。

第一二七条 债务人对债权人提起诉讼，债权人提起反诉的，保证人可以作为第三人参加诉讼。

第一二八条 债权人向人民法院请求行使担保物权时，债务人和担保人应当作为共同被告参加诉讼。

同一债权既有保证又有物的担保的，当事人发生纠纷提起诉讼的，债务人与保证人、抵押人或者出质人可以作为共同被告参加诉讼。

第一二九条 主合同和担保合同发生纠纷提起诉讼的，应当根据主合同确定案件管辖。担保人承担连带责任的担保合同发生纠纷，债权人向担保人主张权利的，应当由担保人住所地的法院管辖。

主合同和担保合同选择管辖的法院不一致的，应当根据主合同确定案件管辖。

第一三〇条 在主合同纠纷案件中，对担保合同未经审判，人民法院不应当依据对主合同当事人所作出的判决或者裁定，直接执行担保人的财产。

第一三一条 本解释所称“不能清偿”指对债务人的存款、现金、有价证券、成品、半成品、原材料、交通工具等可以执行的动产和其他方便执行的财产执行完毕后，债务仍未能得到清偿的状态。

第一三二条 在案件审理或者执行程序中，当事人提供财产担保的，人民法院应当对该财产的权属证书予以扣押，同时向有关部门发出协助执行通知书，要求其在规定的时间内不予办理担保财产的转移手续。

第一三三条 《担保法》施行以前发生的担保行为，适用担保行为发生时的法律、法规和有关司法解释。

《担保法》施行以后因担保行为发生的纠纷案件，在本解释公布施行前已经终审，当事人申请再审或者按审判监督程序决定再审的，不适用本解释。

《担保法》施行以后因担保行为发生的纠纷案件，在本解释公布施行后尚在一审或二审阶段的，适用《担保法》和本解释。

第一三四条 最高人民法院在《担保法》施行以前作出的有关担保问题的司法解释，与《担保法》和本解释相抵触的，不再适用。